말씀이 힘이다

Originally published in English under the title

GOD'S POWER FOR YOUR LIFE

by A. W. Tozer

Copyright ⓒ 2013 by James L. Snyder
Published by Regal Books,
a division of Gospel Light
1957 Eastman Avenue,
Ventura, CA 93003, U. S. A.
All rights reserved.

Korean Translation Copyright ⓒ 2015 by Kyujang Publishing Company

본 저작물의 한국어판 저작권은 저작권자와의 독점계약으로 규장이 소유합니다.
신 저작권법에 의하여 한국 내에서 보호를 받는 저작물이므로
무단 전재와 무단 복제를 금합니다.

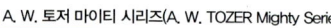

A. W. 토저 마이티 시리즈(A. W. TOZER Mighty Series)

토저는 교인수의 성장을 위해서라면 대중의 인기에 야합하고, 거대 기업의 경영방식을 무차별 차용하며, 할리우드 엔터테인먼트 방식을 예배에 도입하는 것에 대해 통렬한 비판을 가하였다. 그는 현대의 교회가 물량적 성장을 위해서라면 교회의 순결성을 포기하는 듯한 자세를 보일 때는 그것을 좌시하지 않고 언제나 선지자의 음성을 발하였다. 듣든지 안 듣든지 이스라엘 교회의 세속화를 준열히 책망했던 예레미야처럼, 토저도 시대에 아부하지 않고 하나님교회의 순정성(純正性)을 파수하기 위해 '강력한'(Mighty) 말씀을 선포했다. 그래서 토저는 '이 시대의 선지자'라는 평판을 들었다. 토저가 신앙의 개혁을 위해 외쳤던 뜨겁고 강력한 메시지를 이 시대의 우리도 들어야 한다. 말씀과 성령에 의한 개혁이 절실히 필요한 이때, 규장에서 토저의 강력한(Mighty) 메시지들을 'A. W. 토저 마이티(Mighty) 시리즈'로 출간한다.

"토저의 설교는 설교단에서 발사되어 청중의 마음을 관통하는 레이저 광선과 같다." – 워런 위어스비

GOD'S POWER
FOR YOUR LIFE
—

말씀이 힘이다

A. W. 토저 지음   이용복 옮김

규장

CONTENTS

영문판 편집자의 글

PART 1
말씀은 지금도 살아 있다

CHAPTER 1   하나님이 주신 독특한 것, 성경 • 16
CHAPTER 2   영원한 진리이신 말씀 • 30
CHAPTER 3   살아 있는 말씀에 합당한 자리 • 46
CHAPTER 4   마음에 기록되는 새 언약 • 63
CHAPTER 5   권위의 원천인 하나님의 말씀 • 79
CHAPTER 6   말씀을 가볍게 여기지 말라 • 93

PART 2
말씀이 영원한 기준이다

- CHAPTER 7   영적 속임수에 대처하는 법 • 110
- CHAPTER 8   마음을 차지하기 위한 끝나지 않는 싸움 • 124
- CHAPTER 9   사망에 이르게 하는 거짓에 대항하라 • 143
- CHAPTER 10   언약 백성을 향한 하나님의 신실한 책망 • 158
- CHAPTER 11   말씀의 능력에 도전하는 것에 맞서라 • 173
- CHAPTER 12   삶에 나타나는 말씀의 능력 • 189

PART 3
말씀이 우리의 능력이다

- CHAPTER 13   그리스도인의 영적 능력의 사다리 • 210
- CHAPTER 14   말씀의 능력이 나타나게 하라 • 227
- CHAPTER 15   생명의 말씀 • 244
- CHAPTER 16   이해하기 힘든 하나님의 침묵 • 259
- CHAPTER 17   하나님의 말씀에 임하는 성령의 능력 • 277
- CHAPTER 18   그분의 약속 안에 거하라 • 292
- CHAPTER 19   공개적 초대 • 313

영문판 편집자의 글

우리는 성경을 신뢰하는가?

'능력'의 문제는 오늘날의 그리스도인들에게 무거운 주제 중 하나다. 이는 오랫동안 화제가 되어 왔던 주제이기도 해서, '영적 능력'에 대한 책도 많이 출판되었다. 토저 박사는 이 주제에 큰 관심을 보였고, 영적 능력을 다룬 책들이 그토록 많이 나왔음에도 불구하고 대부분의 그리스도인들이 영적 무능력에 빠져 있는 현실을 몹시 안타까워했다.

하나님 앞으로 인도하는 성경

영적 능력의 문제를 다룸에 있어서 가장 핵심적인 질문은 우리가 성경을 신뢰할 수 있는가 하는 것이다. 사실, 오늘날 성경에 대한 말과 글이 너무 많이 쏟아져 나와서 일부 사람들은 오히려 성경의 중요성을 실감하지 못하는 것 같다.

이 책 전체에 걸쳐 토저 박사가 강조하는 진리는 명쾌하다. 그것은 성경이 하나님을 대신할 수는 없지만 우리를 하나님 앞으로 곧바로, 그리고 확실하게 인도한다는 것이다. 성경은 단지 무엇을 믿어야 할 것인가에 대한 정보를 제공하는 교과서나 올바른 예배의 방법을 가르쳐주는 종교서적이 아니다. 물론 이런 내용도 성경에 담겨 있긴 하지만 성경의 가장 큰 주제는 아니다.

토저는 "성경책을 펴놓고 무릎 꿇고 앉아서 하나님 앞에서 시간을 보내라"라고 권한다. 하나님께 나아가 그분 앞에서 시간을 보내는 것이 어떤 것인지를 아는 사람이 우리 중 얼마나 될까? 이 책의 목적은 신자들이 그분의 뜻과 방법에 따라 그분을 찾도록 격려하는 것이다.

하나님의 말씀에 따르면, 이 세상의 그 어떤 것도 영원하지 않다. "여호와께서 이렇게 말씀하시기를"(출 5:1)이라는 말에 담긴 깊은 뜻을 이해하는 사람이라면 그는 자신이 알아야 할 모든 것을 알고 있는 것이다. 그런 사람은 하나님의 능력의 성소(聖所)에서 기뻐 뛰며 즐거워하게 될 것이다.

영적 능력에 대해 많은 논의가 있지만, 유감스럽게도 그런 얘기 중 많은 것은 개인의 몸값을 올리는 일환으로 이용되기도 한다. 심지어 어떤 설교자들은 신령한 사역자로 인정받기 위해 자신의 능력을 과시하려고 한다. 자기가 행한 기적을 떠벌이는 사람도 많다. 물론, 성경을 읽어본 사람은 기적이 얼마든지 일어날 수 있다는 것을 믿는다. 하지만 지금 나는 기적을 믿느냐 믿지 않느냐 하는 문제를 말하는 게 아니다. 내가 지적하고 싶은 것은 일부 사역자들이 그릇된 목적을 위해 영적 능력을 사용한다는 것이다.

하나님의 임재 안으로 이끄는 성경

하나님의 말씀과 성령을 통해 나타나는 능력은 우리를 하나님 앞으로 이끌어준다. 다시 말해서, 우리로 하여금 그분의 임재를 분명히 느끼게 해준다. 당신은 앞으로 이 책을 읽으면서 '하나님의 임재'라는 말을 자주 접하게 될 것이다.

유감스럽게도 오늘날 대부분의 그리스도인들이 이 말을 모른다. 하지만 우리는 '하나님의 임재'를 느껴야 한다. 다시 말해서, 그분 앞으로 나아가야 한다. 그분은 부재중이시지 않다. 나를 좋아하시지만 저 멀리 계시는 어떤 분도 아니시다. 그분은 하늘에 계신 내 아버지이시다! 그분의 큰 기쁨은 속량받은 사람들과 교제를 나누는 것이다.

아버지 하나님께서 우리를 속량하신 최대의 목적은 그분과 함께 나누는 아름답고 즐거운 교제를 회복하는 것이다. 우리는 결국 천국에 갈 것이지만, 구원은 단지 천국에 가는 것만을 목적으로 하는 것이 아니라 우리가 지금 이 땅에서 하나님과 개인적으로 깊은 교제를 나누는 것을 가능하게 했다.

그러나 그분의 임재를 체험하고 있는 그리스도인들이 얼마나 될까? 깊은 경외심으로 그분께 가까이 나아갈 때 느낄 수 있는 그분의 숨결을 체험한 사람이 얼마나 될까? 하나님 앞에 나아가 그분을 느끼는 것이야말로 신자의 큰 즐거움이다.

지금 이 세대의 사람들은 정치나 각종 사회적 현안들에 몰

두해 있다. 물론 그런 것들이 잘못된 것은 아니지만, 그보다 훨씬 더 중요한 것이 있는데 그것은 바로 하나님과 나누는 교제이다. 우리의 모든 언행은 우리의 본질로부터 흘러나와야 하는데, 우리의 본질은 바로 '그리스도인'이라는 것이다.

그렇다면 그리스도인이란 무엇인가? 그리스도인은 창조주 하나님과 아름다운 교제를 나누는 존재이다.

성령께서 '기록된 말씀', 즉 '성경'을 통해 일하실 때 하나님의 능력이 우리를 그분의 임재 안으로 더욱 깊이 밀어 넣는다. 그분의 임재 안으로 깊이 들어가는 것, 바로 그것이 우리에게 필요하다.

토저 박사가 이 책에서 지적하듯이, 교육이나 다른 어떤 외적인 요소들이 우리를 그분의 임재 안으로 들어가게 하는 것이 아니다. 그분의 임재를 깊이 체험하게 해주는 것은 하나님의 말씀을 통해 변화를 일으키시는 성령의 능력이다. 이런 성령의 능력 외에 어떤 다른 방법으로 그분의 임재를 체험하려고 해서는 안 된다.

안타깝게도, 우리 중 많은 이가 세상의 문화에 정신이 팔려 있다. 우리의 주의를 뺏으려고 경쟁하는 것들이 너무 많기 때문에 우리는 하나님과 교제를 나누는 귀중한 시간을 갖지 못한다. 그런데 이 책은 그분과의 교제를 향해 나아가는, 아니 그분과의 교제를 회복하는 여정의 첫걸음을 떼게 해준다.

깊이 있는 묵상을 위해

이 책의 중요성을 누구보다 절감하는 나로서는 독자들에게 몇 가지 간단한 조언을 주고 싶다. 나는 새 책을 손에 넣게 되면 끝까지 읽기 전에는 손에서 놓지 못해 단숨에 읽어버리는 경우가 종종 있다. 하지만 토저의 책은 그런 식으로 읽으면 안 된다. 그렇게 하고 싶다 할지라도 꾹 참는 것이 더 좋다. 그럼에도 부득이 이 책을 한 번에 읽어내려야 한다면, 두 번째 읽을 때에는 이 책에서 최대한의 유익을 얻을 수 있도록 몇 가지 방법을 말해주고 싶다.

첫째, 하루에 한 장(章)씩 읽으라. 그렇게 하면 한 번에 적은 양에 집중할 수 있게 된다. 빠르게 읽어나가는 것이 좋은 책도 있지만, 이 책에는 적합하지 않다. 토저 박사는 프랜시스 베이컨이 한 말, 즉 "맛을 보아야 할 책들이 있고, 삼켜야 할 책들이 있지만, 어떤 책들은 씹어서 소화시켜야 한다"라는 말을 즐겨 인용했다. 나는 이 책이 세 번째에 속하는 책이라고 믿는다. 이 책에 담긴 진리들을 천천히 씹어 음미하는 시간을 가져라.

둘째, 이 책의 각 장을 읽기 시작할 때에는 그 장의 서두에 실린 기도문부터 읽어라. 천천히 읽은 다음, 어느 정도 시간을 갖고 그 기도문을 묵상하여 완전히 당신의 기도로 만들어라. 그렇게 하면 그 장의 내용에 대해 기대감을 갖게 될 것이다.

셋째, 각 장의 진리를 깊이 음미하라. 그렇게 하기 위해 내가 즐겨 사용하는 한 가지 방법은 손에 펜을 들고 읽다가 내 마음을 끄는 단어나 문장에 표시를 하는 것이다. 이런 면을 보면 나는 확실히 구식인 것 같다.

어떤 단락을 읽을 때에는 천천히 읽으면서 당신의 마음에 꽂히는 단어나 문장에 집중해보라. 이 책의 진리가 당신의 마음에 꽂힐 때까지 충분히 시간을 갖고 묵상하라.

넷째, 그렇게 한 장을 다 읽게 되면 마지막 부분에 실린 찬송가 가사를 충분히 묵상하라. 엄선하여 실린 찬송시는 그 장의 진리를 간결하게 요약해줄 것이다.

나는 이 책이 성경과 동등하다고 말하는 것이 아니다. 그러나 한 가지, 토저의 이 책에는 개인의 삶의 방식을 바꾸어놓을 수 있는 진리가 담겨 있다고 말하고 싶다. 진실한 독자는 하나님을 기쁘게 해드리는 그리스도인의 삶을 살 수 있는 능력을 이 책에서 얻게 될 것이다.

이 책이 하나님을 가까이하는 당신에게 기쁨의 길을 활짝 열어주길 바란다.

제임스 L. 스나이더

PART 1

말씀은
지금도 살아 있다

CHAPTER 1 **God's power** for your life

하나님께서 주신 독특한 것, 성경

하나님 아버지, 주님이 얼마나 크고 놀라운 분이신지, 주님의 말씀이 얼마나 크고 아름다운지, 얼마나 멋지며 또 얼마나 두려운지를 전하고자 하는 노력에 은혜를 주옵소서. 오 주님, 어떤 사람도 할 수 없는 일이지만 저희가 감히 구하오니, 얼마 안 되는 물고기와 빵을 찢으사 나눠주옵소서. 오 주님, 우리는 버드나무 바구니에 담긴 적은 음식을 드리는 어린아이 같사오니, 모두가 먹기에 턱없이 부족한 것이지만 이것으로 오병이어의 기적을 이루어주옵소서.

세상의 권위 중에는 근거도 없이 위조된 것들이 있다. 이런 것들은 거부해야 마땅하다. 그런 와중에 내가 마음 편히 소개할 수 있는 권위는 진실한 신앙적 권위로, 이 권위는 하나님에게서 나오는 지고(至高)의 권위이다. 전능하신 하나님은 그분의 말씀과 그분의 아들을 통해 지고의 권위를 행사하신다. 이 책은 이러한 하나님의 권위를 중점적으로 다루게 될 것이다.

구약과 신약은 모두 하나님의 지고의 권위를 분명히 선언한다. 하나님께서 이러한 권위를 소유하시는 근거 중 하나는 그분의 영원성이다. 하나님은 다른 모든 권위들이 존재하기 전부터 이미 계셨다.

나는 다른 권위들의 존재를 부정하려는 것이 아니라, 하나님께서 그 모든 것들보다 먼저 계셨음을 말하고자 한다. 영주들이나 왕들, 황제들과 지배자들도 나름의 권위를 가지고 있지만, 그들의 권위는 나중에야 생긴 것이다. 이것은 하나님으로부터 빌려온 것으로, 일시적이다. 일시적인 것은 최종적인 것이나 지고의 것이 될 수 없다.

또한 하나님께 위임받은 권위들이 있다. 선지자나 사도, 감독이나 종교적 현자들이 이에 속한다. 이들이 선하고 지혜로운 청지기들처럼 행했을 때는 그 권위를 계속 소유할 수 있었지만, 그렇지 못했을 때는 그것을 빼앗겼다. 우리는 역사 속에서 위임받은 권위를 잘못 사용한 사람들을 많이 찾아볼 수 있다. 만일 감독들이 "이런저런 것들을 하지 말라"고 말한다면 그 권위 아래 있는 사람들은 그런 것들을 행할 엄두를 내지 못한다. 사도나 선지자의 경우에도 마찬가지이다. 다시 말하지만, 그들이 선하게 행할 때는 하나님께로부터 주어진 권위가 유지되었지만, 그들이 악하게 행할 때는 빼앗겼다.

어떤 경우든 권위는 하나님께로부터 주어진 것이며, 죽음을 맞게 되면 내주어야 한다. 그들의 권위는 한시적(限時的)으로 주어진 것이기 때문이다.

선지자나 사도나 왕이나 감독이나 대통령이나 그 밖의 여러 권세자들의 상대적이고 한시적이고 덧없는 권위 위에 웅장한 말씀이 울려 퍼진다.

"주여 태초에 주께서 땅의 기초를 두셨으며 하늘도 주의 손으로 지으신 바라"(히 1:10).

세계가 있기 전에 하나님이 계셨다. 세계가 모두 불타버린 후에도 그분은 지고의 권위로 우뚝 서 계실 것이다. 만일 이것이 증명되어야 하는 것이라면 우리는 믿음의 근거를 잃게 된다. 왜냐하면 "하나님께 나아가는 자는 반드시 그가 계신 것과 또한 그가 자기를 찾는 자들에게 상 주시는 이심을 믿어야"(히 11:6) 하기 때문이다.

하나님의 지고의 권위가 가지는 역동성은 그분의 속성에서 나온다. 하나님은 그분의 속성들 중 일부를 그분의 사람들과 공유하신다. 예를 들자면 사랑, 온유, 동정, 자비, 거룩함이나 의로움과 같은 것들이다. 하지만 어떤 것들은 그분께만 있는 속성들로, 우리와 공유될 수 없다. 이를테면 자존(自存), 주권,

전지(全知)하심과 같은 것들이다. 이런 속성들은 하나님께서 모든 권위를 가지신 분임을 선언한다. 이 사실을 아는 것이 신앙생활에 큰 유익이 된다.

말씀의 권위

하나님은 그분의 권위를 어떻게 행사하시는가? 이 질문에 어떻게 대답하느냐에 따라서 그리스도인의 믿음 생활이 많이 달라진다. 하나님은 말씀을 통해 그분의 권위를 행사하시며, 인간에게 말씀하시고 그분의 뜻을 알려주신다.

성경은 하나님의 책, 주님의 책, 하나님의 선한 말씀, 거룩한 글, 주님의 법, 그리스도의 말씀, 하나님의 계시, 생명의 말씀 또는 진리의 말씀이라고 불린다. 이렇게 여러 가지 명칭으로 불리는 성경을 통해 하나님은 그분의 권위 있는 말씀을 선포하신다.

성경은 하나님께서 숨을 불어넣으신 말씀이며, 불멸의 말씀이자 영원한 말씀이다. 또한 하나님께서 주신 유일무이한 것으로 독특하다. 주님의 책, 즉 하나님의 말씀이 담긴 이 책은 세상의 어떤 책과도 다를 뿐 아니라 그 위에 있다. 성경은 타협하지 않으며, 권위가 있고, 경외심을 불러일으키는 영원한 말씀이다. 하나님은 성경을 통해 지고의 권위를 행사하신다.

그분의 권위는 사람에게서 취한 것이 아니며 그분 스스로에게서 나온다. 누군가 그분에게 권위를 부여한 적도 없다. 주권적 하나님께 주권을 부여할 수 있는 존재는 없다. 오히려 인간이 가진 한시적 주권은 그분이 부여하신 것이다.

그분은 말씀을 통해 자신을 나타내신다. 그분의 말씀은 무한한 창조자의 마음에서 시작되어 유한한 인간의 마음으로 들어온다. 답답할 정도로 꼬치꼬치 따지는 머리 좋은 사람들은 이 사실을 받아들이기 힘들어하지만, 나는 그렇지 않다. 무한한 창조자께서 그분의 권위의 말씀을 유한한 인간에게 전달하려고 하실 때 장애가 될 만한 것은 없다. 그분은 얼마든지 그렇게 하실 수 있다. 그분에게서 나온 말씀 안에는 생사(生死)를 가르는 능력을 가진 그분의 주권적 권위가 있다.

성경은 복음이 생명의 말씀이라고 선언한다. 이는 결코 지나친 말이 아니다. 성경의 지극히 작은 부분까지도 완전히 실현될 날이 장차 이를 것이다. 그분의 말씀은 경박하지 않다. 그분은 자신의 본질과 성품에 어긋나는 말씀을 하지 않으신다.

외경(外經)인 〈솔로몬의 지혜서(The Wisdom of Solomon)〉는 하나님의 말씀이 인간을 찾아온 방법을 드라마틱하게 표현한다.

"용맹스런 전사가 멸망의 땅 한가운데로 뛰어내리듯이 당신의 전능한 말씀이 하늘의 보좌에서 뛰어내렸습니다"(18:15).

전능한 말씀이 보좌에서 펄쩍 뛰어내려왔다. 그 보좌는 만들어진 것이 아니라 항상 거기에 있었다. 그 보좌에는 전능하신 하나님께서 앉아 계신다. 그러므로 나는 사람들이 성경을 가지고 어설프게 이러쿵저러쿵하는 것을 좋아하지 않는다. 나는 말씀을 존중할 수밖에 없다. 성경은 세상에서 유일무이한 것이기 때문이다.

또한 성경은 하나님의 뜻을 계시해준다. 그분은 우리가 읽을 수 있는 인쇄된 글을 통해 그분의 주권적 권위를 말씀해주신다. 인쇄된 글의 형태로 주어졌지만 그분의 말씀은 살아 있고 역동적이며 창조적이다. 그분이 한 번 말씀하시면 그 말씀은 그대로 이루어졌다. 그분이 명령하시면 그 명령대로 되었다.

천지창조도 그분의 말씀으로 이루어졌다. 그러므로 우리는 그분이 토기장이처럼 무릎을 꿇고 앉아 진흙을 가지고 힘들게 무엇을 만드셨다고 생각해서는 안 된다. 이런 토기장이의 비유는 듣기엔 그럴듯하지만 사실이 아니다. 그분은 말씀하셨고, 그 말씀에 따라 만유(萬有)가 생겼다.

창세기는 하나님께서 "빛이 있으라"(창 1:3)라고 말씀하시자 빛이 있게 되었다고 말한다. 또 그분이 "땅은 풀과 씨 맺는 채소와 각기 종류대로 씨 가진 열매 맺는 나무를 내라"(창 1:11)라고 말씀하시자 그대로 되었다. 그분이 말씀하신 것은 무엇이든지 그 말씀대로 이루어졌다.

그런데 여기서 끝나지 않는다. 성경에 의하면, 그분이 말씀하신 것 하나하나가 모두 이루어지는 것을 우리가 보게 될 날이 도래할 것이다. 그 날은 예수 그리스도께서 만국을 그분 앞에 불러 세우시는 날이다. 그리스도께서는 그분의 입에서 나온 말씀을 통해 그렇게 하실 것이다.

두려움과 소망의 말씀

하나님의 말씀은 우리에게 두려움인 동시에 소망이다. 그분의 말씀은 죽이기도 하고 살리기도 한다. 그분의 말씀에 믿음과 겸손과 순종으로 반응하면 그 말씀이 생명을 주고 깨끗하게 하며 우리를 먹이고 보호한다. 그러나 불신앙으로 그 말씀을 막거나 무시하거나 거부하면 그 말씀은 그것을 주신 하나님 앞에서 우리를 고발한다.

성경은 하나님의 살아 있는 말씀으로, 큰 능력을 가진 용맹스런 전사처럼 우리에게 다가온다. 우리는 감히 그 말씀에 저항해서는 안 된다. 그 말씀은 우리의 논리에 설득당하지 않는다.

내가 아는 어떤 사람들은 성경의 일부만을 믿고 다른 부분들은 믿지 않는다. 그들은 "성경에서 내게 감동을 주는 부분은 성령의 감동으로 쓰인 것이지만, 내게 감동을 주지 못하는 부분은 단지 역사와 전승일 뿐이다"라고 말한다. 하지만 나는 그들과 견해를 달리한다.

나는 성경이 하나님께서 주신 유일무이하며 특별한 것이라고 믿는다. 성경은 살아 계신 하나님의 입에서 나온 말씀이다. 이것을 확실히 믿고 그분의 말씀을 분명히 아는 사람은 그 말씀의 능력을 안다. 말씀에 저항하는 자와 믿고 행하는 자를 죽이고 살리는 능력이 그 말씀에 있다.

구약에 "우리가 전한 것을 누가 믿었느냐 여호와의 팔이 누구에게 나타났느냐"(사 53:1)라는 말씀이 나온다. 불신앙이 인간의 팔을 마비시킬 수는 있지만 하나님의 팔을 마비시킬 수는 없다. 그분의 팔은 인간의 구원을 위해 일하신다. 내가 말씀을 믿음으로 붙들고, 말씀이 나를 붙들면 영원하신 하나님께서 유한한 인간의 마음 안에서 영원한 일을 행하실 것이다.

경고와 초대의 말씀

또한 권위 있는 하나님의 말씀은 경고이자 초대의 말씀이다. 당신의 성경을 펴서 "범죄하는 그 영혼은 죽을지라"(겔 18:20)라는 그분의 음성을 들어보라. 그리고 "사람이 거듭나지 아니하면 하나님의 나라를 볼 수 없느니라"(요 3:3)라는 음성도 들어보라. 그리고 이런 말씀들도 읽어보라.

"너희에게 이르노니 아니라 너희도 만일 회개하지 아니하면 다 이와 같이 망하리라"(눅 13:5).

"나더러 주여 주여 하는 자마다 다 천국에 들어갈 것이 아니요 다만 하늘에 계신 내 아버지의 뜻대로 행하는 자라야 들어

가리라"(마 7:21).

"그들이 … 불법을 행하는 자들을 거두어 내어 풀무 불에 던져 넣으리니 거기서 울며 이를 갈게 되리라"(마 13:41,42).

"너희도 정녕 이것을 알거니와 음행하는 자나 더러운 자나 탐하는 자 곧 우상숭배자는 다 그리스도와 하나님의 나라에서 기업을 얻지 못하리니"(엡 5:5).

이런 말씀들은 하나님의 두려운 말씀들이다. 그분은 세상의 그 무엇과도 동일시될 수 없는 그분의 말씀을 권위 가운데 선포하신다. 그 누구도 감히 그분의 말씀을 훼손할 수 없다. 그 누구도 감히 "플라톤이 말한 것에 비추어 성경을 설명해봅시다"라고 말할 수 없다. 나도 플라톤의 글들을 읽어보았지만 그의 말에는 영향을 받지 않는다.

하나님께서 "범죄하는 그 영혼은 죽을지라"(겔 18:20)라고 말씀하시면 플라톤은 그분의 말씀, 즉 유일무이하며 두려운 그 말씀 앞에 무릎을 꿇어야 한다. 그분은 말씀을 통해 그분의 권위를 선포하셨다.

전능하신 하나님께서 말씀하실 때는 누구라도 입을 다물어야 한다. 왜냐하면 성경이 "하늘이여 들으라 땅이여 귀를 기울이라 여호와께서 말씀하시기를"(사 1:2)이라고 선포하기 때문이다.

그러나 하나님의 입에서 나온 말씀은 '초대의 말씀'이기도하다. 얼마나 아름다운 초대인지 모른다. 이 말씀은 종교인들이 함께 모여 결정한 선언문이 아니다. 이것은 전능하신 하나님께서 말씀하신 것이다! 그분이 하늘로부터 말씀하신 것이다! 그분의 말씀은 전사처럼 하늘로부터 뛰어내려 땅을 그분의 음성으로 채웠다. 바로 그 말씀이 다음과 같이 선언한다.

"악인은 그의 길을, 불의한 자는 그의 생각을 버리고 여호와께로 돌아오라 그리하면 그가 긍휼히 여기시리라"(사 55:7).

"수고하고 무거운 짐 진 자들아 다 내게로 오라 내가 너희를 쉬게 하리라"(마 11:28).

"네가 만일 네 입으로 예수를 주로 시인하며 또 하나님께서 그를 죽은 자 가운데서 살리신 것을 네 마음에 믿으면 구원을 받으리라"(롬 10:9).

"너희는 그 은혜에 의하여 믿음으로 말미암아 구원을 받았으니 이것은 너희에게서 난 것이 아니요 하나님의 선물이라 행위에서 난 것이 아니니 이는 누구든지 자랑하지 못하게 함이라"(엡 2:8,9).

영원히 견고하신 말씀

성경, 즉 하나님의 말씀은 "만일 우리가 우리 죄를 자백하면 그는 미쁘시고 의로우사 우리 죄를 사하시며 우리를 모든 불의에서 깨끗하게 하실 것이요"(요일 1:9)라고 선언한다. 우리는 절대적 권위를 갖는 이 말씀을 편집해서는 안 된다. 중단해서도 안 된다. 이 말씀을 위해 어떤 변명을 덧붙일 필요가 없다. 우리는 이 말씀을 세상에 선포하고 믿으면 된다.

C. H. 스펄전(C. H. Spurgeon, 1834~1892)은 성경의 진리를 변증(辨證)하는 강연을 10회에 걸쳐 해달라는 요청을 받았을 때 이런 회신을 보냈다고 한다.

"강연을 사양하겠습니다. 성경은 변증이 필요 없는 책입니다. 성경을 풀어놓으십시오. 그러면 성경이 마치 사자처럼 뛰어다니며 자신을 변증할 것입니다."

나 역시 누군가 우리를 위해 하나님의 말씀, 즉 성경을 변증해줄 필요가 없다는 신념을 갖고 있다. 우리는 오직 그분의 말씀을 전할 뿐이다.

누가복음 16장에는 세상을 떠난 부자에 대한 두려운 이야기가 기록되어 있다. 부자가 지옥에서 눈을 들었을 때, 저 멀리 아브라함과 그의 품에 있는 거지 나사로가 보였다. 이 땅에서 그토록 사치스럽게 살았던 부자는 더 이상 사치스런 삶을 살 수 없게 되었고, 오히려 지옥에서 그의 혀를 서늘하게 해줄 물 한 방울을 구걸하는 신세로 전락해 있었다. 그러나 자기에게 물 한 방울조차 허락되지 않는다는 것을 알게 된 그는 복음전도자로 바뀌어 이렇게 말했다.

"아브라함, 저를 도와줄 수 없다면 제 다섯 형제라도 도와

주십시오. 믿지 않는 다섯 형제가 아버지의 집에 있습니다. 만일 당신이 나사로를 그들에게 보내주시면 나사로가 그들을 구원할 수 있을지도 모릅니다. 그들이 회개할지도 모릅니다."

그러나 아브라함은 "너의 다섯 형제는 모세와 선지자들의 말을 들으면 된다"라고 대답했다.

부자는 다시 간청했다.

"아브라함, 제발 나사로를 제 형제들에게 보내주십시오. 죽었던 사람이 다시 돌아가서 말한다면 그들도 그의 말을 들을 것입니다."

그러나 아브라함은 이렇게 대답했다.

"그들이 말씀을 듣지 않는다면 비록 죽은 자가 돌아가서 말해도 믿지 않을 것이다."

하나님은 우리의 미래, 우리의 믿음, 우리의 소망 그리고 우리의 슬픔을 정하셨다. 온 세상을 상대로 그렇게 하셨다. 억만 년 전에 그렇게 하셨다. 그 모든 것을 이미 결론 내시고 성경에 기록하셨다. 그리고 성령께서 그분의 뜻에 따라 하나님의 말씀을 사용하시면 그 말씀이 신자의 삶에서 큰 능력으로 나타난다. 이 깊은 진리는 누구도 부인할 수 없다.

하나님은 권위를 갖고 말씀하신다. 그분이 말씀하시는데 끼어들어 "저는 그 말씀을 믿지 않습니다"라고 말할 수 있는 권리를 가진 자는 아무도 없다. 혹시 누군가 그렇게 한다 할지라도 그와 상관없이 살아 계신 하나님의 말씀은 온 세상에 울려 퍼진다. 그리고 하나님께서 '진동할 것들'(히 12:27)을 모두 진동하실 두려운 그 날이 이르면 영원한 말씀, 즉 살아 있고 역동적이며 두렵고 전능한 말씀이 속량 받지 못한 모든 것을 멸할 것이다.

물론, 나는 속량 받은 편에 속하기를 원한다. 종종 나는 무릎을 꿇고 이사야서 54장을 읽는다. 이는 그 말씀이 내게 말씀하도록 하기 위함이다. 이 놀라운 말씀이 내게 들려주시는 음성에 귀를 기울이면 그 음성은 내 존재의 가장 깊은 곳까지 울려 퍼진다.

혹 하나님을 부지런히 찾는 사람들을 향한 그분의 인자하심이 사라질 날이 올까? 또는 그분을 믿고 의지하는 사람들을 위한 구원의 은혜의 언약이 없어지는 때가 올까?

걱정하지 말라. "산들이 떠나며 언덕들은 옮겨질지라도"(사 54:10) 그런 때는 결코 오지 않는다. 하나님은 그분의 자비가 결코 사라지지 않을 것이라고 말씀하셨다. 그분의 자비는 영원히 굳게 서 있을 것이기 때문이다.

이것이 하나님의 말씀이다. 그분의 말씀을 통해 성령께서는 우리가 거룩하신 하나님의 거룩함에 온전히 합당한 삶을 살도록 이끌어주신다.

이 몸의 소망 무언가 우리 주 예수뿐일세
우리 주 예수밖에는 믿을 이 아주 없도다

무섭게 바람 부는 밤, 물결이 높이 설렐 때
우리 주 크신 은혜에 소망의 닻을 주리라

세상에 믿던 모든 것 끊어질 그 날 되어도
구주의 언약 믿사와 내 소망 더욱 크리라

바라던 천국 올라가 하나님 앞에 뵈올 때
구주의 의를 힘입어 어엿이 바로 서리라

(후렴)
주 나의 반석이시니 그 위에 내가 서리라
그 위에 내가 서리라

_ 에드워드 모트(Edward Mote, 1797~1874)
  이 몸의 소망 무언가(새찬송가 488장)

CHAPTER 2
God's power for your life

영원한 진리이신 말씀

오, 주님! 저는 주님을 찾았지만, 권위를 찬탈하여 주님보다 높아지려는 거짓 권위들이 저를 혼란에 빠뜨렸습니다. 오, 하나님! 주님의 말씀이 제 마음에 뿌리를 내려 언제나 주님의 진리를 사모하게 하옵소서.

우리는 앞에서 하나님의 권위를 입증해보았다. 이제는 그분의 권위를 허물려는 원수의 은밀한 도전들에 대해 알아보자. 그러기 위해 먼저 살펴보아야 할 중요한 질문이 하나 있다.

"종교의 권위가 무엇이며, 그 권위는 어디에서 나오는가?"

종교는 삶의 모든 부분에서 빼놓을 수 없는 역할을 한다. 종교를 부정하는 사람들도 있지만 실상은 그들도 아주 종교적인 동기에서 그렇게 하는 것이다. 종교의 거대한 품에서 벗어날 수 있는 사람은 아무도 없다.

그러므로 나는 다시 묻는다.

"종교의 권위는 어디에서 나오는가?"

내가 이렇게 묻는 이유는 종교가 인간의 삶에 막강한 영향을 미치기 때문이다. 그렇다면 우리가 절대적으로 신뢰할 수 있는 최고 권위를 지닌 존재가 어딘가에는 있는 것일까? 우리가 완전히 편안한 마음으로 피난처로 삼을 수 있는 최고 권위를 지닌 존재, 동시에 우리가 순종할 만한 최고 권위를 지닌 존재가 어딘가에 있는가 말이다.

종교의 권위의 참된 근원을 아는 것은 매우 중요하다. 그런 인식이 삶의 방식에 큰 영향을 미치기 때문이다. 그러나 종교의 권위 같은 것이 아예 존재하지 않는다는 듯이 살아가는 사람들이 점점 더 많아지고 있다. 만일 이런 사람들의 생각이 옳다면 그들에게 큰 문제가 생기지는 않을 것이다. 그러나 그들의 신념이 잘못된 것이라면(나는 그들이 잘못되었다고 확신한다), 그들은 끔찍한 결과에 직면하게 될 것이다.

종교의 권위가 존재하는데 그 권위를 모르거나 대수롭지 않게 여기거나 경멸하면서 그것에 복종하지 않고 평생을 사는 자들은 모든 사람 중에서 가장 비참한 자가 될 것이다. 권위에 반항하면서 평생을 보낸 후에 결국 그 권위 앞에서 해명해야 할 상황이 벌어지면 말로 다 표현할 수 없는 재앙이 그들에게 닥칠 것이다.

어떤 사람의 종교관을 알게 되면 그 사람이 어떤 종류의 사람인지를 확실히 알 수 있다. 만일 자기의 필요에 따라 종교를 액세서리 정도로 취급하는 사람과 종교를 자기 삶의 중심으로 삼고 다른 모든 것을 그에 종속시키는 사람이 있다면, 나는 그 두 사람이 완전히 다른 부류의 사람이라고 생각하게 될 것이다. 인간의 종교관은 삶의 방식에 영향을 끼치지 않을 수 없기 때문이다.

세상에는 종교를 단지 부수적인 것으로 여기면서 살아가는 사람이 많다. 그리스도인 중에도 마찬가지이다. 많은 그리스도인들(또는 적어도, 그리스도인이라고 자처하는 사람 중 많은 이들)이 기독교를 그들 삶의 부속물 정도로 여긴다. 그들은 기독교의 어떤 부분이 그들의 삶을 불편하게 하는 것을 결코 용납하지 않는다.

당신 자신에게도 이런 질문들을 던져보라.

'지난 한 주 동안 믿음 때문에 생활에서 불편을 느낀 적이 있는가?'

'믿음이 내 생활에서 다른 어떤 것보다도 우선권을 갖는가, 아니면 믿음이란 것이 단지 내 편안함을 해치지 않는 범위 안에서 용납되고 있을 뿐인가?'

종교가 권위를 갖기 위한 조건들

만일 어떤 종교가 자신들이 지고의 권위라고 주장하려면 다음과 같은 몇 가지 질문에 정직하게 대답해야 할 것이다(나는 단지 기독교에 대해서만 얘기하는 게 아니라 다른 여러 종교들까지 포함해서 말하는 것이다).

첫째, "진리가 어디에서 발견되는가?"라는 질문에 대답해야 한다. 만일 이에 대해 답할 수 없다면 나는 참된 지고의 권위를 발견하기 위해 다른 종교들로 가야 할 것이다.

둘째, "무엇을 믿어야 하는가?"라는 물음에 대답해야 한다. 또한 이 질문에 대한 답에 더해서 믿음에 절대적으로 필요한 핵심사항을 포함하는 교리체계를 제시할 수 있어야 한다.

셋째, "내가 구원 받으려면 어떻게 해야 하는가?"라는 물음에 대답해야 한다. 이것은 지극히 중요한 질문이다. 이 질문에 대답하지 못 하는 종교는 아무런 쓸모가 없는 것이기에 가능한 빨리 떠나야 한다. 내가 구원받고 하나님과 올바른 관계를 맺을 수 있는 방법을 가르쳐주지 못하는 종교는 가짜 종교이다.

우리가 생각해보아야 할 다음 문제는 '죄의 문제'이다. 사실, 이 문제를 철저히 다루기 원하는 사람은 없다. 어떤 사람이 가지고 있는 죄의 개념을 보면 그가 성경을 어떻게 이해하고 있으며 말씀에 얼마나 순종하고 있는지를 거의 정확하게 알 수 있다.

그렇기에 우리의 네 번째 질문은 "나는 내 죄를 어떻게 다루는가?"가 된다. 내 죄를 대수롭지 않게 여기고 그 결과를 무시해버린다면 내 믿음은 크게 잘못된 것이다. 죄는 하나님께 반역하는 것이다. 죄를 '하나님에 대한 반역'으로 보지 않는다면 내 믿음의 뿌리부터 재검토해야 한다.

우리의 다섯 번째 질문은 "내 영혼의 문제는 어떻게 되는가?"이다. 내 인생에서 영혼의 문제보다 더 중요한 것은 없다. 나의 종교가 내 영혼에 어떤 영향을 미치는가를 점검해야 한다.

우리가 생각해보아야 할 질문들은 또 있다.

'죽음의 문제는? 죽음 후 심판은? 천국은? 지옥은?'

종교의 최고의 목적 중 하나는 이런 종류의 질문들에 대답하는 것이다. 그리고 참된 종교는 대답을 제시할 뿐만 아니라, 그 대답대로 행해야 할 것을 행할 수 있는 권위를 갖고 있다. 이외의 다른 많은 질문을 또 던질 수 있겠지만 핵심은 이것이다.

"당신의 권위는 어디에서 나오는가?"

"당신의 권위를 증명해주는 증거가 당신에게 있는가?"

대부분의 종교들은 이런 질문들의 주변을 맴돌면서 우리가 이런 질문들에 가까이 가지 못하도록 방해한다. 다시 말해서, 가장 본질적인 문제를 보지 못하게 하고 대신 부차적인 문제들로 우리를 이끌고 간다. 그러나 무릇 권위라는 것은 근거가 있어야 한다. 그리고 그 근거를 보여줄 수 있는 설득력 있는 증거를 제시해야 한다. 그렇지 못한 권위는 가짜이다.

가짜 권위들

어떤 것들이 가짜 권위인가? 우리는 이 가짜 권위들의 정체를 밝혀야 하고, 성경 말씀에 따라 그것들을 거부해야 한다.

내가 볼 때, 적어도 다섯 가지의 가짜 권위가 있다. 이것들은 오늘날의 종교들에 침투해 있고 심지어는 기독교 안에도 들어와 있다.

우선, '전통'이라는 가짜 권위가 있다. 언젠가 어떤 사람이 "전통이라는 것은 사람들이 되풀이하는 것이다"라고 말했다. 오늘날의 종교들을 둘러보면 여기저기에 이런저런 전통들이 박혀 있다. 모든 종교에서, 심지어 모든 세대에서 사람들이 반드시 지켜야 할 전통들의 목록이 발견되는 것 같다. 이런 전통들을 왜 지켜야 하는지 알지도 못하면서 그것들을 꾸준히 이어가고 있는 사람들이 종종 눈에 띈다.

전통은 그 나름대로 오랜 세월에 걸쳐 형성된 것이지만 그 속을 뜯어보면 거기에는 객관적 증거가 없다. 이것은 전통의 정체를 꿰뚫어보는 데 매우 중요한 것이다. 사람들은 전통에 근거해서 믿음과 생활을 반복한다. 과거부터 오랜 세월 동안 지켜온 것이라는 이유 하나만으로 전통을 반복하는 어리석은 사람들이 있다.

이에 대해 우리가 대답해야 할 질문이 하나 있다.

"우리가 고수하고 있는 전통은 어떤 것인가? 로마의 전통인가, 헬라의 전통인가, 유대인의 전통인가?"

이 세 가지 전통은 많은 면에서 서로 완전히 다르다. 그러나 어떤 전통이든 간에 전통은 결국 종교의 고물상에서 주워온 것이다. 앞으로도 사람들은 세대에서 세대로 이어지면서 구시대의 유물의 토대 위에 그들의 믿음과 실행을 세울 것이며, 이유조차 모른 채 자기들의 믿음과 실행을 이어나갈 것이다.

교회, 특히 복음주의 교회에 침투한 또 하나의 거짓 권위는 '숫자'라는 권위이다. 사람들은 조직체의 규모를 아주 중요하게 여긴다. 조직체가 클수록 더 많은 권위와 능력이 있다고 착각한다. 그러나 이제까지 나는 머릿수에 기준을 두고 조직체의 중요성이나 정당성을 평가한 적이 한 번도 없다.

역사적으로도 다수의 생각이 옳지 않았음을 보여주는 경우들이 많다. 노아와 그 시대 사람들을 비교해보라. 소돔과 고모라를 보라. 또한 구약을 보면 이스라엘 민족의 판단이 얼마나 잘못되었는지를 알 수 있다. 백성은 사울을 왕으로 세우기 원했지만, 그들의 판단이 어떤 결과를 낳았는지는 우리가 잘 아는 바이다.

이 시대의 그리스도인들은 숫자가 결코 진리의 기준이 될 수 없다는 걸 깨달아야 한다. 아주 많은 사람들이 어떤 것이 옳다고 믿게 되었다고 가정해보자. 그들이 믿기 전에 그것이 옳지 않았다면 그들이 믿은 후에도 그것은 옳지 않은 것이다.

한 사람이 '2×2=7'이라고 믿는다고 가정해보자. 그가 그렇게 믿는다고 해서 '2×2=7'이 되는 것은 아니다. 백 명이 믿는다 할지라도 그렇게 되지 않는다. 백만 명이 절대적으로 확신한다 해도 '2×2=7'이 되지 않는다!

오늘날의 그리스도인들은 교회가 민주주의 원칙에 따라 운영되지 않는 것을 이상하게 여긴다. 그러나 교회가 민주주의 원칙을 따를 필요는 없다. 우리에게는 따라야 할 한 가지 규정집(rulebook)이 있는데 그것은 '성경'이다. 지난 2천 년의 역사를 보면 교회가 성경에 정면으로 어긋나는 교리와 관행에 집착하다가 상처를 입은 것을 볼 수 있다. 어떤 것이 옳다고 믿는 사람이 많아지면 교회는 그것을 투표에 부친 후 그것을 인정해 버렸다. 이런 일 때문에 예수 그리스도의 교회 안에서 이단이 생겨났다.

세 번째 거짓 권위는 '본성', 즉 선천적 본성이다. 이것을 믿는 사람들이 최근에 점점 더 많아지고 있다. 그러나 이것은 인도주의자(humanist)나 초월주의자(transcendentalist)의 그릇된 사상에서 나온 것이다. 이들의 주장을 간단히 표현하자면, "네 안에 있는 빛을 믿어라"이다. 이런 선천적 본성은 현대의 일부 사상가들 사이에서 크게 유행하게 되었는데, 애석하게도 복음주의 교회 안에도 침투했다.

우리가 무엇을 믿고 무엇을 믿지 말아야 할지를 투표에 부치는다는 것은 아주 나쁜 것이다. 그런데 우리는 그런 나쁜 관행에 빠져 있을 뿐만 아니라 나쁜 성경관에 물들어 있다. 그 성경관은 "성경에서 내게 감동을 주는 부분만 성령의 감동으로 기록된 것이다"라고 말한다. 이런 성경관을 주장하는 선생들은 사람들에게 이렇게 말한다.

"물론 성경은 성령의 감동으로 기록되었다. 하지만 우리에게 감동을 주는 부분만 그렇다. 나머지 부분은 우리가 무시해도 좋다. 우리의 타고난 본성과 맞지 않는 것이 성경에 나온다면, '이 부분은 성령의 감동으로 기록된 것이 아니므로 내가 신경 쓸 필요가 없다'라고 말하고 그것을 거부하라."

거짓 권위의 네 번째 근원은 '이성'이나 '철학'이다. 일단 철학의 늪에 빠지게 되면 헤어 나오기가 힘들다. 우리의 권위의 근원이 이성이나 철학이 되면 다음과 같은 무수한 의문에 시달리게 될 것이다. 유심론(唯心論), 자연신학, 관념론, 실재론, 유물론, 직관주의, 무신론, 휴머니즘…. 과연 어느 사상이 옳은 것일까?

아마도 이 모든 사상을 전부 뒤섞어서 그럴듯한 혼합물을 만들어낼 수도 있을 것이다. 물론 나는 각 사상들에 나름대로 장점이나 선한 것이 있을 거라고 생각한다. 하지만 내가 걱정하는 것은 철학의 긍정적인 면이 아니라 부정적인 면이다. 사람을 죽이는 것은 물이 아니라 물속에 들어 있는 독이다.

젊을 때부터 나는 철학과 심리학 그리고 이런 학문들과 연관된 많은 사상에 대해 읽었다. 이런저런 사상을 연구해보면 결국 그것들이 모두 그만그만하다는 것을 발견하게 된다. 좋게 말하면 이 사상이 저 사상만큼 좋다는 말이고, 나쁘게 말하면 저 사상이 이 사상만큼 나쁘다는 말이다. 어떻게 말하든 그것들의 공통점은 모두가 거짓 권위라는 것이다!

종교도 거짓 권위가 될 수 있다

내가 마지막으로 언급하고 싶은 거짓 권위는 종교 자체이다. 이 말이 조금 이상하게 들릴 수도 있겠지만 종교는 거의 초창기부터 거짓 권위로 전락했다. 바벨탑이 그 좋은 예가 될 것이라 생각하지만, 이는 내 추정에 불과하다.

종교를 우리의 참된 권위로 받아들이려고 한다면 이렇게 물어야 한다.

"어떤 종교가 참된 권위를 가진 종교인가?"

그것이 동양의 종교인가, 서양의 종교인가? 유일신을 믿는 종교인가, 아니면 여러 신을 믿는 종교인가? 어떤 종교가 진정한 권위를 가진 종교인가?

이런 종교들은 서로 모순된 주장을 내놓기 마련이다. 그런데 모순이 있는 곳에서는 권위가 설 수 없다. 만일 이 종교들 중 하나만 옳은 것이라면 그것이 무엇일까?

이런 문제는 인류의 역사 속에서 일종의 딜레마였다. 인간은 종교적 본성을 갖고 있으며, 자기의 종교를 체계적 종교로 만들고자 하는 경향이 있다. 인류 역사 속에서 많은 종교들이 발달해왔는데, 그 종교들은 세계의 여러 지역에서 사람들을 단합시키는 역할을 했다.

종교의 체계화가 어떻게 시작되었는가? 종교들이 어떻게 성장했는가? 모든 종교가 그런 것은 아니지만, 대부분의 종교가 크게 성장하고 발전한 것은 분명한 사실이다. 각 종교의 역사도 점점 더 깊어졌고, 추종자들도 점점 늘었다. 많은 종교에서 서로 경쟁하는 현상도 늘어났다. 어떤 종교들은 다른 종교의 양(羊)을 훔치는 것을 예사로 여긴다. 이런 도둑질은 어렵지 않다. '어떤 종교가 가장 많은 것을 제공하느냐' 하는 것을 기준으로 종교를 선택하는 사람들이 많기 때문이다. 대개 그들은 재미나 오락 같은 것을 많이 제공하는 종교를 선택한다.

모든 종교들은 꽤 작은 규모로 시작한다. 하지만 사라지지 않고 버티는 종교들은 100년, 200년, 300년의 세월이 흐르면서 점점 더 큰 권위를 갖게 된다. 종교의 규모가 작을 때 종교를 믿었던 사람들은 이미 오래전에 죽었다. 그 후의 세대들은 그들의 종교가 그토록 작았던 시절을 알지 못하기 때문에 그들에게 종교에 대해 존경과 공경의 태도를 갖는다. 결국 그들의 종교는 권위의 대상이 된다.

종교는 다양한 수단과 방법을 통해 영향력을 유지하고 권위의 영역을 넓혀간다.

그런 방법과 수단 중 하나는 '관습'이다. 종교의 권위에 도전하는 사람이 없는 이유는 종교가 그토록 큰 권위를 갖지 못했던 때가 과거에 있었다는 것을 사람들이 모르기 때문이다. 사람들은 종교의 관습에서 안정감을 얻게 된다.

특별한 옷, 특히 종교 지도자의 특별한 옷은 종교에 대한 경외심을 불러일으키는 데 큰 역할을 한다. 만일 종교나 종교의 관습에 대해 전혀 모르는 사람이 그 옷을 본다면 우스꽝스럽다고 느낄 것이다. 종교 지도자가 입는 의상 중 오래전부터 그 의미를 상실한 것들이 많고, 과거에 유행했던 것들이라 현대 사람들의 눈에는 우스꽝스런 복고풍으로 보이기 때문이다. 그러나 그 종교의 권위를 받아들인 추종자들의 눈에는 그런 구시대의 유물이 아주 존경스럽게 보인다.

종교가 자신의 영향력을 유지하고 사람들에게 경외심을 불러일으키기 위해 사용하는 또 다른 것들은 화려한 행사, 눈을 사로잡는 볼거리들, 경칭(敬稱), 엄숙함, 성직자들의 특권, 목에 힘을 꽉 주고 연출하는 극도로 근엄한 분위기 같은 것이다. 이런 것들을 즐겨 사용하는 종교가 겉으로 보기에는 경건해 보이고 뭔가 있어 보이지만, 속은 텅 비어 있으며 사람들에게도 거의 도움이 안 된다.

또한 종교가 사람들을 움직이기 위해 자주 사용하는 것은 위협이다. 종교는 사람들을 통제하기 원한다. 가장 효과적인 통제수단은 바로 공포이다. 그중에서도 가장 약발이 센 것은 연옥이나 파문 같은 것으로 협박하는 것이다. 파문당하기를 원하는 사람은 아무도 없을 것이다. 이제까지 속해 있던 공동체에서 쫓겨나는 것을 누가 원하겠는가?

또한 종교는 경제적 압박을 통해 영향력을 유지하거나 증대한다. 돈은 사람들을 통제하는 좋은 수단이다. 경제적 압박을 통해 사람들을 통제하고 겁을 주는 것은 종교가 사용하는 효과적인 술수이다. 복음주의 교회는 이런 술수를 사용하고 싶은 유혹에 넘어가지 않도록 늘 조심해야 한다.

우리가 종종 간과하는 것이 하나 있는데 그것은 '한 교회 종교'(one-church religion)를 이루겠다는 운동이다. 현재 나는 이 '한 교회 종교'가 어떤 것인지를 정의할 준비가 되어 있지 않다. 사람들은 자기도 모르는 것에 대해 설명을 시도하다가 늘 어려움에 빠진다. 이 '한 교회 종교'가 앞으로 어떤 모습으로 다가올지는 나도 모른다.

내가 아는 것은, 현재 돌아가는 종교계의 모습을 보면 멀지 않은 미래에 우리가 이 '한 교회 종교'를 향해 나아갈 거라는 것이다. 세상을 그 '한 교회 종교'의 권위 아래에 두려는 시도가 천천히, 그러나 집요하게 나타날 것이다. '한 교회 종교'는 사람들을 통제하는 가장 효과적인 방법이 될 것이다. 그리고 이 '한 교회 종교'를 좌지우지하는 자는 그 교회에 속한 모든 사람을 통제하게 될 것이다.

순전히 인본주의적 관점에서 보면, 이 '한 교회 종교'가 많은 문제를 해결해줄 수 있는 것처럼 보인다. 체인점을 연상시키는 이런 종교적 조직체 안으로 우리를 몰아넣으려는 자들은 이런 조직체가 경제적으로 이점이 있다고 주장할 것인데, 일부 사람들은 이런 주장에 넘어갈 것이다.

또한 그들은 우리가 그리스도의 추종자로서 서로를 사랑하고 형제애로 뭉쳐야 한다고 역설할 것이다. 이런 감언이설은 우리를 존중해주는 것 같지만 사실은 우리에게 노예의 속박을 씌우는 것이다. 편의성을 높인 하나의 세계종교 안으로 들어와 신앙생활을 하라는 압력이 점점 높아지고 있다.

내가 볼 때, 우리 복음주의 그리스도인들이 지금처럼 신앙생활을 대충 대충하는 것이 불가능해지는 날이 장차 도래할 것이다. 다시 말해서, 진짜 신앙인이라면 거짓 신앙에 대항해 분연히 일어나지 않을 수 없는 날이 찾아올 것이다.

우리가 당신을 우러러 보는 것은
먼 땅과 바다까지 뻗어 있는
거대한 제국 때문만도 아니고
풍성한 가을 추수 때문만도 아닙니다
살아 있는 현재에 서서
기억과 소망 사이에서
우리가 깊이 감사하며 주를 더욱 찬양하는 것은
눈에 보이지 않는 것들 때문입니다

전함과 요새 때문이 아니라
칼로 승리했기 때문이 아니라
영적으로 승리했기 때문에
오, 주여! 우리가 주께 감사하나이다
값으로 따질 수 없는 자유를 위하여
가정과 교회와 학교를 위하여
성장의 길을 열어주기 위하여
한 나라에서 그 사람들이 다스립니다

많은 믿음의 군사들,
이름을 남기지 않고 세상을 떠난 이들로 인하여
나라와 민족을 위해 명성을 남긴 사람들의 삶에

빛을 던지는 영광으로 인하여
살아 있는 말씀에 충성한 우리의 선지자들과 사도들로 인하여
모든 믿음의 영웅들로 인하여
오, 주여! 당신께 감사하나이다

공의의 하나님!
인종과 신조 때문에 벌어지는 싸움에서
그 사람들을 구하시고
계급과 당파의 투쟁에서
이 나라가 벗어나게 하소서
이 나라의 믿음이 건국 초기 때와 같이
장성한 자로서의 강한 믿음을 지켜나가도록 도우소서
그리하시면 그것이 형제애의 풍성한 열매로 나타날 것입니다

  _ 윌리엄 피어선 메릴(William Pierson Merrill, 1867~1954)
    거대한 제국 때문만은 아닙니다

CHAPTER 3
God's power for your life

살아 있는 말씀에
합당한 자리

오, 하나님! 세상은 너무 엉망입니다. 주님 때문에 이런 혼란이 생긴 것이 아님을 감사합니다. 세상이 혼돈 속에 있는 것처럼 보일지라도 주님의 손에서 벗어난 것이 전혀 없기에 주님을 찬양합니다. 모든 혼돈과 혼란과 소용돌이 뒤에 영원한 하나님께서 계시오니 제가 피할 수 있습니다. 모든 혼돈과 혼란과 소용돌이 아래에서는 주님의 영원한 팔이 붙들고 계십니다. 이 세상이 주님의 것이라는 진리가 제 피난처가 됩니다. 주님의 주권이 제 견고한 안식처입니다.

인류 역사상 가장 혼란스런 시대가 바로 지금이 아닌가 싶다. 지금은 사람들이 연재만화와 텔레비전 프로그램에 온 정신을 빼앗긴 시대이다. 사람들은 이미 오래전부터 편안함에 익

숙해져서 이제는 아주 특별한 경우에만 마음의 동요가 일어난다. 예를 들면, 소득세를 신고하거나 주변 사람이 병에 걸려야 비로소 마음이 흔들린다. 이런 시대이니 성경의 핵심진리들을 붙드는 데 별로 관심이 없다. 사실, 성경뿐만 아니라 다른 어떤 것들에도 오랜 시간 정신을 집중하지 못하는 사람들이 점점 더 많아지고 있다.

하지만 모든 통제가 무너지고 있는 것 같은 이 시대에도 하나님은 막후(幕後)에서 그분의 주권을 놓지 않고 계신다. 당장은 그분이 '지구'라고 불리는 이곳을 포기하신 것처럼 보일지도 모른다. 그러나 그분이 통제하고 계시니 안심하라. 그분의 주권은 훼손된 적이 없고 그분의 뜻은 좌절된 적이 없다. 성경이 선포한 모든 진리는 영원히 '진리'이다.

하나님의 세계

하나님은 쓰레기를 창조하시지 않았다. 우주의 쓰레기는 모두 인간이 만든 것이다. 성경이 가르치는 한 가지 분명한 사실은 하나님의 광대한 우주 안에 있는 그분의 모든 피조물이 그분의 목적에 따라 창조되었다는 것이다. 더럽고 추한 죄 때문에 당장은 이 세상이 도덕적으로나 환경적으로 시궁창이 되어 버렸지만, 그래도 이곳은 우리 아버지의 세계이다.

사람들은 하나님께서 이 세상 안에, 이 우주 안에 계시다는 것을 잘 이해하지 못한다. 근본주의에 빠진 복음주의 교회가 오랜 세월 동안 기독교의 현실 도피적인 요소만을 전해왔기 때문이다.

더 깊은 얘기로 들어가기 전에 우선 내가 분명히 해둘 것이 있다. 그것은 내가 기독교의 이런 도피적 요소를 믿는다는 것이다. 예를 들어보자. 나는 지옥에 가야 마땅한 사람이지만 그리스도의 십자가 죽음과 부활 때문에 지옥에서 도피하게 될 것이라고 믿는다. 그리스도께서 깊은 구렁을 건너가게 해주시는 다리와 같은 역할을 하신다고 나는 믿는다. 그분은 폭풍우가 몰아치는 망망대해에 떠 있는 구명정 같은 분이시다. 그분은 우리의 영혼을 고쳐주는 위대한 의사이시다. 그분은 많은 시와 찬송가와 성경이 그려주었던, 그런 분이시다. 아니, 그 이상이시다.

나는 이런 모든 것을 믿는다. 하지만 이런 믿음이 필요 이상으로 강조된다면, 특히 배타적인 색깔을 띠게 된다면, 우리는 하나님께서 그분의 아들 예수 그리스도를 만유(萬有)의 상속자로 삼으셨다는 진리의 깊은 의미를 이해하지 못할 것이다.

하나님과 이 세상과의 관계를 올바로 이해하지 못하게 하는 또 다른 요인은 기독교의 사회적, 윤리적 가치만을 받아들이는 태도이다. 물론 기독교에는 사회적 가치가 있다. 예를 들면, 함께 찬송가를 부른다거나 교회 야유회를 가는 것들 말이다.

사람들이 교회에 함께 모여 서로 인사하고 어울리고 교제하는 것이 얼마나 아름다운가! 그런 모임에서 주님에 대해 이야기를 나눌 수 있다면 금상첨화일 것이다!

구약의 선지자 말라기는 신앙의 사회적 측면을 강조했다. "그때에 여호와를 경외하는 자들이 피차에 말하매 여호와께서 그것을 분명히 들으시고 여호와를 경외하는 자와 그 이름을 존중히 여기는 자를 위하여 여호와 앞에 있는 기념책에 기록하셨느니라"(말 3:16).

분명히 주님은 기독교의 사회적 측면을 하찮게 여기지 않으신다. 윤리적 측면도 마찬가지이다. 이 두 측면은 지극히 중요하다. 이것이 인간관계에 의(義)의 기준을 제공해주기 때문이다. 그러나 기독교의 윤리적 요소만을 강조한다면, 다시 말해서 우리가 선한 사람이 되어 선과 의를 행해야 한다고만 주장한다면 그 무엇보다 중요한 하나님과 세상과의 관계를 이해하지 못하게 될 것이다.

내가 '복음주의 가장자리'라고 부르는 부분이 교회 안에 있다. 복음에는 관심 없고 놀기 좋아하는 자들이 '복음주의의 가장자리'에서 적극적으로 활동하며 발언권을 높인다. 이런 자들은 지금 내가 하고 있는 말을 이해하지 못할 것이다. 이런 사람들은 화끈하고 재미있게 놀다가 죽어도 천국으로 모셔가는 종교가 바로 기독교라고 믿는다.

두려운 것은 이런 '복음주의의 가장자리'가 점점 기독교의 중심부로 파고든다는 것이다. 입이 귀에 걸리도록 씩 웃으며 흰 이빨의 영광을 유감없이 드러내는 자들이 오늘날 인기 있는 지도자들이다. 그들은 교회 안에서 바쁘게 뛰어다니며 교인들에게 "기분 좋고 짜릿하게 사는 게 좋은 인생입니다"라고 떠들어 댄다.

살아 있는 말씀이 현재 우리의 세상에서 어떤 위치에 있는지를 이해하려면 기도하며 깊이 생각해야 한다. 우리는 우리 자신에게 "이것에 대해 충분히 생각하며 끝까지 기도해서 반드시 깨닫겠다"라고 말해야 한다. 그렇게 하지 못하면, '단단한 음식'(히 5:12)을 먹는 그리스도인이 되지 못하고 평생 가장자리에서 맴돌며 인생을 낭비하게 될 것이다.

하나님의 목적을 깨달으라

두들링(doodling, 회의 등에서 딴 생각을 하면서 낙서하는 것)에 빠지는 나쁜 버릇이 내게서 종종 나타난다. 특히, 전화통화를 할 때 더욱 그렇다. 두들링은 목적 없이 멍한 정신으로 하는 행동이다. 내가 갑자기 두들링에 대한 이야기를 꺼낸 이유는, 하나님은 두들링을 하지 않으신다는 말을 하기 위해서이다. '목적 없는 행동'이라고 이름 붙일 만한 것이 그분에게는 전혀 없다.

하나님께서 어떤 것을 결심하고 행하시면 그 행동은 영원까지 이르는 결과들을 낳는다. 성경을 온전히 이해하려면 성경 뒤에 계신 이런 하나님을 알아야 한다.

그분이 어떤 일을 행하시면 거기에는 장기적이고 고결하고 가치 있는 목적이 반드시 담겨 있다. 하지만 안타깝게도, 오늘날의 그리스도인들은 이것을 잘 알지 못한다. 많은 그리스도인들, 즉 기독교를 가지고 살살 장난치는 그리스도인들이 하나님의 모든 행하심에 숨어 있는 핵심적 목적을 이해하기는 매우 힘들다. 우리 자신이 목적 없는 하찮은 것에 많이 빠져 있기 때문에 우리는 하나님도 그러실 거라고 착각한다.

하지만 내가 그분을 이해하기 시작하면 우주 안에서, 특히 나의 세계에서 일어나는 그분의 행하심의 목적이 보이기 시작한다. 다시 말해서, 모든 것을 그분의 시각에서 이해하게 된다. 그렇다면 그분의 목적은 무엇인가? 우리가 지금 논하고 있는 것을 다 포괄할 수 있는 하나님의 목적을 한 문장으로 표현하려면 어떻게 해야 할까?

하나님의 목적은 모든 존재가 다른 모든 존재와 화해하고 서로 이해하도록 만드는 것이다. 피조세계 전체가 바로 이 목적을 향해 나아가고 있는데, 이 목적이 이루어지면 각각의 존재는 자신이 다른 모든 존재와 근본적으로 하나라는 것을 깨닫게 될 것이다. 신학적 자유주의자들은 사람들 사이의 형제애를 강조한다. 하지만 '하나 됨'이 인류를 향한 하나님의 영원한 목적임에도 불구하고 죄가 일시적으로 그 목적을 훼손했다는 것을 신학적 자유주의자들은 알지 못한다. 하나님은 우리가 하나 되기를 원하시지만 사탄은 그분의 지고의 목적에 저항하기 위해 '죄'라는 무기를 사용해 왔다. 사탄은 지금도 이 무기를 사용하고 있다.

하나님은 창조자로서 그분의 우주에 내재해 계시고, 그분의 우주를 초월해 계시며, 그분의 우주와 무한히 구별되신다. 제임스 몽고메리(James Montgomery, 1771~1854)는 이것을 '우리를 둘러싼 영광스런 우주'라는 시를 통해 노래했다.

우리를 둘러싼 영광스런 우주
길게 늘어선 해와 달과 별이 가득한 하늘
이 모든 것이
신비의 사슬로 굳게 묶여 있도다

땅과 바다와 하늘이
한 세계를 만들기로 합의했고
그 세계에서
걷고 날고 헤엄치는 모든 것이
한 가족을 이루네

이렇게 피조세계에서
하나님의 지혜와 능력이 드러날 때
그분이 만드신 모든 것이
그분의 모든 행하심과
조화롭게 연합하네

한 우애(友愛)의 유대 안에서
마음이 통하는 한 사귐 안에서
아래의 성도들과 위의 성도들이
복과 영광을 누리도다

이 시에서 '조화롭게 연합하네'라는 표현은 죄가 제거된 하나님의 우주에서는 모든 것이 다른 것들과 완전히 하나가 되어 결국 우주적 조화가 이루어질 것임을 말해준다. 현재 우주는 무질서로 가득 차 있고, 이 세상은 귀에 거슬리는 죄의 시끄러운 소리로 충만하다. 그러나 우주가 깨끗이 정화되는 날이 이르면 헤엄치는 것과 나는 것과 걷는 것과 기는 것이 모두 조화 가운데 한 가족을 이룰 것이다.

피조세계의 연약함은 현재 우리 주변에서 흔히 볼 수 있는 무질서와 불화에서 쉽게 확인된다. 예를 들면 변덕스런 날씨, 국가 간의 전쟁, 도시의 길거리에서 지금도 발생하는 범죄, 그리고 우리 사회에서 점점 늘어나는 중독과 음란 같은 것들에서 확인된다. 성경은 하나님께서 혼란을 야기하는 분이 아니시라고 분명히 가르친다(고전 14:33 참조). 그러므로 오늘날 세상에 만연한 혼란과 무질서는 그분의 뜻이 아니다. 장차 그분이 죄와 사탄을 제거하시면 혼란과 무질서도 제거될 것이다.

모든 사람은 필수 불가결한 존재이다

그 날이 오면, 즉 그리스도께서 승리 가운데 이 땅에 다시 오시고 만유가 완성되는 날이 이르면 우리는 하나님의 모든 행하심에 목적이 있다는 걸 분명히 깨닫게 될 것이다. 그 목적은 그분의 영원성과 완벽히 조화를 이룬다.

또한 그 날이 오면 우리는 하나님의 영원한 계획에서는 불필요한 사람이 하나도 없다는 걸 분명히 알게 될 것이다. 때때로 우리 모두는 완전히 낙심하여 "나는 아무 쓸모도 없는 사람이다. 불필요한 존재이다"라고 말한다. 그러나 그 날이 오면 우리는 우연이나 실수로 인해 존재하게 된 사람이 하나도 없다는 걸 알게 될 것이다. 모든 사람은 하나님의 계획에 절대적으로 필요한 존재이다.

거대한 오케스트라에는 아주 많은 악기가 참여한다. 청중의 입장에서는 악기들의 중요성을 구분하여 어떤 악기는 귀하게 여기고 어떤 악기는 상대적으로 덜 중요하게 여길 수 있겠지만, 지휘자의 입장에서는 그렇지 않다. 그가 보기에는 모든 악기가 반드시 필요하다.

피콜로 연주자를 예로 들어보자. 교향악을 연주할 때 피콜로는 불과 몇 번밖에 사용되지 않는다. 하지만 피콜로가 연주하는 부분은 전체 교향악에 없어서는 안 되는 부분이다. 만일 교향악이 한참 연주되고 있는 상황에서 피콜로 연주자가 "내가 없어도 연주에 아무 지장이 없을 거야"라고 중얼거리며 슬며시 빠져나간다면 어떻게 되겠는가? 그가 연주해야 할 부분이 빠지면 교향악 전체가 우습게 되어버릴 것이다. 그렇기에 지휘자는 피콜로 연주가 시작될 시점에 그가 반드시 있어야 한다고 생각한다.

지휘자가 연주를 시작하라는 사인을 피콜로 연주자에게 보내는 순간에 오케스트라에서 가장 중요한 사람은 바로 피콜로 연주자이다!

혹시 당신은 자신이 피콜로 연주자 같은 존재라 별로 중요하지 않다고 생각하는가? 하나님께서 모든 것을 밝은 빛 가운데 드러내시는 그 날이 도래하면 당신은 그분의 계획 안에서 당신이 얼마나 중요하고 의미 있는 존재였는지를 깨닫게 될 것이다. 그분의 충만한 빛에 비추어보면, 우리가 무익한 존재라는 생각이 전부 사라질 것이다. 그리고 자신이 쓸모없는 존재라는 느낌이 사라질 것이다. 모든 것은 목적을 갖게 될 것이고,

자기의 자리를 찾을 것이다.

그 날이 오면 각 사람은 자신에게 유일무이한 가치가 있음을 알게 될 것이다. 이 가치는 도저히 다른 사람이 줄 수 없는 것이다. 그리고 그 날이 오면 각 사람은 자신이 하나님의 목적과 계획 안에서 유일무이한 자리를 차지하고 있음을 알게 될 것이다. 만유를 위한 하나님의 거대한 계획 안에서 우리 모두는 필수 불가결한 존재이다.

완성을 향한 과정

현재 온 우주의 상태는 불완전하다. 우리도 역시 절반쯤 건축된 대성전처럼 불완전한 존재라는 생각이 든다. 이것이 오늘날 세상이 처한 상태이다. 한 가지 문제가 해결되면 다른 문제 두 개가 튀어나와 그 자리를 차지하는 것도 모든 것이 아직 불완전하기 때문이다. 우리의 세상은 세쌍둥이를 키우는 엄마 같다. 세쌍둥이가 동시에 잠드는 경우는 없다. 한 아이가 잠들면 다른 두 아이가 깨어난다. 엄마가 힘들게 두 아이를 재우면 다시 한 아이가 잠에서 깨어난다.

세상으로 나가보라. 온통 불완전한 것뿐이라는 느낌을 지울 수 없다. 제1차 세계대전이 끝날 때 사람들은 더 이상 전쟁이 없을 거라고 생각했다. 하지만 제1차 세계대전이 끝난 후 얼마 가지 않아서 제2차 세계대전이 유럽에서 일어났다. 그리고 제2차 세계대전이 끝난 후에도 세계의 이곳저곳에서 늘 전쟁이 있었다. 어느 한 지역에서의 정치적 급변사태가 해결되면 지구 반대편에서 다른 정치적 급변사태가 일어난다. 이런 혼란과 무질서는 현재 우리의 세상이 얼마나 불완전한지를 잘 보여 준다.

하나님의 영원한 계획이 우리 앞에 펼쳐져 있지만 이 계획은 너무 커서 오직 그분만이 보실 수 있다. 우리가 보기에는 이 영원한 목적, 즉 하나님의 크고 영원한 목적이 뒤죽박죽되어 있는 것처럼 보인다. 이렇게 된 것은 마귀가 혼란을 야기하기 때문이다. 마귀는 하나님께서 성전을 짓고 계실 때 나타난다. 그리고 공사판에 나타나 물건을 부수고 깽판을 부리는 깡패처럼 모든 것을 엉망으로 만들려고 한다.

그러나 심지어 마귀도 하나님의 손을 묶어놓을 수 없다는 것을 기억하자. 마귀는 그분이 짓고 계시는 성전의 완성을 막을 수 없다. 인내심을 갖고 전능하신 하나님을 신뢰하며 예수 그리스도를 바라보자. 그러면 머지않은 장래에 '큰 건축자요 건설자'이신 하나님의 지혜로운 작업을 통해 성전이 그 모습을 드러낼 것이다. 그 날이 오면 당신은 그 대완성을 향해 모든 것이 움직였다는 것을 알게 될 것이다.

물론 지금은 그 대완성을 볼 수 없다. 왜냐하면 아직은 우리의 깨달음이 불완전하기 때문이다. 현재는 기껏해야 뿌연 유리를 통해 보듯 흐릿하게 볼 수 있을 뿐이다. 심지어는 전혀 볼 수 없을 때도 있다.

우리는 지금 부분적인 것들만을 보거나 체험할 수 있다. 우리의 눈에는 세상에서 일하시는 하나님의 손이 잘 보이지 않는다. 우리 눈에는 천사들, 구름같이 둘러싼 허다한 증인들(히 12:1), 온전하게 된 의인의 영들(히 12:23), 하늘에 기록된 장자들의 모임과 교회(히 12:23)가 보이지 않는다. 우리가 신랑의 팔을 잡고 큰 기쁨 가운데 아버지의 존전으로 나아갈 그 날에 얻게 될 영광이 아직은 우리의 눈에 보이지 않는다. 이런 것들은 오직 믿음으로만 볼 수 있는 것들이다.

그러다 보니 마귀는 때로 "네가 믿는다고? 좋다! 하지만 한번 둘러 봐라. 제대로 된 것이 네 주변에 있느냐? 모든 게 엉망이 될 것이다"라고 속삭이며 우리를 낙심케 한다. 이제까지 그랬듯이 만일 낙심에 빠지게 되었다면 우리 자신과 우리의 세상이 아직도 공사가 덜 끝난 하나님의 작품이라는 것을 기억해야 한다.

불완전해 보이는 이 세상이 장차 완전해지면 모든 육체가 하나님의 영광을 보고 기이히 여기게 될 것이다. 건축자가 다양한 건축 재료를 적재적소에 사용해 웅장한 건물을 완성하듯이 하나님께서는 장차 만유를 완성하실 것이다. 작곡가가 다양한 악기들의 연주를 조화시켜 아름다운 교향악을 만들어내

듯이 하나님은 만유를 조화시켜 우주의 교향악을 완성하실 것이다.

그 마지막 날이 이르면 만유가 예수 그리스도 안에서 연합되고 밝히 드러날 것이다. 성경에 따르면, 그리스도는 만유의 상속자이시다. 이 세계는 그리스도의 것이다. 이 세상의 모든 것은 오직 그분 안에서만 설명된다. 하나님의 피조세계를 완성하는 분은 그리스도이시다.

모든 것이 제자리로 돌아갈 그 날

이것이 현재 우리의 눈에 보이지 않는 이유는 아직 모든 것이 제자리를 찾지 못하기 때문이다. 예를 들어, 현재 사탄은 자기가 있어야 할 자리에 있지 않다. 그가 마땅히 있어야 할 곳은 다른 모든 귀신들과 함께 들어갈 불못이다. 그럼에도 그는 여전히 이 땅에서 활보하며 형제들을 고소하고 있다.

죄인들도 아직 자기의 자리에 있지 못하다. 그들도 마귀와 함께 지옥에 있는 것이 마땅하지만 현재로서는 이 땅 곳곳을 돌아다니며 "내가 이 세상의 왕이다"라고 기염을 토한다. 그들은 자기의 최후 종착지를 모른다. 그들은 어디에도 어울리지 않는 존재들이다. 그들이 인류의 소망이신 예수 그리스도를 거부했기 때문이다. 이 세상에서 어디에 있어야 하는지를 알 수 있는 그들의 능력은 죄로 말미암아 파괴되었다.

그리스도께서도 아직 그분의 자리에 앉지 못하셨다. 지금 그분은 아버지의 보좌 우편에서 우리를 위해 중보하고 계신다. 우주의 통치자요 왕이신 그분은 다윗의 보좌에 앉으시는 것이 합당하다.

교회도 자기의 자리에 있지 못하다. 교회는 신랑과 함께 아버지의 집에 있어야 한다. 그러나 지금 교회는 온 세상에 흩어져 그리스도의 대의를 위해 분투하고 기도하고 수고하고 고난당하고 있다. 교회가 세상을 다스리는 것이 당연하지만 현재는 오히려 세상에게 박해를 당하고 있다. 하지만 장차 세상을 다스리게 될 것이다.

그리스도인들도 역시 자기 자리에 있지 못하다. 그리스도인이라는 이유로 홀대와 불이익을 당하는 사람들도 있다. 그리스도인은 낮에 일도 열심히 하고 기도도 열심히 해야 하기 때문에 밤이면 지쳐서 쉽게 곯아떨어진다. 하지만 이런 수고에도 불구하고 문제의 개선은 쉽게 일어나지 않는다. 우리가 분투하고 방황하는 것은 우리가 제자리에 있지 못하다는 증거이다. 우리가 마땅히 있어야 할 곳은 아버지의 집이지만 현재 우리는 마귀가 일시적으로 점령하여 망쳐놓은 세상 안에 있다. 세상이 우리 아버지의 것이지만 사탄이 일시적으로 불법 점유하고 있는 것이다.

사탄이 자기의 자리로 돌아가고, 죄인들이 그들의 장소로 돌아가며, 우리 주님이 그분께 합당한 자리에 앉으시고, 교회가 자기의 자리를 찾고, 그리스도인들에게 그들의 자리가 주어지면 '우주의 조화'가 도래할 것이다. 피조세계가 탄식하며 갈망하고 있는 이 '우주의 조화'는 오직 그리스도 안에서 성취될 것이다.

성경이 이 세상에서 마땅히 해야 할 일은 세상 사람들이 올바른 목적에 따라 살도록 하는 것이며, 세상을 온전한 조화 가운데 화해시키는 것이다. 이런 일이 일어날 때가 오고 있다. 사실, 가까이 왔다.

우리가 하나님의 기준에 따라 살 수 있는 힘은 오직 성령의 능력 안에서 주어진다. 그리고 성령은 성경을 통해 우리에게 힘을 주신다. 그 힘을 받는 사람은 하나님의 뜻에 따라 온전히 변할 수 있다.

예수 그리스도는 '연합과 조화'라는 영원한 승리를 향해 나아가라고 우리를 부르신다. 하나님의 모든 피조세계의 최종적 회복은 예수 그리스도 안에서 일어날 것이다. 하나님의 우주에서 우리의 자리가 어디인지를 알려면, 오늘날 세상에서의 그리스도의 자리를 알아야 한다.

참 아름다워라 주님의 세계는
저 솔로몬의 옷보다 더 고운 백합화

주 찬송하는 듯 저 맑은 새소리
내 아버지의 지으신 그 솜씨 깊도다

참 아름다워라 주님의 세계는
저 아침 해와 저녁 놀 밤하늘 빛난 별
망망한 바다와 늘 푸른 봉우리
다 주 하나님 영광을 잘 드러내도다

참 아름다워라 주님의 세계는
저 산에 부는 바람과 잔잔한 시냇물
그 소리 가운데 주 음성 들리니
주 하나님의 큰 뜻을 나 알 듯하도다

_ 몰트비 D. 배브콕(Maltbie D. Babcock, 1858~1901)
참 아름다워라(새찬송가 478장)

CHAPTER 4 God's power for your life

마음에 기록되는
새 언약

오, 하나님! 제 마음이 주님 때문에 뛰며 주님과의 교제를 갈망합니다. 제 본성은 하나님의 임재보다 세상 것들을 훨씬 더 좋아하지만, 성령께서 제 마음 안에서 이루신 거듭남으로 인해 제가 하나님을 '아바 아버지'라고 부르지 않을 수 없습니다. 제 새로운 본성은 주님의 거룩한 임재 안에서 조화와 하나 됨을 발견합니다.

하나님께서 새 언약을 세우셨지만, 새 언약의 목적이 옛 언약을 허물어뜨리는 것은 아니다. 새 언약은 어떤 의미에서도 옛 언약을 허물어뜨리지 않는다. 옛 언약은 신약의 기초를 놓기 위한 잠정적인 것이었다. 건물을 짓기 위해 임시로 설치하는 비계(飛階)를 생각해보자. 건물을 짓는 동안에는 비계가 매우 중요하다. 하지만 건물이 완성되고 나면 이것은 철거된다. 구약의 언약, 구약의 법은 비계 같은 것이다. 다시 말해, 새 건물이 완성될 때까지 임시적으로 필요한 것이었다. 하지만 건물이 완성되면 비계는 더 이상 필요가 없어지기에 사라지게 된다.

옛 언약은 본질적으로 불완전한 것이다. 시간적으로 말하면 일시적인 것이었고, 효과 면에서 말하면 불충분했다. 왜 구약의 법이 완전에 이르지 못하는가? 내가 '법'이라고 말할 때 이것은 단지 십계명만을 의미하지는 않는다. 하나님은 우리에게 십계명만을 주시지 않았다. 십계명은 더 큰 법의 일부로서 주어진 것이다. 더 큰 법에는 제사, 제사장 제도, 제단과 피, 어린 양과 황소와 염소, 그리고 안식일이 포함되었다. '법'이라는 것에는 이 모든 것이 포함되어 있다.

구약의 법은 거룩하고 의롭고 선했지만 내면적인 것이 아닌 외형적인 것에 대한 규정이었기 때문에 한계가 있었다. 인간의 행동과 성품은 언제나 그의 내면에서 흘러나온다. 예수님은 '겉'은 그렇게 중요한 것이 아니라고 말씀하셨다. "사람에게서 나오는 그것"(막 7:20)의 뿌리가 되는 것, 즉 '속'이 중요하다는 것이 그분의 말씀이다.

구약의 법은 사람의 속에서 나오는 것을 변화시킬 수 없었다. 호랑이를 쇠사슬로 묶어놓는다 해도 그것은 여전히 호랑이다. 미치광이 살인자를 평생 감옥에 가두어놓는다 해도 그의 속에서 변화가 일어나지 않으면 그는 언제까지나 미치광이 살인자일 뿐이다. 이것이 구약 법의 연약함이었다. 구약의 법이 사람 속에 있는 동기까지 통제할 수는 없었다. 외형적 행동을 규제하는 구약 법의 명령, 즉 "하라" 또는 "하지 말라"라는 명령은 인간의 속에 있는 것에는 영향을 줄 수 없었다.

눈에 보이는 행동을 통제하는 것이 법이지만, 유감스럽게도 법으로는 인간을 바꿀 수 없다. 이웃 사랑을 의무화하는 법이 만들어졌다고 가정해보자. 하지만 이 법을 온전하게 실천하는 것은 불가능하다. 법을 지키고 감옥행을 면하기 위해 길거리에서 미소를 지으며 이웃을 사랑하는 듯이 행동할 수는 있을 것이다. 우리가 이웃에게 미소를 보내고 상냥한 태도를 보인다면 아마도 사람들은 우리가 그들을 사랑한다고 생각할 것이다. 하지만 그들의 판단은 옳을 수도 있고 틀릴 수도 있다.

정부에서는 이웃 사랑을 의무화하는 어리석은 법을 통과시키지 않을 것이다. 왜냐하면 법으로 사람의 마음을 바꾸어놓을 수 없기 때문이다. 법은 사람의 행동에 영향을 줄 뿐이다. 법은 사람의 내면적, 도덕적 성향에 변화를 일으킬 수 없다. 이것이 법의 약점, 즉 연약함이다.

우리 마음에 기록된 것

하나님은 우리에게 거룩함을 추구하는 내면적, 도덕적 성향을 만들어주겠다고 약속하셨다. 그분은 새 언약이 주어질 것이라고 말씀하셨다. 새 언약은 외형적인 것이 아니라 내면적인 것이다. 이것에 대해 사도 바울은 아주 분명히 설명했다.

"너희는 우리로 말미암아 나타난 그리스도의 편지니 이는 먹으로 쓴 것이 아니요 오직 살아 계신 하나님의 영으로 쓴 것이며 또 돌 판에 쓴 것이 아니요 오직 육의 마음 판에 쓴 것이라"(고후 3:3).

새 언약을 받으려면 옛 언약을 무효화해야 한다. 옛 언약은 그리스도인을 지배하는 도덕적 능력을 가질 수 없다. 하나님께서 그분의 백성과 새 언약을 맺으셨고 그리스도인이 새 언약 아래에 있기 때문이다. 그런데 이미 말했듯이, 이 새 언약은 외부로부터 작용하지 않고 내면으로부터 작용한다.

이것을 좀 더 분명히 설명하기 위해 나는 자연에서 예를 찾아보았다. 알을 깨고 나온 새끼 방울뱀은 다른 방울뱀의 행동을 본 적이 없는 데도 똬리를 틀고 상대를 공격할 줄 안다. 학교에 가서 공격법을 배운 적이 없음에도 말이다. 이것은 선천적으로 타고난 것이 행동으로 나오는 것이다. 적의 접근에 대항해 나오는 이런 행동은 경험을 통해 배운 것이 아니다.

나는 병아리가 알을 깨고 나오는 장면을 본 적이 있다. 알에서 나온 병아리는 5분 정도 무기력한 모습으로 누워 있지만 미풍이 불어 털을 말려주고 솜털이 보이기 시작하면 온 힘을 다해 일어난다. 그리고 털이 완전히 마르기 전에 밖으로 나가 흙을 긁는다. 이 병아리는 닭이 흙을 긁는 것을 본 적이 없다. 이처럼 사전 경험이 없음에도 그렇게 하도록 이끄는 '선천적 요인' 때문에 누가 가르쳐주지 않아도 그렇게 하는 것이다.

이런 타고난 성향은 특정 목적을 이루기 위한 것이다. 동물, 새, 물고기, 벌레 같은 생물이 특정 행동을 하도록 만드는 것은 바로 이 '미지(未知)의 요인'이다. 물론 이런 생물의 행동이 외부적 요인 때문에 표면적으로 바뀔 수는 있다.

서커스단의 조련사가 침팬지에게 턱받이를 대주고 나이프와 포크로 음식을 먹도록 훈련시킬 수는 있다. 하지만 그렇다 할지라도 침팬지는 침팬지일 뿐이다. 침팬지의 내면까지 바뀐 것이 아니다. 침팬지로 하여금 특정 행동을 하도록 만드는 미지의 요인을 조련사가 제거한 것은 결코 아니다. 침팬지는 자기의 잠자리로 돌아가거나 다른 침팬지를 만나면 '침팬지답게' 행동할 것이다. 왜냐하면 침팬지일 뿐이기 때문이다! 침팬지가 일시적으로 '침팬지답지 않게' 행동한 것은 외부로부터 가해진 압박과 설득 때문이다.

내가 볼 때, 죄인으로 하여금 그리스도인처럼 행동하도록 가르치는 것은 가능하다. 죄인에게 세례를 주고 안수를 해주고 정기적으로 성찬식에 참여시키고 윤리를 가르치면 얼마 후부터 그도 그리스도인처럼 행동하기 시작할 것이다. 침팬지가 훈련을 거친 후에 마치 인간처럼 행동하듯이 말이다. 그러나 죄인은 그리스도인이 아니다. 왜냐하면 의와 진정한 거룩함을 추구하도록 만드는 '내적 요인'이 그에게 없기 때문이다. 외부에서 주어지는 교육이라는 것이 그로 하여금 그리스도인처럼 행동하도록 만들었을 뿐이다.

그리스도인을 흉내 내도록 교육받은 사람들에 불과한 교인들이 아주 많다. 그들은 예수님의 산상설교를 읽었으며, 그리스도인이 어떻게 살아야 할지를 안다. 진정으로 그렇게 살지는 못하지만 비슷하게 흉내는 낸다. 남들이 하는 것을 어깨너머로 보고 흉내를 내는데, 그 모습이 아주 그럴듯하기 때문에 교회생활을 하는 데는 아무 지장이 없다. 그들이 예배에 참석하고 찬송가를 부르고 헌금을 내기 때문에 사람들은 그들이 그리스도인이라고 생각한다. 하지만 그들은 외부적 압박과 인위적 훈련과 모방으로 그리스도인처럼 사는 것이다. 그들로 하여금 그렇게 살도록 이끄는 '선천적 요인' 때문에 그렇게 사는 것이 아니다. 그들이 그리스도인답게 행동하도록 만드는 '미지의 요인'이 그들에게는 없다.

누가 참된 그리스도인인가?

나는 아주 뚜렷이 상반되는 두 가지 예를 들어서 이것을 설명하고 싶다. 우선, 아이작 왓츠(Isaac Watts, 1674~1748. 영국의 비국교회파 목사이자 찬송시 작가)의 찬송가 '영원한 능력의 높은 보좌'(Eternal Power, Whose High Abode)에 나오는 제1 천사장을 생각해보자. 이 천사장은 찬양할 때 자기의 날개로 얼굴을 가린다.

> 제1 천사장이 노래하는 동안
> 자기 날개로 자기의 얼굴을 가리고
> 보좌를 둘러 선 빛나는 천사들은
> 엎드려 경배하며 온 땅을 덮도다

이 천사장과 극명한 대조를 이루는 것은 용(龍)이라고도 불리고 사탄이라고도 불리는 존재, 즉 마귀이다. 제1 천사장과 마귀는 도덕적으로 완전히 대비된다. 내가 볼 때, 피조물 중에서 도덕적으로 가장 대조되는 두 경우를 들라면 바로 이들의 경우를 예로 들면 될 것이다.

제1 천사장은 왜 천사장처럼 행동하는가? 그것은 그의 안에 있는 '미지의 요인'이 그로 하여금 그답게 행동하도록 만들기 때문이다. 그 '미지의 요인'을 무엇이라고 부르든 간에 그것이 그의 안에 존재하는 것은 사실이다. 그가 천사장답게 행동할 때 그는 훈련받은 대로 행동하는 것이 아니다. 자기의 내면에서 우러나오는 대로 행동할 뿐이다. 그의 안에 있는 '그 무엇'이 그로 하여금 그답게 행동하도록 만든다. 그는 '그 무엇'에 저항하지 않는다. 병아리가 흙을 긁고 싶은 충동에 저항하지 않는 것처럼 말이다.

천사장은 자신을 다른 존재와 비교하면서 "이제 나는 천사장답게 행동해야 한다"라고 말하지 않는다. 그가 천사장답게 행동하는 것은 천사장이기 때문이다. 오랜 세월 동안 교회가 깊이 생각해 온 문제가 하나 있다. 그것은 '죄인이기 때문에 죄를 짓는가' 아니면 '죄를 짓기 때문에 죄인인가' 하는 문제이다. 내가 볼 때는 둘 다 맞는 말이다. 그는 본래 죄인이기 때문에 죄를 짓는다. 그리고 죄를 짓기 때문에 죄인이다. 하나님의 은혜로 이런 악순환의 고리를 끊고 죄인의 신분에서 벗어나기 전까지는 계속 이 순환을 반복하며 맴돌 수밖에 없다.

천사장과 완전히 대조되는 존재는 마귀이다. 마귀도 그답게 행동한다. '그답게 행동한다'는 표현은 내가 그에 대해 유일하게 사용할 수 있는 호의적 표현이다. 마귀는 속일 때에도 그답게 행동한다. 그가 마귀답게 행동할 때 그는 자신에게 충실한 것이다. 왜냐하면 그가 마귀이기 때문이다. 예수님은 그분을 박해하는 어떤 유대인들에게 "너희는 너희 아비 마귀에게서 났으니"(요 8:44)라고 말씀하셨다.

신약의 가장 중요한 교훈은 의롭게 행동하도록 만드는 '미지의 요인'이 신자의 마음에 주어진다는 가르침이다. 바로 여기에, '세상의 종교들 중 하나에 불과한 기독교'와 '참된 기독교' 사이의 차이가 있다. 여기에, '사람을 훈련시켜 그리스도인처럼 행동하도록 만드는 것'과 '사람을 내면으로부터 그리스도인으로 새로 태어나게 하는 것'의 차이가 있다.

보통의 교회에는 시온의 노래를 '배운' 사람들로 가득하다. 그들은 타락한 아담처럼 하나님께 가까이 가지 못하는 사람들이다. 하지만 그런 그들도 우리가 평생 들어본 찬양 중 가장 아름다운 찬양을 부를 수 있다. 그들도 시온 산의 말투를 정확히 구사한다. 이스라엘의 노래를 부른다. 하지만 이스라엘 사람이 아니다. 교회의 노래를 부르지만 그리스도인이 아니다.

내가 이렇게 말하니 "당신에게 무슨 권리가 있기에 어떤 사람들을 '가짜 그리스도인'으로 단정 짓는 독선을 보이는가?"라고 묻고 싶은가? 물론 내게는 아무런 권리가 없다. 그렇기에 나는 아무것도 할 수 없다. 내게 권리가 있다면 지옥에 갈 권리뿐이다. 그러나 하나님의 은혜로 인하여, 그리고 주 예수 그리스도께서 주신 권위에 의하여 내게 주어진 사명이 있다. 그것은 하나님을 섬기는 사람과 그분을 섬기지 않는 사람의 차이를 사람들에게 분명히 말해주고, 그분의 이름으로 "사람이 거듭나지 않으면 하나님의 나라에 들어갈 수 없다"라고 선포하는 것이다.

종교적 훈련을 많이 받는다고 해서, 종교적 용어를 많이 사용한다고 해서 참된 그리스도인이 되는 것은 아니다. 우리로 하여금 의로운 행동을 하도록 만드는 유일한 것은 성령께서 사람의 영 안에 심어주신 '그 무엇'이다. 이것을 우리는 다양한 이름으로 부른다. 신생(新生), 중생, 회심 같은 이름 말이다. 우리가 회심하는 것은 거듭나기 위해서이다. 우리가 거듭나야 하는 것은 애당초 잘못된 존재로 태어났기 때문이다.

하나님은 그 '미지의 요인'을 가리켜 '내 법'이라고 부르신다. 그분은 "또 주께서 이르시되 그 날 후에 내가 이스라엘 집과 맺을 언약은 이것이니 내 법을 그들의 생각에 두고 그들의 마음에 이것을 기록하리라 나는 그들에게 하나님이 되고 그들은 내게 백성이 되리라"(히 8:10)라고 말씀하셨다. 그러므로 그리스도인이란 하나님의 법이 마음에 새겨진 사람을 의미한다. 그의 마음에 새겨진 그 법은 그의 삶에서 가장 중심적인 동기로 작용한다. 이런 사람이 아니라면 그리스도인이라고 불릴 수 없다.

신약의 교훈에 따르면, 그리스도인의 삶 안에도 서로 충돌하는 요인들이 존재한다. "돌 판에 쓴 것이 아니요 오직 육의 마음 판에 쓴"(고후 3:3) 하나님의 법이 그리스도인의 삶의 버팀목인 것은 사실이지만, 이런저런 모양의 저항세력(육신의 연약함, 세상, 정욕이나 옛 습관)이 때로는 그를 이긴다.

로마서 7장에는 거룩한 사람의 전형적인 탄식이 기록되어 있다. 이 사람은 자기 안에서 이런저런 요인들이 작용하여 그를 거룩하지 못한 행동으로 몰아넣는 것을 깨닫고 탄식한다. 바울은 "오호라 나는 곤고한 사람이로다 이 사망의 몸에서 누가 나를 건져내랴"(롬 7:24)라고 부르짖었다.

그러나 여기서 그치지 않고 곧이어 "이는 그리스도 예수 안에 있는 생명의 성령의 법이 죄와 사망의 법에서 너를 해방하였음이라"(롬 8:2)라고 선언했다. 이 선언을 볼 때, 하나님께서는 그 안에 있는 길들여지지 않은 요인들(육신, 음란 또는 옛 사람 같은 것들)에서 건짐 받을 수 있는 방법을 마련해 놓으셨다.

종교를 가르칠 수 있을까?

신약의 히브리서는 하나님과 그분의 백성 사이의 새 언약이 어떻게 작용하는지를 다음과 같이 설명해준다.

"또 각각 자기 나라 사람과 각각 자기 형제를 가르쳐 이르기를 주를 알라 하지 아니할 것은 그들이 작은 자로부터 큰 자까지 다 나를 앎이라 내가 그들의 불의를 긍휼히 여기고 그들의 죄를 다시 기억하지 아니하리라 하셨느니라"(히 8:11,12).

여기서 우리는 한 가지 중요한 질문을 던지게 된다.

'종교를 가르칠 수 있는가?'

오늘날에는 소위 '종교교육'이라는 것이 굉장히 강조되고 있다. 나는 종교교육이 분명히 영향을 끼친다고 믿는다. 종교교육의 한계를 인정한다는 전제에서 말이다. 교리와 윤리는 가르칠 수 있다. 당신은 어린아이들을 몇 명 모아놓고 이런 성경구절을 가르칠 수 있다.

"하나님은 사랑이심이라"(요일 4:8).

"태초에 하나님이 천지를 창조하시니라"(창 1:1).

"하나님이 세상을 이처럼 사랑하사 독생자를 주셨으니"(요 3:16).

"주 예수를 믿으라 그리하면 너와 네 집이 구원을 받으리라"(행 16:31).

이것은 교리이다. 교리는 가르칠 수 있다. 물론, 윤리도 가르칠 수 있다. 윤리는 의로운 법이다. 역시 어린아이 몇 명을 모아놓고 "부모님께 순종하고, 거짓말하지 말고, 도둑질하지 말라"고 가르칠 수 있다. 이런 것은 우리가 가르칠 수 있고, 또 마땅히 가르쳐야 할 것들이다. 교리와 윤리를 가르치는 것은 우리의 의무이다.

그러나 구원은 가르칠 수 없다. 구원은 우리가 들은 교리를 믿을 때 우리의 삶 안에서 일어나는 '그 무엇'이다. 어떤 사람이 교리를 듣고 배워 교리시험에 합격하고, 요리문답을 글자 하나까지 정확히 외운다 할지라도 그리스도인이 아닐 수 있다. 왜냐하면 가르침을 통해 어떤 사람을 그리스도인으로 만드는 것이 불가능하기 때문이다. 가르침을 통해서는 그리스도인이 되기 원하는 마음을 심어줄 수 있고, 그리스도인이 되는 법을 보여줄 수 있다. 만일 그가 그리스도인이 된다면 예수님이 말씀하신 모든 것을 그에게 가르칠 수 있다(요 14:26 참조). 그러나 가르침을 통해 그를 그리스도인으로 만들 수는 없다.

아기를 이 세상에 태어나게 하는 교과과정이 만들어진 적은 없다. 아기는 생명이기 때문에 생명에서 태어나야 한다. 물론 아기가 태어나 성장한 다음에는 대학에 진학해 교과과정에 따라 교육을 받을 수 있을 것이다. 그는 대학에서 많은 것들을 배우게 될 것이다. 하지만 그가 이 세상에 존재하려면 우선 태어나야 한다. 교육이 생명을 만들어낼 수는 없다.

그럼에도 그리스도인이라고 불리는 많은 사람들이 오직 가르침, 오직 종교교육을 통해 명목상의 그리스도인이 된 것 같아 걱정이다. 누군가 그들을 종교적으로 능숙하게 다루면서 세례나 침례를 주고는 교인으로 만든 것 같아 씁쓸하다. 우리가 교회에 출석하고 봉사하며 그리스도인이라고 알려진 이유가 오직 그리스도인처럼 행동했기 때문이라면, 그것은 비극이다. 기독교가 금하는 것들을 삼가고, 교회에 다니고, 헌금을 한다는 이유만으로 그리스도인이 된다면, 정말 비극이다.

우리가 점잖고 세련되게 행동하는 것 때문에 그리스도인처럼 보인다면 우리는 중생을 통해서가 아니라 기독교 선생들의 능숙한 인도와 종교교육을 통해 그리스도인처럼 된 것이다. 구원은 구원받은 사람으로 하여금 일정한 방향으로 행동하도록 만드는 '미지의 요인'을 영혼 안에 심어준다. 진정한 그리스도인은 성령께서 주시는 감동에 따라 성부 하나님께 부르짖는다. 그는 누군가에게 가르침을 받을 필요가 없다. 새로 태어난 그리스도인에게 누군가 "하나님께 '아바 아버지'라고 말해라"라고 가르칠 필요가 없다. 그리스도인은 하나님께 자연스럽게 '아바 아버지'라고 말하게 된다. 그 사람 안에 계신 성령께서 그렇게 하도록 시키시기 때문이다.

스스로에게 질문을 던지라

우리가 대답해야 할 지극히 중요한 질문들이 있다.

'중생이 내게 일어났는가? 나는 성령을 받았는가? 나는 그리스도를 믿는가?'

'하나님께서 의를 행하기 원하는 마음, 그리고 의를 행하지 못하는 자신을 슬퍼하는 마음을 내게 주셨는가?'

우리는 자신에게 이런 질문들을 던지고 정직하게 대답해야 한다. 물론, 그 대답은 '예스'여야 한다. 하지만 가슴 아프게도 나는 실망스런 예상을 하게 된다.

이런 상황을 가정해보자. 내가 일반적인 교회의 교인들 앞에 서서 한 사람씩 앞으로 불러내어 이런 질문을 던진다.

"당신은 내면으로부터 진정한 그리스도인입니까? 그분의 기적을 통해 당신 안에 '미지의 요인'이 심겨졌습니까? '하나님의 법'이라고 불리는 그 요인, 의를 행하기 원하고 죄를 미워하게 만드는 그 요인, 하나님을 사랑하고 불의를 미워하게 만드는 그 요인이 당신 안에 심겨졌습니까? 거룩함을 추구하게 만드는 '내적 요인'을 받는 복이 당신에게 임했습니까?"

당신은 이런 질문들에 대한 사람들의 정직한 대답을 듣고 싶은가? 아마 거의 대부분의 사람이 '아니오'라고 대답할 것이다. 그들의 정직한 대답을 들으면 가슴이 찢어지게 아플 것이다. 하지만 이 가슴 아픈 현실이 진짜이다. 교회에 다니는 모든 사람에게 이 '미지의 요인', 즉 그들로 하여금 의를 추구하도록 만드는 이 요인이 있다면 이 나라는 지금과 같지 않았을 것이고, '기독교'라는 것이 지금과는 전혀 다른 모습으로 나타났을 것이기 때문이다.

하나님 앞에 나아가 이렇게 말씀 드리자.

"주님, 침팬지는 사람처럼 행동하도록 아무리 훈련을 시켜도 사람이 되지 못하고 결국 침팬지로 죽습니다. 제가 그런 침팬지처럼 되지 않게 하소서. 주님, 제가 죄인이 되지 않게 하소서. 선한 죄인, 도덕적 죄인, 높은 윤리적 기준을 가진 죄인, 종교적 죄인이 되지 않게 하소서. 죄인임을 깨닫고 성도로 바뀌는 자가 되게 하소서."

만일 우리가 무늬만 그리스도인이라면 정말 비극이 아닐 수 없다. 오직 성령께서만 성경 말씀을 통해 사람의 영혼 깊은 곳에 들어와 근본적 변화를 일으켜 그를 진정한 그리스도인으로 만들 수 있다.

교회의 참 된 터는 우리 주 예수라
그 귀한 말씀 위에 이 교회 세웠네
주 예수 강림하사 피 흘려 샀으니
땅 위의 모든 교회 주님의 신부라

온 세계 모든 교회 한 몸을 이루어
한 주님 섬기면서 한 믿음 가지네
한 이름 찬송하고 한 성경 읽으며
다 같은 소망 품고 늘 은혜 받도다

땅 위의 모든 교회 주 안에 있어서
하늘의 성도들과 한 몸을 이루네
오 주여 복을 주사 저 성도들같이
우리도 주와 함께 늘 살게 하소서

_ 사무엘 J. 스톤(Samuel J. Stone, 1839~1900)
교회의 참된 터는(새찬송가 600장)

CHAPTER 5 **God's power** for your life

권위의 원천인
하나님의 말씀

오, 하나님! 주님의 말씀이 저의 양식과 음료가 되었습니다. 목마른 사슴이 시냇물을 찾듯이 제가 주님을 갈망하며, 주님의 귀한 말씀을 깊이 들이마십니다. 주의 말씀이 제게 보여준 주님과 주님의 권위에 복종합니다. 주님이 제 마음의 깊은 갈망을 풀어주는 분이심을 경험을 통해 배우게 되었습니다. 오늘, 주님의 말씀이 제 힘이 되게 하옵소서.

'성경의 권위'라는 주제는 매우 중요하다. 나는 기독교선교연합(Christian and Missionary Alliance)이 채택한 다음과 같은 신앙선언을 내 교리적 신조로 받아들인다.

최초에 무오(無誤)하게 주어진 구약과 신약은 하나님의 감동에 의해 축자적(逐字的)으로 기록되었으며, 인간의 구원을 위한 그분의 뜻을 완전히 계시한다. 구약과 신약은 그리스도인의 신앙과 행위를 위해 하나님이 주신 유일한 규범이다.

전 세계의 개신교는 어느 시대에나 이와 같은 신조를 받아들였다. 하나님의 말씀, 즉 성경은 우리 신앙의 중심이다. 단순히 상징적으로만 그런 것이 아니다. 성경은 신앙고백뿐만 아니라 일상생활에서도 권위의 원천이 된다.

우리는 종교개혁의 후예이다. 종교개혁 초기의 뜨거운 쟁점은 신자의 삶에서 성경이 어떤 위치를 차지하는가 하는 것이었다. 신앙인들은 로마 가톨릭의 교리에 항거하여 로마 가톨릭에서 빠져나왔고, 결국 훗날 '개신교도'(프로테스탄트)라고 불리게 되었다. 마르틴 루터(Martin Luther), 존 칼빈(John Calvin), 존 위클리프(John Wycliffe), 츠빙글리(Ulrich Zwingli), 그리고 존 후스(John Huss)는 프로테스탄트 운동의 주요 지도자들이었다.

그들이 로마 가톨릭교회와 논쟁했던 문제는 성경에 관한 것이었다. 그들은 이 문제를 두고 싸워서 이겼다. 그런데 불행하게도, 종교개혁의 후예인 우리는 당시의 뜨거운 쟁점이 무엇이었는지조차 잊어버렸다. 로마 가톨릭에 항거한 사람들의 최고 관심사는 성경을 어떻게 규정하는가 하는 문제였다. 이외에 다른 문제들에서 나타난 로마 가톨릭과의 차이는 기껏해야 이 차적인 문제에 불과했다. 종교개혁가들이 평생을 바쳐 세우려고 했던 것은 '성경의 권위'였다. 만일 성경이 하나님의 말씀이 아니라면 기독교는 무너지기 때문이다.

종교개혁의 근본적 업적은 대중에게 성경을 돌려준 것이 아니라 교회 안에서 성경의 권위를 세운 것이었다. 성경의 권위가 전통이나 해석, 가톨릭 사제나 개신교 목회자의 권위보다 위에 있어야 한다는 것이 종교개혁가들의 주장이었다. 하나님의 말씀의 권위를 초월하는 것은 아무것도 없어야 했다. 성경 홀로 이 세상의 다른 모든 권위 위에 세워져야 했다. 그리스도인의 생활과 사역의 모든 것은 성령의 인도하심 가운데 하나님의 말씀에서 흘러나와야 했다.

옛 하나님의 사람들, 즉 종교개혁가들이 이 시대로 와서 오늘날 개신교의 상태를 본다면 심히 낙심할 것이다. 오늘날의 개신교 교회들 안에서 성경의 권위가 너무나 추락했기 때문이다. 성경의 권위를 세운 종교개혁가들의 엄청난 노력을 거의 물거품으로 만들 정도까지 추락했다. 대부분의 개신교 교회들에서 성경이 어느 정도의 권위를 유지하고 있기는 하지만 최고의 권위를 갖고 있지는 못하다.

성경의 권위가 성경해석이나 심지어 성경번역에 의해 훼손되는 일이 일어나기도 한다. 해석과 번역은 시대마다 바뀔 수 있기 때문이다. 그러다보니 한 시대가 성경에 근거하여 금한 것을 그 다음 시대가 성경에 근거하여 허락하는 일이 벌어지기도 한다. 이것은 진리를 엿가락처럼 늘였다 줄였다 하는 것이다. 그러나 진리는 새로운 것이 아니며, 새로운 것은 진리가 아니라는 사실을 기억하라.

심지어 지금도 교회의 전통이 성경보다 더 권위를 갖는 것 같다. 그러나 전통은 역사 속에서 언젠가 생겨난 것에 불과하다. 바꿔 말하면, 그 전통이 아예 존재하지 않았던 때가 있었다는 말이다. 그때 누군가 그것을 행했기에 오늘날까지 이어져오며 전통이 되어버린 것이다. 게다가 오늘날 어떤 이들은 성경의 교훈에 근거하지 않은 전통을 세우고 있다. 한 세대의 전통은 그 다음 세대의 놋 뱀(민 21:9 ; 왕하 18:4)이 되어버린다.

단언하건대, 하나님의 말씀의 권위에 근거하지 않은 것에는 그분의 복이 임하지 않는다! 그렇기에 오늘날 많은 복음주의 교회들에 그분의 복이 임하지 않는 것이다. 성경의 권위를 하나님의 관점에서 이해하려면 그 뿌리부터 살펴보아야 한다.

하나님의 완전한 계획

우선, 구약의 권위부터 살펴보자. 하나님은 유대교를 통해 속량의 견고한 기초를 놓으셨다. 우연이나 변덕에 맡겨진 것은 하나도 없었다. 하나님은 그리스도의 십자가와 그 이후의 모든 것을 위한 기초를 놓으시는 세밀함을 보여주셨다. 이 기초는 영원한 관점에서 세워졌다. 그분의 모든 행하심은 영원과 들어맞으며, 그분의 뜻과 완벽하게 조화를 이룬다.

하나님은 그분이 친히 거하실 성막을 위한 계획을 모세에게 보여주셨고, 그에게 "너는 삼가 이 산에서 네게 보인 양식대로 할지니라"(출 25:40)라고 경고하셨다. 그분이 세운 계획은 인간의 손질을 필요로 하지 않았다. 그분은 완전한 계획을 주셨다.

모든 시대는 나름대로의 이유 때문에 하나님의 계획을 바꾸거나 개선해야 한다고 느낀다. 그러나 우리 시대는 이런 아주 잘못된 '신 콤플렉스'(God complex, 자기가 남들보다 우월한 존재이며 자기 판단이나 의견이 언제나 옳다고 믿는 증상)를 버려야 한다. 우리는 그분이 주신 말씀을 그대로 받아들여야 한다. 개인에게 어떤 불편이 생길지라도 그렇게 해야 한다. 내 경험에 의하면, 성경은 정말로 훌륭한 책이지만 동시에 성경의 요구는 우리를 지극히 불편하게 할 수 있다.

내가 말했듯이, 하나님의 기초는 개선을 필요로 하지 않는다. 그분은 모세에게 그분의 계획의 어떤 부분도 바꾸거나 수정하거나 보충설명하지 말라고 분명히 말씀하셨다. 그분의 계획의 어떤 부분이 인간에게 이해되지 않는다 할지라도 그것이 변경되어서는 안 되었다. 그 계획이 그분의 계획이었기 때문이며, 인간의 비판이나 승인을 받기 위해 제공된 것이 아니었기 때문이다. 그 계획은 그분의 뜻에 따라 만들어진 것이므로 인간은 그분의 뜻을 감히 훼손할 수 없었다.

하나님의 경고는 분명했다. 그분의 계획에 수정이란 있을 수 없었다. 인간 사회에서 단체의 대표들이 모여 연례회의를 열고 초안을 만들었다 하자. 그럴 때 그 단체의 회원들은 초안을 보고 수정을 요청할 수 있다. 대개는 대표들의 초안을 승인하지만, 때로는 초안을 개선하거나 개인의 입장에 맞추기 위해 수정안을 제시하기도 한다. 그러나 하나님의 계획은 수정을 전혀 필요로 하지 않는다. 그분의 계획은 어떤 시대의 편의를 증진시키기 위한 완화나 인간의 승인을 필요로 하지 않는다.

더욱이, 하나님의 계획에는 타협의 여지가 없다. 그분이 어떤 것에 대해 말씀하시면 그 말씀이 진리인 것이고, 그분이 어떤 것이 어떻게 되어야 한다고 말씀하시면 그것은 반드시 그렇게 되어야 한다. 우리가 이해하든 못하든 간에 그렇다! 그분은 타협하신 적이 없다. 타협을 시도하셨다는 암시도 없다.

사람들은 서로 잘 어울려 지내기 위해 타협을 한다. 한 사람이 이런 점을 양보하면 다른 사람은 저런 점을 양보한다. 이렇게 하다 보면 그들 모두는 자신의 원래 의도와는 거리가 먼 결과를 받아들이지 않으면 안 된다. 그러나 하나님은 사람들이 그분의 계획을 갉아먹는 것을 용납하지 않으신다. 여기서 이것을 양보하고 저기서 저것을 양보해서 결국 원래 계획과는 전혀 다른 계획으로 변질되는 것을 허락하지 않으신다.

또한 하나님의 계획은 인간이 이런저런 핑계를 붙이는 것을 용납하지 않는다. 성경을 처음 읽을 때에는 그분의 계획의 어떤 부분들이 가혹하다고 느껴지기도 한다. 구약에 나타난 그분의 계획에 담긴 까다로운 것들, 예를 들면 제사제도 같은 것이 이에 해당할 것이다.

때로 우리는 그분의 말씀을 들을 때 이런저런 핑계를 갖다 붙인다. "물론, 하나님께서 그렇게 말씀하셨습니다. 하지만 그분의 진정한 의도는 그런 것이 아닙니다"라고 말문을 연 다음, 자신이 그분의 진정한 의도라고 믿는 것에 대해 장황하게 설명한다. 이런 식의 태도는 그분의 말씀을 믿지 않는 것과 다를 바 없다. 믿음은 우리가 이해하지 못하는 그분의 말씀까지도 받아들이는 것이다. 이것이 믿음의 능력이다.

하나님의 계획에 어떤 부족한 점이 있기에 우리가 대신 나서서 변명을 해야 하는가? 결코 그렇지 않다! 그분의 계획은 가능한 모든 요소를 다 고려하여 만들어진 것이기 때문에 시대에 맞게 재조정될 필요가 없다. 하나님은 예상치 못한 어떤 돌발변수에 놀라는 분이 아니시다. 그분은 변덕스런 기분에 따라 일을 처리하지 않으신다. 그분은 이미 끝을 다 알고 시작하신다. 결말까지 다 고려해서 계획을 세우신다.

구약성경에는 이스라엘 백성의 양심과 행위를 지배하는 완벽하고 최종적인 권위가 주어져 있었다. 이스라엘 민족이 구약보다 더 높은 권위에 호소하는 것은 불가능했다. 구약은 그들이 어떻게 행동해야 할지를 말해주었고, 그들의 행위가 하나님의 말씀에 어긋날 때 어떤 결과가 일어날지에 대해서도 알려주었다. 구약은 모두에게 예외 없이 적용되어야 했다. 그렇기 때문에 사도 바울은 "하나님께서 외모로 사람을 취하지 아니하심이라"(롬 2:11)라고 말했다.

구약의 메시지는 더 이상 바뀔 수 없는 것이었기에 거기에는 하나님의 권위가 있었다. 예수님은 "이르되 모세와 선지자들에게 듣지 아니하면 비록 죽은 자 가운데서 살아나는 자가 있을지라도 권함을 받지 아니하리라 하였다 하시니라"(눅 16:31)라고 말씀하셨다. 이 말씀은 하나님께서 구약성경에 권위를 부여하셨다는 것을 잘 보여준다. 예수님과 성령님은 신약에서 구약의 권위를 강조하셨다. 하지만 말씀의 권위를 우리 각자에게 적용하지 않으면 그 권위가 무슨 소용이 있겠는가?

성경의 기초 위에 서라

이제 신약의 권위에 대해서도 살펴보자. 우리가 복음서에서 자주 읽게 되는 것은 예수님이 언제나 권위 있게 말씀하셨다는 것이다. 그분은 서기관이나 바리새인처럼 말씀하지 않으셨고,

인간의 권위를 초월하는 권위로써 말씀하셨다. 이에 대해 성경은 "이는 그 가르치시는 것이 권위 있는 자와 같고 그들의 서기관들과 같지 아니함일러라"(마 7:29)라고 증언한다. 예수님의 권위는 구약이 인정한 권위였다.

"네 하나님 여호와께서 너희 가운데 네 형제 중에서 너를 위하여 나와 같은 선지자 하나를 일으키시리니 너희는 그의 말을 들을지니라"(신 18:15).

예수님이 언행의 근거로 삼으신 권위는 구약에서 세워진 권위였다. 그분의 행하심은 구약의 연장선상에서 이루어졌다.

사도행전을 처음부터 끝까지 읽어본 사람이라면 사도행전이 무엇에 대한 기록인지를 분명히 알 수 있을 것이다. 사도행전은 초대교회가 성경의 메시지를 전한 것을 기록하고 있다. 성경에 기록된 베드로와 스데반과 바울의 메시지를 읽어보라. 그러면 그들이 어떻게 논증했는지, 어떻게 가르쳤는지, 그리고 어떻게 구약의 권위에 호소했는지를 알게 될 것이다! 그들이 활동하던 시대에는 신약이 없었다. 그들에게 있어서 성경이라 함은 오직 구약뿐이었다.

그들은 예수 그리스도의 권위에 근거해 구약을 전했다. 예수 그리스도 안에서 구약은 모든 영광을 유감없이 드러냈다. 구약은 그분의 길을 예비했고, 그분께 모든 권세와 권위를 양도했다. 구약에서 준비된 모든 것이 그분 안에서 성취되었다.

오순절 날에 태어난 교회는 말 그대로 '성경의 산물'이었다. 교회는 성경에서 나왔고, 자신의 존재 유지를 위해 성경에 의존했다. 교회에서 성경을 제거한다면 교회는 더 이상 '하나님의 권위 있는 조직체'가 아니다. 우리는 신학교나 기관이나 대학 자체에 영적 권위가 있는 것이 아니라는 사실을 자주 망각한다. 그러므로 우리는 성령께서 사용하시는 성경 말씀만이 오늘날의 교회에게 능력을 준다는 것을 늘 명심해야 한다.

교회의 역사를 살펴보면, 시대에서 시대로 이어지면서 하나님의 말씀이 얼마나 중요한 역할을 했는지를 알게 될 것이다.

예를 들어보자. 종교개혁은 성경의 중요성을 다시금 일깨웠기 때문에 정통신앙을 지켜냈다. 종교개혁의 주된 업적은 하나님의 말씀인 성경을 교회생활의 중심으로 삼고, 누구나 성경을 읽을 수 있도록 했다는 것이다. 성경은 단지 엘리트를 위한 것이 아니라, 의에 굶주리고 목마른 사람 모두를 위한 것이었다. 종교개혁의 지도자 중 많은 이들은 대중이 하나님의 말씀을 읽는 것을 가능하게 하기 위해 그들의 삶을 희생했다.

종교개혁 다음에는 부흥의 시대가 왔다. 존 웨슬리와 찰스 웨슬리의 지도력에 힘입어 일어난 부흥은 특히 주목할 만했다. 대중이 성경을 실제로 읽도록 만든 것이 이 두 사람이라고 말해도 과언이 아니다. 교회에서 설교하는 것이 금지된 존 웨슬리는 종종 시장에 서서 하나님의 말씀을 선포했다. 내가 볼 때, 그가 자발적으로 원해서 그렇게 한 것이 아니라 자기의 입장에서 어쩔 수 없이 그렇게 한 것이었다. 대부분의 사람들은 그의 설교를 기쁘게 들었다. 그의 사역으로 인하여 부흥이 일어났고 여러 해 동안 지속되었다. 일부 역사 연구가들에 따르면 그 부흥 덕분에 잉글랜드가 붕괴되지 않았다고 한다.

역사 속에서 일어난 부흥들의 문제점은 일시적인 것이었다는 점이다. 그것들은 마치 번개의 번쩍임 같았다. 매우 극적이었지만, 잠깐만 빛을 비추었다. 지금 나는 부흥의 중요성을 깎아내리기 위해 이 말을 하는 게 아니다. 다만, 예수 그리스도의 교회가 이런 극적인 부흥에 의존하지 않고 성령의 능력 가운데 선포되는 주님의 말씀에 의존해야 한다는 것을 말함이다.

하나님의 말씀에 충실한 교회들이 진정한 교회이다. 이것은 역사가 증명하는 바이다. 그런데 성경에 충실하려면 대가를 지불해야 한다. 그 대가를 지불하기 원치 않는 많은 교회들은 성경의 기초에 단단히 뿌리를 내리지 못한다.

성경의 기초 위에 서야 한다는 원리는 교사와 설교자에게도 적용된다. 긴 시간을 두고 지켜보면, 하나님의 말씀의 기초 위에 서서 가르치고 설교하는 사람들이 존경을 받는 것을 보게 된다. 그러므로 사역자가 성경에 집중하는 것은 매우 중요하다. 우리의 주의를 산만하게 하는 것들이 너무 많기 때문에 하나님의 사람은 늘 그분의 말씀에 초점을 맞추어야 한다. 그가 그렇게 하면 하나님께서 반드시 그에게 권위를 주신다.

'성경에 대한' 것이 아닌 '성경을' 전하라

성경에만 집중하는 것이 말처럼 그렇게 쉬운 일은 아니다. 설교단에서 자신의 지적 능력을 드러내고 싶은 유혹을 이기지 못해 몰락한 설교자가 너무 많다. 역사를 살펴보자. 말을 기가 막히게 잘하는 설교자들이 대중 위에 우뚝 서게 되면서 슬프게도 성경의 분명한 교훈 위에까지 우뚝 서는 잘못을 범한 이들이 있었다. 설교단은 설교자의 탁월한 지적 능력을 과시하는 자리가 아니라 오직 "여호와께서 이렇게 말씀하시기를"(출 5:1 참조)이라고 선포하는 자리이다.

많은 이들이 걸려드는 덫은 '성경을' 전하지 않고 '성경에 대하여' 전하는 것이다. 비유를 들자면, 음식을 실제로 먹지는 않으면서 단지 음식에 대해서 이야기하는 것과 같다. 하지만 먹을거리에 대해 아무리 많은 이야기를 한다고 해도 배가 부를 리 없다. 성경에 대해 아무리 많이 얘기한다 해도 하나님을 향한 굶주림과 목마름으로 가득 찬 심령을 만족시킬 수는 없다.

성경을 가르치지 않고 성경에 대해 가르치는 것은 살아 계신 하나님 대신에 황금 송아지를 전하는 것이다. '설교단의 사기꾼'이 아무리 멋있고 똑똑하게 보인다 해도, 그래서 온갖 칭찬을 듣는다 해도 그의 메시지는 가짜이다. '성경을' 전하는 것과

'성경에 대해서' 전하는 것 사이의 차이를 아는 목회자를 둔 교인들은 정말 복되다.

하나님의 말씀을 전하지 않는 자들에게 임하는 그분의 심판은 무엇일까? 그것은 그들이 열매를 맺지 못하게 그냥 내버려 두시는 것이다.

그러므로 우리는 착각에 빠지지 말아야 한다. 다시 말해서, 성경에 대해서 전하면서 성경을 전하고 있다는 착각에 빠지면 안 된다. 이 두 가지 사이의 차이점이 인간의 관점에서는 대수롭지 않아 보일 수도 있다. 하지만 성령과 관련해서 보면 이 차이는 실로 엄청난 것이다.

이것을 정확히 꿰뚫어보셨던 분이 바로 예수님이시다. 왜냐하면 예수님이 바로 "살리는 것은 영이니 육은 무익하니라 내가 너희에게 이른 말은 영이요 생명이라"(요 6:63)라고 말씀하셨기 때문이다. 예수님은 이 말씀을 하신 후에 또 "나를 저버리고 내 말을 받지 아니하는 자를 심판할 이가 있으니 곧 내가 한 그 말이 마지막 날에 그를 심판하리라"(요 12:48)라는 경고의 말씀을 주셨다.

우리의 삶이나 사역에서 말씀의 권위를 무시하는 것은 거룩한 성령께 무례를 범하는 것이다. 그분은 그분께 무례한 사람이나 그런 사람의 사역에 도움을 주시지 않는다. 그러므로 나는 어떤 대가나 어려움을 감수하더라도 내 삶과 사역에서 하나님의 말씀의 절대적 권위를 분명히 세우고 싶다. 왜냐하면 그렇게 해야 내 삶과 사역에서 하나님이 높아지시기 때문이다.

> 내 주는 강한 성이요 방패와 병기 되시니
> 큰 환난에서 우리를 구하여 내시리로다
> 옛 원수 마귀는 이때도 힘을 써 모략과 권세로
> 무기를 삼으니 천하에 누가 당하랴
>
> 내 힘만 의지할 때는 패할 수밖에 없도다
> 힘 있는 장수 나와서 날 대신하여 싸우네
> 이 장수 누군가 주 예수 그리스도 만군의 주로다
> 당할 자 누구랴 반드시 이기리로다
>
> 이 땅에 마귀 들끓어 우리를 삼키려 하나
> 겁내지 말고 섰거라 진리로 이기리로다
> 친척과 재물과 명예와 생명을 다 빼앗긴대도
> 진리는 살아서 그 나라 영원하리라

_ 마르틴 루터(Martin Luther, 1483~1546)
　내 주는 강한 성이요(새찬송가 585장)

CHAPTER 6 **God's power** for your life

말씀을 가볍게
여기지 말라

오, 주님! 제가 주님의 말씀을 들었고, 그 말씀은 제 마음을 찬양과 경배로 가득하게 했습니다. 주님의 말씀이 제 삶에서 말로 다 표현할 수 없을 만큼 귀하다는 것을 잊지 않게 하옵소서. 제 뜻대로 행하는 것이 하나도 없게 하시고, 제 삶에서 날마다 성령님이 가르쳐 주시는 주님의 거룩한 뜻을 따르게 하옵소서.

나의 큰 걱정 중 하나는 오늘날 많은 그리스도인이 하나님의 말씀을 진지하게 받아들이지 않는다는 것이다. 그리스도인들이 하나님의 영광을 위해 살려면 그들의 삶 속에서 성경의 권위를 인정해야 하지만 어찌된 영문인지 그러지 못한다. 많은 이들이 하나님의 말씀을 하찮게 여기기 시작했고, 심지어 어떤 사람들은 그것을 가지고 재미 삼아 놀이를 하기도 한다. 그러나 우리가 성령의 능력을 받으려면 우선 성경을 진지하게 받아들여야 한다.

바울은 "혹은 누가 무저갱에 내려가겠느냐 하지 말라 하니 내려가겠느냐 함은 그리스도를 죽은 자 가운데서 모셔 올리려는 것이라"(롬 10:7)라고 선언한다. 우리가 하나님의 말씀을 떠난다면, 그리고 성경 말씀에 크게 주목하지 않는다면 우리의 믿음은 절망의 구렁텅이에서 허우적거릴 것이다.

소음에 묻히지 말라

우리가 하나님의 말씀을 진지하게 여기지 않는 첫째 이유는 바깥 세상에서 들려오는 여러 가지 요란스런 것들에 너무 귀를 기울이기 때문이다. 이 요란스런 것들이 내는 소리는 아주 시끄럽지만 그것들은 어떤 면에서 보나 별로 중요한 것이 아니다. 심지어 세상도 장난기 어린 윙크를 하면서 그것들에 대해 언급한다. 다시 말해서, 세상조차 그것들을 진지하게 여기지 않는다.

물론 세상에도 중요한 문제들이 많이 있기는 하다. 예를 들면 기아, 고통, 생명, 죽음 같은 것 말이다. 이런 것들은 중요하기 때문에 우리가 마땅히 진지하게 주목해야 한다. 하지만 이런 것들을 뺀다면 다른 것들은 그리 중요하지 않다. 내가 볼 때, 더 시끄러운 소리를 내는 것일수록 오히려 덜 중요한 것 같다. 하지만 애석하게도, 우리 그리스도인들은 유아용 침대에 누워 있는 어린 아기 같아서 딸랑이의 시끄러운 소리에 온통 정신을 빼앗긴다. 딸랑이의 소리가 더 클수록 우리는 더 좋아한다.

그러나 다시 한번 분명히 말하지만, 어떤 것이 시끄러운 소리를 낸다고 해서 반드시 중요한 것은 아니다.

어떤 정당을 지지하든 간에 정치가 그리 중요한 것은 아니다. 미국의 정치는 정치가들의 소신 없는 정치철학 때문에 언제든 바뀔 수 있다. 이런 정치인들의 유일한 관심은 다음 번 선거에서 어떻게 당선될까 하는 것이다. 어떤 정책이 그들의 재선에 방해가 될 것 같으면 온갖 말재주를 동원해 반대한다.

이런저런 철학들도 중요하지 않기는 마찬가지이다. 관념론과 실재론(實在論) 사이의 논쟁은 죽고 사는 문제가 아니다. 한때 나는 이런저런 철학들의 상대적 장점들에 대해 논해보았다. 그러다가 몸이 피곤해져 논의를 끝낼 때면 뿌듯한 지적 자만심이 가슴 가득 생겼다. 하지만 그렇다고 해서 세상이 바뀌었는가? 바뀐 것은 하나도 없다! 내가 철학적 논쟁에서 이긴다 해도 세상의 중요한 문제들은 내 승리에 전혀 영향을 받지 않는다.

심리학도 철학과 별로 다르지 않다. 옛날의 심리학이나 최근의 심리학이나 세상에서 별로 중요하지 않다. 젊을 때 나는 심리학 공부를 꽤 많이 했다. 심리학 강의를 들으러 다녔고, 책을 읽었고, 심리학 이론에 대해 많은 생각을 했다. 그러나 내가 내린 결론은 심리학이 그토록 여러 가지 연구 결과들을 내놓았지만 세상은 아무것도 달라지지 않았다는 것이다. 세상에서 중요한 것들은 심리학에 전혀 영향을 받지 않는다.

과학도 때로 약간의 유익을 줄지는 모르지만 세상에서 진정으로 중요한 문제들에는 영향을 주지 못한다. 뉴턴이나 아인슈타인 같은 위대한 과학자들이 세상에 나왔고, 앞으로도 시간이 흐르면 나올 것이다. 하지만 그토록 위대한 과학자들이 모든 지식을 동원해 가장 최근의 과학적 발견에 대해 깊이 가르쳤지만 달라진 것이 있는가? 정말로 중요한 것은 달라지지 않았다.

시와 노래도 세상의 시끄러운 것들이지만 변화를 이끌어내지는 못한다. 나는 시를 좋아해서 젊을 때 많이 읽었다. 이제 와서 솔직히 털어놓지만, 그 시들 중 많은 것은 별 볼일 없는 것이었고, 정말 어쩌다가 좋은 시인을 만날 수 있었을 뿐이다. 그런 시인을 만난다는 것은 내 인생의 큰 수확이었다. 하지만 그런 훌륭한 시인의 시를 깊이 음미한 후에 내가 느낀 것은 그런 시가 있음에도 불구하고 세상의 중요한 것들은 바뀌지 않았다는 것이다.

이제까지 언급한 여러 가지는 우리에게 왔다가 아무 변화도 일으키기 못하고 가버렸다. 남겨진 우리는 생로병사(生老病死) 같은 인생의 괴로운 문제에 여전히 시달릴 뿐이다.

여기서 내가 지적하고 싶은 것은 심지어 설교까지도 그런 것들처럼 될 수 있다는 것이다. 물론, 설교는 나름대로 기능이 있다. 설교는 사회적 유대를 강화하고, 개인의 인격을 함양하며, 공동체를 발전시키는 한 방법이다. 설교는 고상한 남성미와 아름다운 여성미를 증진하고, 심지어 수준 높은 사상을 사람들에게 심어줄 수 있다. 이런 모든 것들은 좋은 것이다. 많은 설교자가 이런 설교에 헌신한다. 나도 피상적 유익들이 이런 설교에 있다고 인정한다.

그러나 이런 설교가 남기는 것이 무엇인가? 이런 설교는 하찮은 것들에 관심을 쏟게 만드는 '수박 겉핥기 식'의 소리에 불과하다. 사람들은 이런 설교를 진지하게 받아들이지 않는다. 이런 설교 자체가 진지하지 않기 때문이다. 이런 설교는 위기의 때에 도움이 안 된다.

당신이 가장 최근에 들은 설교를 생각해보라. 만일 당신이 교통사고를 당해서 죽음의 문턱에 와 있다고 가정할 때 그 설교의 교훈이 당신에게 도움이 될까? 어떤 것들은 죽느냐 사느냐 하는 문제와 관련이 있지만, 또 어떤 것들은 그렇지 못하다.

사람들은 하나님의 말씀을 받아들여야 한다

그렇기 때문에 나는 진정으로 중요한 한 가지에 대해 얘기하지 않을 수 없다. 이것은 우리가 반드시 진지하게 생각해야 하는 것, 즉 성경이다. 지금 내 손에는 한 권의 책, 성경이 있다. 이 책은 종파와 국적과 인종과 성별과 학파를 초월한다. 내 손에 있는 이 책은 지극히 중요한, 단 하나의 진지한 책이다. 다른 모든 책들은 이 책 앞에서 그 빛을 잃는다.

이런 가정을 해보자. 어떤 사람이 평생 동굴 안에서 살다가 난생 처음 밖으로 나와 햇빛을 보았다. 그는 태어난 날부터 태양의 영향을 받지 못하고 살아왔다(또는, 그가 그렇게 생각한다). 그렇다면 그는 해를 어떻게 묘사할까? 태양을 어떻게 생각할까?

영적 동굴에서 살아오면서 하나님의 말씀의 햇빛을 보지 못한(또는, 그렇다고 생각하는) 사람들의 경우는 어떨까? 우리는 '그런 사람들이 있을까?' 하고 의심하기 쉽다. 하지만 세계에서 가장 기독교적인 국가라고 할 수 있는 미국에서조차 아직 하나님의 말씀을 개인적으로 접해 보지 못한 사람들이 있다. 그런 사람들이 난생 처음 하나님의 말씀을 접하면 어떤 반응을 보일까? 아마 일단 성경을 읽어볼 것이다. 그리고 성경의 몇 가지 주장이 꽤 충격적이라고 느낄 것이다.

우선, 우리가 '성경'이라고 부르는 이 책은 독보적이다. 다른 어떤 책과의 비교를 불허한다. 어떤 다른 권위가 성경의 권위에 그림자를 드리울 수 없다. 그리스도인으로서 나의 권위는 오로지 이 책에 근거한다. '성경+다른 책'에 근거를 두지 않는다.

또한 성경은 하나님의 권위의 말씀을 전한다. 그분의 말씀에 대해 모호한 입장을 취하는 것이나 그 말씀의 미묘한 의미를 트집 잡아 괜한 시비를 거는 일은 용납되지 않는다. 우리는 성경을 있는 그대로 받아들여야 한다. 성경의 일부에 대해 동의하지 않는 사람을 위한 예외를 인정해서는 안 된다. 성경 전체를 하나님의 말씀으로 받아들이든지 아니면 성경 전체를 거부하는 것 사이의 양자택일이 있을 뿐이다. 그리고 성경을 혹평하는 것은 성경의 권위를 훼손하는 것이다.

많은 이들이 성경의 말씀을 여기서 조금, 저기서 조금, 아래에서 조금, 위에서 조금 떼어내 자기 나름의 논리체계를 세우며 즐긴다. 하지만 그런 논리체계는 성경의 가르침과 전혀 다른 것이다. 모든 이단들이 이런 짓을 해왔다. 이단들은 이렇게 만들어낸 교리를 성경의 진정한 가르침이라고 하면서 사람들을 현혹한다. 그러나 이것은 그들의 편견이나 목적에 따라 성경을 왜곡하고 난도질한 것에 불과하다.

내가 성경에 대해 주장한 것들이 사실이라면 우리는 성경에 지대한 관심을 기울여야 할 것이다. 사실, 성경은 우리의 삶과 고통과 죽음과 영원한 운명과 직접적인 연관이 있는 책이다.

하지만 지극히 유감스럽게도, 어떤 이들은 여전히 성경을 진지하게 받아들이기를 거부한다. 그들이 왜 그렇게 하는지를 따져보면, 다음과 같은 두 가지 이유를 유추해낼 수 있다.

성경이 거짓인가?

첫 번째 이유는 성경이 거짓임을 발견했다는 가정이다. 당신이 성경을 읽고 연구하고 성경의 각 부분을 서로 비교한 후에 성경이 거짓이라는 확신에 도달했다고 가정해보자. 물론, 이런 확신에 도달하려면 먼저 모든 자료를 통해 문제들을 검토하고 깊이 생각하고 고심해야 할 것이다.

그런데 나는 성경 비판에 누구보다 앞장서는 사람들이 실제로 성경을 연구해본 적이 없는 사람들이라는 사실에 놀라지 않을 수 없다. 연구도 해보지 않고 비판하는 행동은 의학이나 과학이나 법조계 같은 분야에서는 상상도 할 수 없는 일이다. 어디 이런 분야들뿐이겠는가? 의학 이론에 대해 읽어본 적이 없는 사람이 최근의 의학 발전에 대해 이러쿵저러쿵 비판한다고 생각해보라. 이런 사람이 할 수 있는 일이라곤 기껏해야 어떤 이론이 거짓이라고 '주장'하는 것뿐이다. 그는 그 이론이 거짓이라는 것을 사람들에게 설명할 수 없다! 그가 무엇이라고 떠들어대든 의학계 사람들은 그의 말에 귀를 기울이지 않을 것이다.

내로라하는 성경 비판자들이 성경의 진정성과 권위에 대해 시비를 걸며 고함치지만, 정작 그들의 큰 목소리에 담긴 주장을 뒷받침할 만한 논리적 근거는 제시하지 못한다. 예를 들어, 그들은 성경이 말하는 성경의 저자들이 실제로는 저자가 아니라고 주장한다. 하지만 그런 자기들의 주장을 논리적으로 설명하지는 못한다.

여기서 잠깐 한 가지 가정을 해보자. 성경에 대해 많이 조사하고 연구한 후에 성경이 거짓이라고 확신하는 것이 가능하다는 가정이다. 이런 확신이 생긴다면 어떤 결과가 벌어질까?

우선, 이런 확신은 성경의 권위와 능력에 의해 변화를 체험한 모든 사람들을 잘못된 생각에 빠지게 할 것이다. 삶의 역경과 굴곡을 겪었다가, 심지어 사회의 밑바닥까지 내려갔다가 성경을 읽고 극적으로 변화된 사람들을 착각의 늪에 빠지게 할 것이다.

이 사람들은 아마도 누군가에게서 성경을 듣고 그들과 함께 기도하면서 하나님의 말씀을 믿게 되고 완전한 변화를 체험했을 것이다. 지금 그들은 과거와는 완전히 다른 사람이 되어 있다. 하나님의 말씀으로 변화된 무수한 사람의 간증을 모으면 책 한 권이, 아니 전집 한 질이 아주 쉽게 만들어질 것이다.

그런데 이런 변화의 삶을 살아가고 있는 그들에게 누군가 다가와 성경이 거짓이라고 말한다면 그들이 어떤 반응을 보일까? 그들이 "이 사람의 말에 의하면 성경이 거짓이라고 하니 내 회심과 변화도 거짓이다. 사실 내게는 아무 일도 일어나지 않았던 것이고, 나는 과거와 조금도 달라진 것이 없다"라고 말할까? 결코 그렇지 않다! 그런 황당한 일은 일어나지 않는다. 그들의 삶이 변화되었다는 것은 누가 보아도 분명하기 때문이다.

그러므로 성경이 거짓이라고 말하는 자는 "성경을 통해 변화된 삶을 산다고 말하는 사람들이 망상 속에서 살고 있다"라는 주장을 은근히 퍼뜨리고 있는 것이다. 그들이 망상에 빠져 있다고? 그렇다면 나는 그들처럼 망상에 빠진 사람이 더 많이 나오기를 바란다!

나는 성경을 통해 변화된 삶을 사는 사람들을 많이 알고 있다. 나는 이런 상황에 대해 그들이 무엇이라고 말할지 쉽게 추측이 된다. 그들은 예수님의 능력으로 눈을 뜬 맹인이 했던 말을 되풀이할 것이다.

맹인은 예수님이 그의 눈을 뜨게 해주신 사실을 믿지 않는 바리새인들에게 "대답하되 그가 죄인인지 내가 알지 못하나 한 가지 아는 것은 내가 맹인으로 있다가 지금 보는 그것이니이다"(요 9:25)라고 대답했다. 바리새인들이 전에는 앞을 보지 못했지만 지금은 볼 수 있는 이 사람을 앞에 놓고도 예수님의 권위를 부정하는 것은 어불성설(語不成說)이었다.

내가 또 언급하고 싶은 것은 예수 그리스도의 이름으로 나타난 자비의 사역이다. 성경이 하나님의 말씀이 아니라는 불신자의 주장은 성경으로 인하여 변화된 삶을 사는 사람들을 오도(誤導)할 수 있을 뿐만 아니라, 예수님의 이름으로 이루어진 자비의 사역을 무효로 만들 수도 있다.

대개의 경우, 큰 자비를 베푸는 사역은 하나님의 말씀에 의해 근본적으로 변화된 사람에 의해 시작되곤 한다. 다시 말해서, 예수 그리스도께 진심으로 회심한 사람에 의해 시작된다. 회심을 경험한 사람은 자신이 성경의 예수 그리스도를 만나기 전에 겪었던 비참한 상태와 유사한 상태에 빠져 있는 사람들을 찾아간다. 그리고 그들을 위해 자비와 사랑을 베푼다.

그런데 성경의 권위를 믿지 않는 자들의 주장이 옳다면 우리는 자비를 실천하는 기독교 기관들을 모두 폐쇄해야 할 것이다. 예를 들면 정신병원, 나환자 수용소, 지구촌 오지에서 사역하는 선교회들, 인간의 고통을 줄여주는 데 크게 기여한 병원들을 폐쇄해야 할 것이다. "자비를 실천하는 이런 기관들이 불신앙에 의해 시작되었다"라고 말할 만한 배짱이 성경의 권위를 부정하는 자들에게 있을까?

만일 성경이 거짓이라면 성경의 교훈을 실천하는 사람들의 아름다운 선행에 대해 누가, 또는 무엇이 영광을 받아야 하는가? 만일 성경이 거짓이라면, 역사 속에서 사회에 큰 영향을 끼쳐온 신자들은 모두 어떻게 되는 것인가? 어떤 자들이 주장하듯이 만일 성경이 거짓이라면, 우리는 이런 신자들에게 '바보

모자'(dunce cap, 과거 학교에서 공부를 못하거나 게으른 학생에게 벌로 씌우던 원뿔형 모자)와 꼴찌 상(賞)을 안겨주어야 할 것이다. 왜냐하면 그들의 노력이 경건을 증진시키는 역할을 하긴 했지만, 결국에는 '거짓된 성경'에 근거한 것이기 때문이다.

지금 나는 프랜시스 베이컨(Francis Bacon), 윌리엄 글래드스턴(William Gladstone, 1809~1898. 영국의 정치가), 미켈란젤로(Michelangelo), 파스칼(Pascal), 스피노자(Spinoza), 그리고 밀턴(Milton)과 같은 사람에 대해 얘기하고 있는 것이다. 이런 사람들을 열거하자면 끝이 없을 것이다. 만일 성경이 거짓이라면 이런 사람들은 바보일 것이다. 그들의 일대기를 보면, 그들은 자신의 삶 속에 나타난 전능하신 하나님의 일하심에 대해 그분께 영광을 돌렸고, 성경의 권위를 받아들였다. 물론 그들이 모든 면에서 동일한 신념을 가지고 있었던 것은 아니지만, 그들 삶의 초점이 하나님의 말씀의 권위에 있다는 점에서는 동일하다. 그들은 매우 진지한 자세로 성경을 대했다.

내가 볼 때, 인류 역사상 가장 위대한 책 중 하나는 존 폭스(John Fox, 1516~1587. 개신교 역사가 및 순교사 저술가)가 쓴 《폭스의 순교 열전》이다. 그런데 만일 성경이 성령의 감동으로 기록된 하나님의 권위의 말씀이 아니라면 폭스의 책에 등장하는 순교자들은 세상에서 가장 미련한 사람들일 것이다. 가장 소중한 자기의 목숨을 거짓을 위해 바치는 어리석은 사람이 어디에 있겠는가?

만일 성경이 거짓이라고 증명된다면 매우 광범위한 영역에 영향을 끼칠 것이다. 그러나 진정으로 성경 연구에 시간과 노력을 쏟아부은 진지한 학자라면 성경이 거짓이라는 결론에 도달하지 못할 것이다. 성경이 거짓이라고 결론 내리는 사람은 자기가 하나님보다 더 많이 안다는 착각에 빠져 있는 것이다. 아니 한 걸음 더 나아가, 하나님께서 선한 것을 인류에게 고의적으로 주시지 않는다고 착각하는 것이다.

말씀을 가지고 장난치는 사람들

만일 어떤 사람이 성경을 거짓이라고 결론 내리지 않았으면서도, 또는 성경이 진리임을 알면서도 성경을 진지하게 대하지 않는다면 그는 하나님의 말씀을 하찮게 여기는 죄를 범하는 것이다. 성경이 우리에게 주어진 하나님의 말씀이라고 믿는다면 성경은 우리의 모든 행동의 우선순위에서 첫 번째 자리를 차지해야 한다. 우리의 모든 행위는 "여호와께서 이렇게 말씀하시기를"이라는 말씀의 기준에 따라 판단 받아야 한다. 진지한 그리스도인이라면 이런 기준에 미달하는 것은 철저히 버려야 한다.

성경처럼 중요한 것을 하찮게 다루는 것은 어리석음의 극치이다. 분명히 말하지만, 나는 성경이 단순한 종교서적이라고 믿지 않는다. 역사 속에 등장했던 종교서적은 많다. 나는 그것들 대부분을 읽어보았다. 모든 종교, 심지어 모든 이단이 그들의 종교서적, 즉 경전을 갖고 있다. 경전은 그 종교의 추종자들이 반드시 지켜야 할 '해야 할 것들과 하지 말아야 할 것들'을 제시한다.

그런데 유감스럽게도, 어떤 이들은 성경도 '해야 할 것들과 하지 말아야 할 것들'을 제시한다고 생각한다. 하지만 이런 생각은 성경의 본래 모습을 보지 못하는 것이다. 우리가 과거에 교회에서 불렀던 오래된 찬송이 하나 있다. 나는 '주 예수 해변서'라는 이 찬송가를 무척 좋아하는데, 특히 '생명의 말씀인 나의 주여 목말라 주님을 찾나이다'라는 부분이 좋다. 하나님께서 성경을 통해 그분의 권위를 행사하신다고 믿지 않는 것은 성경을 우습게 여겨 결국 영적으로 해를 입는 것이다.

나는 전능하신 하나님 앞에서 "내가 사는 동안 매일매일 성경을 진지하게 대하고, 성경의 교훈에 따라 내 삶을 이끌어나가겠습니다"라고 엄숙히 서약하는 바이다.

주 예수 해변서 떡을 떼사 무리를 먹이어 주심같이
영생의 양식을 나에게도 풍족히 나누어주옵소서

생명의 말씀인 나의 주여 목말라 주님을 찾나이다

해변서 무리를 먹임같이 갈급한 내 심령 채우소서

내 주여 진리의 말씀으로 사슬에 얽매인 날 푸시사
내 맘에 평화를 누리도록 영원한 생명을 주옵소서

성령을 내 맘에 보내셔서 내 어둔 영의 눈 밝히시사
말씀에 감추인 참 진리를 깨달아 알도록 하옵소서

_ 메리 A. 래드버리(Mary A. Lathbury, 1841~1913)
  주 예수 해변서(새찬송가 198장)

PART 2

말씀이
영원한 기준이다

CHAPTER 7 **God's power** for your life

영적 속임수에
대처하는 법

오, 아버지! 주님의 얼굴을 보지 못하게 하는 어둠이 인간의 영혼 깊은 곳에 스며들었습니다. 세상은 저를 대적하고, 제 육신은 제 영혼에 대항해 모반을 일으킵니다. 제 영혼의 원수는 저를 복음의 거룩한 빛에서 멀어지게 하려고 발버둥 칩니다. 주님의 밝은 빛이 제 마음을 압도하게 하옵소서. 주님의 빛이 주님과 저의 관계를 가로막는 영적 어둠을 영원히 쫓아버리게 하옵소서.

모든 그리스도인의 마음에 힘이 되는 한 가지 사실은 하나님께서 이 세상을 암흑 속에 가두어두지 않으셨다는 것이다. 성경의 핵심 교훈은 예수님이 "참 빛 곧 세상에 와서 각 사람에게 비추는 빛"(요 1:9)이라고 가르친다. 하나님은 그분의 무한한 지혜 가운데 예수 그리스도를 세상의 빛으로 주셨다.

사람들은 그리스도 없이 암흑의 왕, 즉 사탄의 영향력 아래서 깊고 위험하고 절망적인 어둠 속에서 계속 살아간다. 그들은 반역의 어둠 가운데서 비틀거리고 있다. 그 모습을 보면, 마치 빛이 세상에 찾아오지 않은 듯한 착각이 들 정도이다. 심지어 어떤 사람들의 모습을 보면 깊은 절망감이 생기기도 한다.

그들 앞에는 세상의 소망, 즉 주 예수 그리스도께서 계신다. 그럼에도 왜 사람들은 일부러 빛을 외면하고 어둠의 그늘 속에서 살아가는 것인가? 왜 그들의 눈이 세상의 참 빛이신 예수 그리스도의 밝은 빛을 보지 못하는 것인가?

자연적 현상의 관점에서 말하자면, 맹인은 그의 눈 안에 어둠이 있다고 말할 수 있다. 낮의 밝은 햇빛이 그의 사방을 비추고 있어도 그의 눈에는 깊은 밤이 있다. 그에게는 빛이 아무 소용없다. 어쩌면 그는 빛의 존재를 부정할지도 모른다. 적어도 그와 관계된 한, 빛은 존재하지 않는다. 빛에 대해 그에게 아무리 설명하려고 해도 그는 빛을 볼 능력이 없다. 그는 무력하게 자신의 어둠 속에 갇혀 있다.

그런데 이런 현상이 영적인 영역에서도 재현될 수 있다. 복음의 빛이 사람들 주변에 환하게 쏟아져도 그들은 마음의 어둠 속에서 걸어가는 것을 선택한다. 그들은 영적 빛 같은 것은 아예 존재하지 않는다고 단호히 말한다. 아니면, 영적 어둠 속에서 걸어가는 편을 택하면서 빛을 경멸한다. 빛이 주는 유익이 아무리 커도 사람들은 여전히 어둠을 택한다.

"그 정죄는 이것이니 곧 빛이 세상에 왔으되 사람들이 자기 행위가 악하므로 빛보다 어둠을 더 사랑한 것이니라"(요 3:19).

나는 여기서 자연적 어둠과 영적 어둠의 차이를 지적하고 싶다. 자연적 어둠과 달리 영적 어둠은 사람들 스스로 만들어낸 것이다. 오늘날, 자신의 영적 어둠에 대해 변명을 늘어놓는 것은 용납될 수 없다. 눈부시게 발달하는 기술 덕분에 라디오와 텔레비전 같은 대중매체를 통해 하루 24시간 복음이 전달되고 있다. 이제는 복음의 빛에서 멀리 떨어져 있는 사람은 지극히 소수이다. 역사상 어떤 시대보다 복음의 빛이 밝게 퍼지고 있다. 바꿔 말하면, 역사상 어느 시대보다 사람들이 복음의 빛을 가장 경멸하고 있는 때이기도 하다.

오늘날에는 다양한 빛의 발전이 이루어지고 있다. 사회적 빛, 정치적 빛, 과학적 빛 같은 것 말이다. 이 외에도 많은 빛들이 있다. 그런데 사람들은 유독 영적 빛에는 별로 관심을 가지지 않는다.

영적 어둠에 잡힌 사람들

영적 어둠은 여러 가지 형태로 나타난다. 예를 들면 어떤 이들은 복음의 빛을 왜곡하여 자신의 이익을 도모한다. 종교를 가지고 사람들을 이용하려는 자들이 너무 많지만, 이상하게도 그런 자들에게 속아 넘어가는 사람도 너무 많다.

그러나 이런 모든 부정적 현상에도 불구하고 오늘날 우리 사회에는 예수 그리스도의 복음을 전할 수 있는 방법이 다양하게 존재한다. 세계는 우리의 선교지이다. 그리고 현대의 다양한 기술 덕분에 그리스도의 복음의 거룩한 빛을 가지고 선교지 안으로 들어갈 수 있게 되었다.

그런데 현대의 기술과 대중매체를 이용할 때 조심해야 할 것이 있다. 복음의 빛을 빨리 퍼뜨려야 한다는 절박함에 쫓기는 사람들은 오락과 화려한 불빛과 딸랑거리는 종소리 같은 것들을 이용해 사람들을 끌어 모으려고 한다. 이런 얄팍한 방법들이 우리 가운데 퍼져 있다. 그러나 이런 것들은 너무 쉬운 방법이다. 다시 말해서, 인간의 노력만 있으면 되는 방법이다. 그러나 세상이 반드시 알아야 할 빛, 즉 복음의 빛은 오직 성령의 능력을 통해 전달되고 나타날 수 있다.

예수님은 말씀하셨다.

"나는 빛으로 세상에 왔나니 무릇 나를 믿는 자로 어둠에 거하지 않게 하려 함이로라"(요 12:46).

내가 이미 말했듯이, 사람들의 영적 어둠은 그들 스스로 만들어낸 것이다. 예수 그리스도를 믿는 믿음을 통해 어둠에서

탈출할 수 있는 기회가 우리 모두에게 주어졌다. 그런데 만일 우리가 빛 가운데 행하지 않고 어둠 안에 머물기를 선택한다면 우리는 선택의 결과들을 감수해야 한다. 그 결과들 중 가장 슬픈 것들이 인류에게서 발견되는 몇 가지 악이다.

먼저 증오이다. 어떤 이들은 증오와 분노와 원한으로 가득 차 있기 때문에 우리는 그들의 눈빛에서 그런 감정들을 쉽게 읽을 수 있다. 해결되지 못한 세상의 많은 문제들이 이런 증오와 원한을 낳는다. 이런 사람들은 마음의 눈이 멀었다. 이것은 심리치료로 해결될 수 있는 심리적 문제가 아니다. 이것은 복음의 거룩한 빛이 가져다주는 변화를 통해 해결되어야 할 영적 문제이다.

영적 어둠의 또 다른 결과는 탐욕이다. 어떤 사람들은 척 보기만 해도 탐욕으로 가득 차 보인다. 그들이 생각하는 것은 오로지 어떻게 더 움켜쥘까, 상황이나 사람을 어떻게 이용해 먹을까, 어떻게 남을 이길까 하는 것들이다. 그들의 마음이 영적 어둠에 갇혀 있기 때문에 눈앞의 상황을 이용해서 사리사욕을 채울 궁리만 한다. 그러나 눈이 멀어 자기밖에 보지 못하고 자기 이익만 생각하는 것은 정말 끔찍한 일이다.

사람들의 눈에 가득한 교만은 영적 어둠의 또 다른 결과이다. 성경에서는 이를 '이생의 자랑'(요일 2:16)이라고 부르는데, 아주 적절한 표현이다. 오늘날 어떤 것들이 사람들을 교만하게 만드는지를 생각할 때 나는 놀라지 않을 수 없다. 대개의 경우, 그런 것들은 얄팍한 일시적 업적이거나 또는 좀스러운 명예이다.

사람들은 농구 경기에서 이겼을 때 교만에 빠진다. 또는 누군가의 삶을 변화시키거나 개선시키지도 못하는 이런저런 성취 때문에 교만해진다. 또 어떤 이들은 이전 시대 같았으면 마땅히 부끄러워했을 일들을 가지고 도리어 우쭐해한다. 영적 어둠 때문에 우리는 중요한 것과 그렇지 않은 것 사이에서 구별을 못한다. 이 시대는 '얄팍함의 저주'에 사로잡혀 있다.

사람들의 눈에서 새어나오는 정욕의 눈빛은 영적 시신경(視神經)의 파괴로 말미암아 생기는 또 다른 재앙이다. 예수님은 "나는 너희에게 이르노니 음욕을 품고 여자를 보는 자마다 마음에 이미 간음하였느니라"(마 5:28)라고 경고하셨다.

정욕은 성욕의 충족을 집요하게 추구하는 것으로서, 다른 많은 죄를 낳기도 한다. 정욕의 행위도 문제지만 더 큰 문제는 마음에 가득한 정욕이다. 이 시대의 큰 특징을 말하라면 '정욕으로 가득 찬 눈'을 들 수 있을 것이다. 어떤 도시의 거리를 걸어도 이런 눈을 아주 쉽게 볼 수 있다. 정욕의 눈으로 쳐다보거나 응시하는 경우가 너무 많다. 모든 죄가 정욕의 씨에서 시작되어 결국 악한 행위의 열매를 맺는다. 사랑받은 사도 요한은 "이는 세상에 있는 모든 것이 육신의 정욕과 안목의 정욕과 이

생의 자랑이니 다 아버지께로부터 온 것이 아니요 세상으로부터 온 것이라"(요일 2:16)라고 가르쳤다.

요한은 세상과 세상의 화려함을 좇지 말고 아버지를 찾으라고 우리에게 권면한다. 그런데 세상을 멀리하고 아버지를 향해 나아가도록 인도해주는 것이 바로 복음의 빛이다.

우리가 또 생각해보아야 할 것은 사람들의 눈빛에 가득 담겨 있는 불신앙이다. 영적 어둠은 불신앙의 화(禍)를 낳는다. 불신앙은 우리가 아들을 통해 아버지께 나아가는 것을 막는다. 그리고 우리를 하나님나라에서 끌어내 저 밖의 세상나라로 밀어 넣는다. 불신앙보다 더 나쁜 것은 없다. 왜냐하면 하나님께서 우리를 위해 예비하신 것을 얻지 못하게 하기 때문이다.

영적으로 눈 먼 사람들의 눈에서 볼 수 있는 또 다른 것은 복수심이다. 누군가의 행동이나 말 때문에 불쾌감이나 상처가 생기면 사람들의 눈은 복수심으로 이글거린다. 그들은 상대에게 앙갚음할 방법을 찾는다. 그러나 복수심은 실망과 낙심의 감정을 낳을 뿐이다.

복수의 길은 진정으로 회심한 사람들이 갈 길이 아니다. 바울은 "내 사랑하는 자들아 너희가 친히 원수를 갚지 말고 하나님의 진노하심에 맡기라 기록되었으되 원수 갚는 것이 내게 있으니 내가 갚으리라고 주께서 말씀하시니라"(롬 12:19)라고 가르쳤다.

영적 어둠이 낳는 또 하나의 결과는 자기의(自己義)이다. 바리새인들이 바로 이 자기의에 빠졌다. 그들은 다른 모든 사람이 자기들보다 신앙적으로 열등하다고 믿었다. 그들은 옳고 선한 것의 기준을 스스로 정했고, 스스로를 의의 화신으로 내세웠다. 그들이 볼 때, 다른 모든 이들은 잘못되었기 때문에 그들을 기준으로 개선되어야 했다.

나는 하나님나라에 가장 큰 해를 끼친 것이 바로 자기의가 아닌가 생각한다. 자기의는 하나님의 의를 거부하고 인간의 의를 의지하려는 것이다. 그런데 인간의 의는 사실 전혀 의가 아니다. 의인은 오직 한 분이시며, 그분은 주 예수 그리스도이시다. 그러므로 자기의로 번득이는 눈은 그리스도의 의를 모독하는 것이다.

영적 어둠의 또 다른 결과는 반역, 즉 하나님을 향한 반역이다. 어두운 영적 시신경이 불러일으키는 저주스런 일은 하나님과 그분의 권위에 도전하게 하는 것이다. 논리적으로 보아도, 반역은 말이 되지 않는다. 반역에서는 선한 것이 나올 수 없는데, 영적 영역에서는 더욱 그렇다. 반역 때문에 우리는 하나님에게서 떠나 인간의 원수의 품으로 들어가게 된다.

이런 반역은 사실 루시퍼, 즉 사탄이 "가장 높은 구름에 올라가 지극히 높은 이와 같아지리라"(사 14:14)라고 말했을 때 시작되었다. 사탄은 독(毒)과 같은 이런 반역의 마음을 에덴동

산에서 하와에게 집어넣었고, 그 후 인류는 모두 하나님께 반역해 왔다.

슬프게도, 많은 사람이 자기 안에 있는 영적 어둠에 적응해 버렸다. 이런 내적 어둠은 무서운 결과를 낳을 수밖에 없다. 이런 어둠 때문에 이 세상에 그토록 많은 고통과 비참함이 있는 것이다. 많은 이들이 고통에 대해 하나님을 탓하지만, 사실 그분을 향한 우리의 반역이 모든 고통의 원인이다.

고통의 책임이 누구에게 있느냐 하는 문제에 대해 사람들이 혼란에 빠진 이유는 무엇인가? 그것은 영적으로 눈 먼 사람들, 즉 양심이 왜곡된 사람들이 도덕적 가치를 볼 수 없기 때문이다. 그들의 생각은 논리적으로 맞지 않는다. 그들의 내적 어둠은 순수한 양심과 선한 도덕적 가치의 진가를 인정할 줄 모른다. 영적으로 어두워진 사람들이 선하다고 여기는 것은 하나님의 선과는 정반대되는 것이다. 그들이 선을 악이라고, 악을 선이라고 말하는 이유는 그들의 내적 어둠 때문이다.

하나님과 하나님나라에서 분리된 사람들

내가 볼 때, 사람들의 내적 어둠의 가장 나쁜 결과는 하나님과 예수 그리스도를 인격적으로 알 수 없다는 것이다. 이 점에 대해서는 길게 얘기하지 않아도 충분히 짐작할 것이다. 하나님과 그분의 아들 예수 그리스도를 인격적으로 알 수 없다면 다른 모든 것은 아무 의미가 없다. 영적 실명(失明)은 인간이 영적 어둠을 뚫고 나오지 못하도록 막는다. 만일 그 어둠을 뚫고 나오면 하나님과 예수 그리스도를 알게 하는 거룩한 빛 안으로 들어갈 것이기 때문이다.

하나님의 나라가 우리 주변에 가득하지만 내적 어둠에 갇혀 있는 자들은 그 나라와 그 나라의 가치를 보지 못한다. 그 나라의 가치를 도저히 볼 수 없기 때문에 그들은 나름대로의 철학에 근거하여 그들의 가치를 만들어낸다. 그리고 선악에 대한 자기들의 판단이 하나님의 판단과 일치한다고 믿는다. 그렇게 된 것은 '지극히 높은 자와 같아지겠다는 욕망'이 그들의 마음을 움직이기 때문이다.

내적 어둠의 또 다른 결과는 사람들을 혼란의 늪에 가두어 두는 것이다. 이런 혼란의 늪에 빠져 있는 사람들은 자기들이 성경을 제대로 이해한다는 확신에 이르지 못하기 때문에 이런 의문들에 늘 시달린다.

'성경이 정말로 하나님의 말씀인가? 성경에서 발견되는 오류는 어떻게 되는 것인가? 성경의 역본들이 서로 다른 이유는? 성경은 정말 믿을 수 있는 책인가?'

영적으로 눈이 먼 사람들은 하나님의 말씀에 대해 확신을 가질 수 없고, 결국 거짓 교리를 전하는 자들의 덫에 걸려든다. 만일 하나님의 말씀을 밝히 보고, 그것의 권위를 인정하며, 그분의 나라를 이해한다면 거짓 교훈의 덫에 걸려들지 않을 것이다. 영광스런 복음의 빛을 마음에 받은 사람은 진리를 밝히 보고 그 진리 안에서 행한다. 거짓 교리를 전하는 이단 지도자들을 추종하는 자들은 내적 어둠에 사로잡혀서 마음이 어두워졌다. 어느 정도인가 하면, 하나님의 말씀을 보거나 이해하지 못할 정도이다. 그래서 이런 자들은 거짓 교리에 아주 쉽게 속아 넘어간다.

이런 모든 내적 어둠은 치명적인 자기기만에 빠지게 만든다. 기만 중에서 가장 나쁜 것이 자기기만이다. 왜냐하면 지옥으로 달려가고 있음에도 자기가 천국으로 가고 있다는 착각에 빠지게 만들기 때문이다. 이런 사람은 "오! 천국에 이르는 길은 여러 가지 아닙니까?"라고 말하면서, 자기가 천국으로 가고 있다고 믿는다. 이런 사람을 보면 마귀가 얼마나 기뻐할까! 마귀가 기쁨을 느낄 수 있는 존재라면 말이다!

사악한 자들뿐만 아니라 선한 자들도 내적 어둠에 사로잡혀 자기기만에 빠질 수 있다. 그렇다! 선한 자들도 자기기만에 빠져 결국 천국에 들어가지 못할 수 있다. 자신이 천국으로 가고 있다고 믿으며 평생을 살아왔는데 결국 그것이 착각이었음을 깨닫는다면 얼마나 비극일까! 그때는 땅을 치고 후회해야 소용없다. 예수님의 말씀을 기억하라.

"나더러 주여 주여 하는 자마다 다 천국에 들어갈 것이 아니요 다만 하늘에 계신 내 아버지의 뜻대로 행하는 자라야 들어가리라 그 날에 많은 사람이 나더러 이르되 주여 주여 우리가 주의 이름으로 선지자 노릇 하며 주의 이름으로 귀신을 쫓아내며 주의 이름으로 많은 권능을 행하지 아니하였나이까 하리니 그때에 내가 그들에게 밝히 말하되 내가 너희를 도무지 알지 못하니 불법을 행하는 자들아 내게서 떠나가라 하리라"(마 7:21-23).

영적 어둠을 치료하는 법

예수님의 이 말씀에 나오는 불쌍한 자들처럼 되지 않으려면 어떻게 해야 하는가? 물론, 속지 않기 위해 우리가 할 수 있는 것이 분명히 있다. 그것이 무엇인가? 내게 찾아올지도 모르는 어떤 종류의 영적 어둠이라도 모두 극복할 수 있는 방법이 무엇인가?

걱정하지 마라. 방법은 있다. 바울은 에베소의 그리스도인들에게 "너희가 전에는 어둠이더니 이제는 주 안에서 빛이라 빛의 자녀들처럼 행하라"(엡 5:8)라고 썼다. 에베소의 그리스도인들은 한때 어둠 가운데 살았지만 이후 빛의 자녀의 삶을 살게 되었다. 이런 변화가 가능했던 것은 하나님의 말씀을 통해 성령님을 인격적으로 만났기 때문이다.

자기기만의 치료자는 바로 예수님이시다. 그리고 오직 성령만이 그분의 치료를 우리에게 적용하실 수 있다. 성령은 인간을 영적으로 되살리고 영혼의 어둠을 영원히 쫓아버리신다.

예수님은 이렇게 선포하셨다.

"주의 성령이 내게 임하셨으니 이는 가난한 자에게 복음을 전하게 하시려고 내게 기름을 부으시고 나를 보내사 포로된 자에게 자유를, 눈먼 자에게 다시 보게 함을 전파하며 눌린 자를 자유롭게 하고 주의 은혜의 해를 전파하게 하려 하심이라"(눅 4:18,19).

빛은 그것을 찾는 사람이라면 누구에게나 주어진다. 이것이 비결이다. 온 마음을 다해 열심히 하나님을 찾는 사람은 반드시 그분의 임재의 영광스런 빛 안으로 들어가게 될 것이다.

온 세상이 어두워 캄캄하나 이 세상의 빛은 예수
주 예수의 영광이 햇빛 같아 이 세상의 빛은 예수

주 예수를 믿으면 어둠 없네 이 세상의 빛은 예수
그 말씀을 따라서 살아가리 이 세상의 빛은 예수

죄 가운데 눈 멀어 사는 자여 이 세상의 빛은 예수
주 이름을 믿으면 눈 밝으리 이 세상의 빛은 예수

저 천국엔 햇빛이 쓸데없네 저 세상의 빛도 예수
그 높으신 곳에도 빛이시라 저 세상의 빛도 예수

(후렴)

이 빛으로 다 나아오라 밝은 그 빛 날 비춰주어
어둡던 눈 곧 밝았도다 이 세상의 빛은 예수

_ 필립 P. 블리스(Philip P. Bliss, 1838~1876)
 온 세상이 어두워 캄캄하나(통일찬송가 95장)

CHAPTER 8
God's power for your life

마음을 차지하기 위한
끝나지 않는 싸움

하늘의 아버지! 아버지와 저를 갈라놓으려는 원수의 음험한 공격들이 저를 힘들게 합니다. 이 영적 전투에 지친 제게 위로를 주는 것은 성경에서 발견되는 주님의 조언뿐입니다. 주님의 약속들에 푹 잠기면 원수의 포악함에서 벗어나게 됩니다. 저를 세상에서 하나님의 마음 깊은 곳으로 이끌어가시는 주님의 조언에 감사를 드립니다.

성경 전체, 즉 구약과 신약에 걸쳐 두 가지 조언이 서로 상반된 역할을 하는 것으로 나타난다. 이 두 조언은 인간의 마음을 차지하기 위해 서로 싸운다. 다시 말해서, '하나님의 형상으로 창조된 보물'이라고 할 수 있는 인간의 마음을 통제하겠다고 서로 다툰다. 이 세상이 싸움으로 가득 차 있지만 그 무수한 싸움 중에서도 가장 심한 것이 바로 이 두 조언 사이의 싸움이라고 할 수 있을 것이다.

누군가 당신의 마음을 통제하고 있다.

"그는 누구인가?"

마음의 통제자

이 질문에 대답하기 전에 우선 나는 내가 말하는 인간의 마음이 무엇인지를 설명하겠다. '마음'은 사람의 지적, 도덕적 인격체를 통틀어 표현하는 말이다. 마음에는 이성, 도덕적 인식, 상상이 포함되고, 우리 주변의 사건들에 대한 정신적, 도덕적 반응도 포함된다. 또한 인간의 마음은 가공할 만한 힘과 잠재력을 행사하는 주체이기도 하다. 개인과 국가와 인류의 행동과 품격과 궁극적 운명을 결정짓기 때문이다. 하나님께서 지으신 온 세상의 그 어떤 것도 인간의 마음과 비교될 수 없다.

그러나 이토록 엄청난 힘을 지닌 인간의 마음도 혼자서는 그 힘을 발휘하지 못한다. 마음을 움직이는 것은 조언이다. 나쁜 조언은 마음의 힘을 약화시키고, 마음의 눈을 멀게 하며, 마음을 희생자로 만들고, 그릇된 길로 이끈다.

우리는 매일 언론 보도를 통해 이런 상황들을 접한다. 인간은 모두 동일한 잠재력을 가지고 있지만, 모든 인간이 그 마음의 잠재력을 완전히 실현하는 것은 아니다. 어떤 사람은 장난

삼아 하찮은 것에 손을 댔다가 그 잠재력의 실현 기회를 날려 버리기도 한다.

정반대의 경우도 일어난다. 인간의 마음은 지극히 순수한 불멸의 경지까지 고양될 수 있다. 역사서나 위인전들을 읽어보라. 그러면 분연히 일어나 도전을 통해 시대를 바꾼 사람들을 만날 수 있다. 그들은 역사 속에서 언제까지나 기억될 것이다.

마음이 어떤 조언을 받아들이느냐에 따라 그 삶의 방향이 결정된다. 타락의 구렁텅이에 빠질 수도 있고, 불멸의 봉우리에 오를 수도 있다.

그렇다면 내가 말하는 조언이 어떤 것인지를 좀 더 자세히 살펴보자. 내가 말하는 조언은 우리가 삶의 방향을 잡을 때 작용하는 도덕적, 지적 영향력이다. 삶 속에서 결정의 기로에 섰을 때 여러 가지 영향력이 우리에게 찾아와 자기의 말을 들으라고 속삭인다.

이렇게 말하면 어떤 사람은 "나는 인간의 마음이 그 무엇에도 영향을 받지 않는 자유로운 것이라고 믿는다"라고 말할지도 모르겠다. 그러나 이렇게 말한다는 사실 자체가 그가 이미 어떤 힘에 영향을 받아 그렇게 믿게 되었다는 증거이다.

그가 혼자만의 힘으로 그런 신념에 도달한 것이 아니다. 다시 말하지만, 인간의 마음은 조언에 의해 좌우되기 때문이다. 마음은 악기와 같다. 피아노를 예로 들어보자. 피아노에는 흰

색 건반이 52개, 검은색 건반이 36개, 도합 88개의 건반이 있다. 이 건반을 사용해서 죽음을 주제로 한 섬뜩한 곡을 연주해 우울증을 심화시킬 수도 있고, 또는 불멸의 삶을 노래하는 승리의 찬가를 연주할 수도 있다. 누가, 어떤 곡을 연주하든, 어떤 스타일의 음악을 사람들에게 선사하든 간에 똑같은 수의 건반을 사용할 뿐이다. 피아노에서 어떤 곡이 흘러나오는가 하는 것은 88개의 건반을 치는 사람에 의해 좌우된다. 피아노에 앉은 사람이 그 악기가 만들어낼 음악을 결정하는 것이다.

이 비유를 인간의 마음에 적용해보자. 누구든 어떤 특정한 때에 우리의 마음에 영향력을 행사하는 그가 우리의 생각을 좌우하고 우리의 다음 단계의 행동에 영향을 준다.

다른 비유를 들자면, 마음은 비옥한 토양과 같다. 이 토양은 아무 짝에도 쓸모없는 가시와 엉겅퀴 같은 잡초를 만들어낼 수도 있고, 아침 햇살에 아름다운 모습을 드러내는 달콤한 과일과 귀한 곡식을 생산할 수도 있다. 똑같은 태양 아래에 있는 똑같은 토양이지만 전혀 상반된 결과를 낳을 수 있다. 물론, 그 차이는 토양에 뿌려지는 씨앗에 의해 결정된다!

노예가 된 마음

인간의 마음을 노예로 삼으려는 전쟁이 진행되고 있다. 우리 영혼의 원수는 이 시대 사람들의 생각을 사로잡아 통제하기 위해 무슨 일이든 서슴지 않는다. 생각을 통제하기만 하면 결국 그들의 운명을 통제할 수 있게 되기 때문이다. 이것이 그의 궁극적인 목적이다. 인류의 운명을 좌지우지하기 위해 우리 영혼의 원수, 즉 사탄은 두 가지 노예화 방법을 사용한다.

우선, 그는 '몸의 노예화'라는 방법을 쓴다. 몸의 노예화라는 것은 물리적 힘에 의해 사람의 행동을 통제하는 것을 의미한다. 아마도 이것은 사탄이 사람들을 상대로 사용할 수 있는 가장 쉬운 노예화 방법일 것이다. 우리 시대와 문화에 만연한 중독 현상은 수백만의 사람을 노예 상태에 가두어버렸다. 하나의 중독 현상이 극복되는가 싶으면 세 개의 다른 중독 현상이 튀어나와 이 시대를 파괴한다. 중독의 덫에 걸려든 사람은 자기의 잘못된 상태를 알고 거기서 벗어나기 원하지만, 워낙 중독의 뿌리가 깊어 치유는 아득히 멀어 보인다.

또 '마음의 노예화'가 있다. 이것은 사람의 머리에 주입되는 생각들을 통해 마음을 통제하는 것이다. 이것은 더욱 교묘한 형태로 진행되기 때문에 몸의 노예화보다 훨씬 더 위험하다. 만일 어떤 사람이 약물에 중독되어 있다면 주변 사람들이 그것을 쉽게 알 수 있다. 그러나 어떤 사람이 외부에서 주입된 사상에 휘둘리게 되면 주변 사람들은 그것을 쉽게 알아챌 수가 없다.

마음의 노예화는 사람들을 지배하려는 원수의 은밀한 전략이다. 오늘날 사회의 각 분야들이 확실한 증거 없이 받아들여진 거짓 사상들에 지배당하고 있다. 거짓 사상에 속박당한 사람들은 그 사상을 퍼뜨리면서도, 자기들이 거짓을 열심히 전하고 있다는 걸 모른다.

이런 현상을 증폭시키는 요인 중 하나는 그들이 '거짓 사상의 전파'에 자발적으로 충성한다는 것이다. 누가 강제적으로 시켜서 전하는 것이 아니다. 심지어 어떤 사람들은 자신이 그 사상의 창조자라고 믿는다. 영혼의 원수는 이토록 교활하다! 그의 손아귀에 놀아나는 자들은 자기들이 그에게 조종당하고 있다는 것조차 모른다. 그들은 그것이 무엇인지도 모른 채 외부에서 주입되는 것이 자신들의 가치관을 형성하고 이끌어가도록 허락해버린다.

우리의 원수는 가능한 모든 방법과 기술을 동원하여 그의 조언을 세상에 퍼뜨린다. 신문, 잡지, 교육, 현대 심리학, 라디오, 텔레비전, 음악, 광고 같은 것을 이용해서 말이다. 그의 목적은 모든 인간이 인생, 도덕, 사랑, 하나님, 종교, 재물, 일, 결혼, 미래, 죽음과 같은 주제에 대해 '불경건한 사상'을 갖도록 만드는 것이다. 원수 마귀는 "만인이 똑같은 생각을 하게 되면 한 가족처럼 즐겁게 지낼 수 있는 것 아니냐?"라고 속삭이면서 '불경건한 사상'을 퍼뜨리려고 한다. 만일 그의 소원대로 된다면 그는 참 편하겠지만, 인류에게는 정말 끔찍한 일이다!

인간에게 찾아오는 두 가지 조언

인간의 마음을 움직이고자 경쟁하는 두 조언이 있다. 이 둘 중 어떤 것이 당신의 마음에 영향력을 행사하느냐에 따라서 당신의 가치관과 인생 행로가 결정된다. 두 가지 조언, 즉 불경건한 자의 조언과 주님의 조언이 인간의 마음에 대한 통제권을 차지하려고 서로 경쟁한다.

물론, 이 두 조언은 극과 극으로 대조를 이룬다. 그렇기에 이 두 가지 중 한쪽에서 조금 취하고 다른 쪽에서도 조금 취하는 것은 불가능하다. 이 둘은 완전히 다른 방향으로 우리를 이끌기 때문이다. 우리가 동쪽으로 가면서 동시에 서쪽으로 갈 수 없듯이 이 둘의 인도를 모두 따를 수는 없다. 양자택일, 세상의 조언을 따르거나 아니면 주님의 조언을 따르는 것이 있을 뿐이다. 어느 조언을 따르느냐 하는 것이 우리의 방향을 결정한다. 당신은 어느 조언을 따르겠는가?

불경건한 자의 조언

우선, 불경건한 자의 조언에 대해 얘기해보자. 이것을 따르면 사악하고 방탕한 삶을 살게 된다. 내가 볼 때, 이것은 자신의 삶에서 하나님께 합당한 자리를 드리지 않는 자들의 사고방식이다. 불경건한 자의 조언은 이런 사고방식에서 출발해서 깊은 사악함과 부패로 나아간다. 이런 사악함과 부패는 이 시대에 만연해 있다. 내가 볼 때, 시대가 거듭될수록 도덕성은 마치 빙빙 돌며 가라앉는 선박처럼 점점 더 가라앉고 있으며, 타락은 깊어지고 있다.

그렇다면 이 불경건한 조언은 정확히 어떤 것인가? 그것을 어떻게 표현해야 할까? 간단히 말해 이는 자연인(自然人), 즉 새롭게 되지 못한 사람의 조언이다. 자연인이란 거듭나지 못하고 여전히 부패의 그늘진 늪에 빠져 있는 사람이다. 물론, 중생하지 못한 사람도 학문, 철학, 시(詩) 그리고 심지어 종교에서 아주 높은 수준까지 오를 수 있다. 불경건한 조언이라는 것은 하나님의 진리에 근거하여 그분을 자신의 사고체계에 모시기를 거부하는 것이다.

이것은 굉장히 중요한 지적이다. 중생하지 못한 사람은 하나님의 어떤 부분이 자기의 마음에 들면 그것을 기꺼이 받아들이지만, 그분의 진리에 입각해서 그분을 받아들이지는 않는다.

내가 여기서 분명히 지적하고 싶은 것은 하나님께서 인간과 결코 협상하시지 않는다는 사실이다. 십자가에서 일어난 예수 그리스도의 죽음은 어떤 종류의 협상에 대해서도 마침표를 찍었다. 그러므로 그리스도를 전부 받아들이든지 아니면 전부 거부하든지 둘 중 하나가 있을 뿐이다.

거듭나지 못한 사람이 잘하는 것이 있는데 그것은 하나님의 말씀을 선택적으로 받아들이는 것이다. 자기 마음에 드는 열매를 골라 따듯이 그는 자기에게 부담이 되지 않는 말씀만 환영한다. 예를 들면 "네 이웃을 사랑하라"라든가 "사람들, 특히 부모님을 공경하라" 같은 말씀 말이다. 물론 이런 말씀들이 잘못된 것은 아니지만, 이는 하나님의 진리의 일부에 불과하다.

불경건한 조언을 받아들이는 거듭나지 못한 사람은 하나님의 말씀의 어떤 부분을 받아들일지를 '스스로' 결정한다. 하지만 "여호와께서 이렇게 말씀하시기를"이라는 전제 아래 전달된 말씀에는 귀를 기울이지 않는다. 그는 하나님의 말씀의 권위에 고개를 숙이지 않는다.

지금 우리 문화 속에는 불경건한 자들의 조언이 선전(宣傳)되고 있다. 선전이 반복되면 일종의 압력수단처럼 되어버려서 사람들의 삶을 일정한 방향으로 몰아간다. 선전은 해가 없어 보이고, 겉으로 보기에 선해 보이기까지 한다. 그러나 그것은 선전의 본색이 드러나지 않을 때의 이야기다. 선전이 실제로 하는 짓은 사람들을 하나님에게서 멀어지게 하는 것이다. 이 시대는 선전의 시대이고, 우리는 날마다 선전 속에서 살아간다. 지금은 모든 것이 이런 선전에 영향을 받는다.

선전은 당신이 무슨 치약을 사야 할지를 말해준다. 내가 볼 때, 치약은 치약일 뿐이다. 하지만 치약 선전은 특정 치약이 다른 모든 치약보다 더 우월하다고 계속 당신에게 떠들어댄다. 그 선전이 머리에 박힌 대중은 가게에 가서 그 치약을 산다. 선전을 통해 가해지는 압력(영향력)은 우리 삶의 모든 부분을 통제하려고 시도한다. 즉, 우리가 어디에 가고 무엇을 하는가 하는 문제에서부터 우리가 무엇을 구입하고 이런저런 사회적 논쟁들에 어떻게 대응할까 하는 문제에 이르기까지 말이다.

선전 전문가 팀은 선전을 통해 사람들을 공직(公職)에 앉힐 수도 있다. 자신의 목적을 이루기 위해 선전을 이용하는 자들은 선전이 반드시 진실을 말해야 한다고 믿지 않는다. 이런 자들 중 대표적인 경우가 바로 아돌프 히틀러이다. 우리는 히틀러의 거짓을 간파했어야 했지만 그러지 못했다. 그의 선전철학은 "어떤 것을 아주 큰소리로 아주 오래 떠들어대면 사람들이 그것을 진실이라고 믿기 시작한다"라는 말에 담겨 있다. 이것이 선전의 핵심이다. 기회를 잘 봐서 어떤 것을 아주 큰소리로 아주 오래 떠들어대면 사람들은 그것을 사실로 믿게 된다. 뿐만 아니라 책과 교육제도도 그것을 받아들인다.

불행하게도, 이런 선전철학이 예수 그리스도의 교회 안으로까지 살금살금 들어와버렸다. 교회가 선전에 의존하는 경향이 이 시대로 들어오면서 더욱 심해졌다. 나는 예수님의 복음이 선전방법의 발달에 공헌했다고 보지 않는다. 우리가 "복음이 진리이다!"라고 확신 있게 떠들어대서 복음이 진리인 것은 아니다. 복음이 진리인 것은 "여호와께서 이렇게 말씀하시기를"이라는 전제 아래 복음이 선포되었기 때문이다.

선전은 불경건한 조언자들의 손을 거치면서 신조와 이상(理想)과 규범으로 둔갑한다. 사실, 선전꾼들은 종교인들과 유사한 행태를 보인다. 선전의 비결은 사람들이 그 선전을 믿고 그것에 따라 살 때까지 계속 떠들어대는 것이다.

불경건한 조언은 도처에서 발견되고, 전염성이 있으며, 거의 불가항력적이다. 그렇기 때문에 불경건한 조언이 사람들에게 먹힌다. 선전 때문에 물건이 팔리고, 정치인들이 선거에 당선되고, 심지어 교회로 사람들이 몰려든다. 선전만 잘하면 무엇이든지 할 수 있다. 사람들의 사고방식까지 바꾸어놓을 힘이 있는 것이 선전이다. 이 힘은 대화, 문학, 연극, 영화, 언론, 라디오 그리고 텔레비전을 통해 퍼져나간다. 가공할 만한 선전의 힘이 사라져버린다면 미국 산업의 대부분이 붕괴될 것이다. 불경건한 자의 조언은 이런 선전의 힘에 의지해 살아남는다.

사람들이 "나는 그 무엇에도 영향 받지 않는다"라고 호언장담한다 해도 선전은 모든 이의 마음을 통제한다. 어떤 이들은 자기들이 자유사상가(freethinker, 특히 종교에서, 권위나 통념에 구애받지 않고 자기 나름의 견해나 사상을 갖고 있는 사람)라고 주장하지만, 그들이 자유사상가가 된 것도 어떤 선전의 영향 때문이다. 선전의 영향에서 자유로운 유일한 그룹이 있는데 그것은 불경건한 자의 조언을 거부하고 주님의 조언을 받아들이는 사람들이다.

불경건한 조언 때문에 거짓이 사라지지 않는다

불경건한 자의 조언, 즉 모든 거듭나지 못한 사람의 마음에 박혀 있는 불신앙에서 나오는 조언에는 치명적인 오류가 있다. 그것은 눈에 보이는 것들에 영속적 가치가 있다고 믿는 착각이다.

중생하지 못한 사람들은 눈에 보이지 않는 것들의 중요성을 모른다. 그들은 눈에 보이고 손으로 만질 수 있는 모든 것에 영속적 가치가 있다고 믿는다. 그들의 이런 믿음이 어디에서 왔는지를 알아내는 것은 쉽지 않다. 아무튼, 만일 당신이 나이를 먹을 만큼 먹은 사람이라면 세상에는 영속적인 것이 거의 없다는 걸 이미 깨달았을 것이다. 우리 눈에 보이는 것들에서는 언제나 노후의 과정이 진행되고 있다. 집을 예로 들어보자. 집을 이리저리 살펴보면 수리하거나 교체해야 할 것들이 늘 눈에 띈다. 이는 모든 것이 노후의 과정을 피할 수 없기 때문이다.

불경건한 자의 조언을 따르는 사람들은 이 세상이 전부인 것처럼 살아간다. 이런 조언을 퍼뜨리는 선전은 하나님을 떠난 윤리관을 만들고, 이런 윤리관은 사람들 사이에서 관습과 생활방식으로 뿌리를 내린다. 자연인은 이런 선전에 저항하지 못한다. 왜냐하면 이런 선전이 세뇌를 무기 삼아 무서운 영향력을 발휘하기 때문이다.

불경건한 조언은 이 땅의 것들이 영원하다고 믿는다. 그리고 새롭게 되지 못한 인간의 본성이 건전하다고 믿는다.

이런 조언은 관용의 철학을 가르친다. 만인의 형제애를 주창하지만, 성경과 그리스도의 불관용을 무시한다. 불관용에 가장 철저했던 분은 바로 예수님이시다. 마태복음 6장 24절이나 누가복음 14장 27절에 나오는 그분의 교훈을 읽어보라. 그분은 그분의 시대의 종교 지도자들에게 불관용의 태도를 취하셨다. 요한복음 8장 44절에 기록된 그분의 말씀을 읽어보자.

"너희는 너희 아비 마귀에게서 났으니 너희 아비의 욕심대로 너희도 행하고자 하느니라 그는 처음부터 살인한 자요 진리가 그 속에 없으므로 진리에 서지 못하고 거짓을 말할 때마다 제 것으로 말하나니 이는 그가 거짓말쟁이요 거짓의 아비가 되었음이라"(요 8:44).

당신에게는 이 말씀이 어떻게 들리는가? 내가 듣기에 이 말씀은 모든 이에게 잔잔한 미소를 보내며 "우리 모두 함께 잘 지내봅시다!"라고 말하는 관용의 철학으로는 들리지 않는다.

불경건한 조언은 또한 십자가에 못 박히지 않은 육신의 철학이다. 이 조언은 사람을 응석받이로 만든다. 그리고 자기를 십자가에 못 박는 희생을 어떻게든 피하게 한다.

이것은 핑계를 용납하고, 죄를 눈감아주며, 도덕적 책임을 회피하는 사악한 철학이다. 지극히 사악한 일을 저지른 사람도 자기가 그렇게 할 수밖에 없었던 나름대로의 이유를 내세운다. 그리고 그런 이유들 때문에 자신의 개인적 책임에서 벗어나는 것이 마땅하다고 생각한다.

불경건한 자의 조언은 육신의 조언이다. 이것은 사람의 정욕에는 관대하지만 하나님의 영에는 철저히 무관심하다. 이 조언을 따르는 사람들은 육신적 욕구에 근거해 모든 결정을 내리기 때문에 점점 더 정욕의 굴레에 사로잡힌다.

불경건한 자의 조언은 하나님의 지혜의 조언에서 멀어지게 하기 때문에 결국 개인의 행복을 파괴한다.

주님의 조언

그렇다면 이제 주님의 조언에 대해 생각해보자.

"땅이여, 땅이여, 땅이여, 여호와의 말을 들을지니라"
(렘 22:29).

"주의 말씀은 내 발에 등이요 내 길에 빛이니이다"
(시 119:105).

"청년이 무엇으로 그의 행실을 깨끗하게 하리이까 주의 말씀만 지킬 따름이니이다"(시 119:9).

또 잠언 2장 1-9절과 4장 1-13절을 읽어보라. 주님의 조언은 지혜의 조언이다. 이것은 인류의 역사만큼이나 오래된 네 가지 질문에 대답해준다.

"나는 무엇인가?"

"나는 어디에서 왔는가?"

"나는 왜 존재하는가?"

"나는 어디로 가는가?"

이 질문들은 오직 주님의 조언에서 얻을 수 있는 구체적인 대답을 요구한다.

지혜의 조언은 또한 "영생을 얻기 위해 내가 무엇을 해야 하는가?"라는 질문에 답을 준다.

주님의 조언은 영원한 조언이다. 이것은 영원히 사라지지 않는다. 당신의 삶, 인류, 그리고 심지어 시간조차 사라져버린 후에도 영원토록 존재한다.

"세세토록 살아 계신 이 곧 하늘과 그 가운데에 있는 물건이며 땅과 그 가운데에 있는 물건이며 바다와 그 가운데에 있는 물건을 창조하신 이를 가리켜 맹세하여 이르되 '더 이상 시간이 존재하지 않으리니'"(계 10:6 '더 이상 시간이 존재하지 않으리니'가 개역개정판 한글성경에는 '지체하지 아니하리니'로 번역되어 있다 - 역자 주).

사람들이 현대사회에서 오염과 타협하지 않는 것은 거의 불가능하지만, 주님의 조언은 어떤 종류의 오염과도 타협하지 않는 순수한 조언이다. 우리 주변에서 쉽게 발견되는 불경건한 조언은 이 순수한 조언과 모순된다. 우리는 순수하지 못한 사회에서 살고 있는데, 이런 사회는 세상의 불경건함을 보여주는 한 가지 징후이다. 그러나 순수한 조언은 세상을 떠나 예수 그리스도께 온전히 속하는 삶을 살라고 강조한다.

순수한 조언은 사회의 부패, 범죄, 비행, 이혼 및 개인적 불결함 같은 긴박한 문제들을 해결할 수 있는 조언이다. 만일 이런 문제들이 해결된다면 인간사회는 잘 손질된 정원의 장미처럼 아름답게 꽃 필 것이다. 순수한 조언은 죄라는 전염성 독을 이 세상에서 뽑아낼 것이다.

순수한 조언은 이 세상에 찾아와 사람들을 깨끗하게 해준다. 예수님은 "너희는 내가 일러준 말로 이미 깨끗하여졌으니"(요 15:3)라고 말씀하셨다. 사람을 깨끗하게 해줄 수 있는 것은 하나님의 말씀밖에 없다. 하나님의 말씀이야말로 속량받은 사람들의 삶에 순수함의 본질을 불어넣어줄 수 있는 주님의 조언이다. 이런 순수함은 세상이 인정하는 순수함이 아니라 하나님의 기준에 부합하는 순수함이다.

주님의 조언은 평안의 조언이다. 지금 우리가 사는 세상에는 소위 '긍정적 사고'를 전하는 책, 스트레스 받는 사람들, 양심의 가책에 시달리는 사람들, 정신과 환자들 그리고 약물이 넘쳐난다. 하지만 인간의 그 어떤 노력도 인간의 마음이 갈망하는 평안을 주지 못하는 것 같다.

그러나 주님의 조언은 인간 본성의 갈등을 해결해준다. 다시 말해서, 영원을 사모하는 우리의 마음과 죽음을 피할 수 없는 우리의 몸 사이의 갈등을 해결해준다. 주님의 조언은 영원히 사라지지 않는다.

주님의 조언은 우리의 사고를 효과적으로 변화시키기 때문에 우리를 세상에서 멀어져 주님의 품으로, 즉 우리를 사랑하사 우리를 위해 자신을 내어주신 분의 품으로 이끌어간다. 모든 인간의 삶은 그가 받아들인 조언대로 만들어진다. 즉, 우리의 선택의 우선순위와 관심사를 어떤 조언에 따라 정하느냐에 따라 우리의 삶이 형성된다. 주님의 조언을 철저히 따르는 자는 복이 있다.

나는 주님 안에 거하는 놀라운 비밀을 배웠네
그분의 말씀을 의지하여 힘과 기쁨을 얻었네
생명의 맑은 샘물을 맛보았고
그분의 보혈을 마시며
예수님 안에서 나를 잃고
하나님 안에 깊이 빠졌네

내가 주와 함께 십자가에 못 박혔으니
그분이 내 안에 사시며 거하시네
내 모든 갈등은 사라지고
이제는 내가 아니라 그리스도께서 사신다네

내 모든 의지를 그분 앞에 꺾으니
주의 영이 내 안에서 다스리시고
주의 보혈이 모든 순간
죄에서 나를 지켜 깨끗하게 하도다

내 모든 염려를 주께 맡기니
그분이 모두 감당하시네
내 모든 두려움과 슬픔 주께 고하고
내 모든 필요를 날마다 아뢰네
내 모든 힘을 주께 얻으니
그분의 숨결로 살며 행하도다
그분은 마음까지도 내게 주시고
성실하심과 생명과 사랑도 주시도다

주의 지혜를 내 입술의 말로 삼고
주 성령의 능력으로 일을 이루네
그분의 은혜로운 임재가
모든 순간 나를 지키고 내 길을 인도하네
주는 내 마음의 분깃이시며
마르지 않는 내 기쁨의 샘물이시니
나의 구주요 거룩하게 하시는 분이요 지키시는 자라

영광의 주요 사랑의 왕이시라

나 주 안에 머물며

그분의 말씀을 의지하네

그리고 그분의 사랑의 품에 숨어 있네

안전하게 숨어 있네

_ 앨버트 B. 심슨(Albert B. Simpson, 1843~1919)
  주님 안에 거하며 의지하라

CHAPTER 9 God's power for your life

사망에 이르게 하는
거짓에 대항하라

오, 살아 계신 진리이신 예수님! 저는 모든 진리의 근원이신 주님을 제 삶 속에서 높입니다. 원수가 쳐놓은 교묘한 거짓의 덫에 걸려 주님의 진리에서 떠나는 일이 없게 하옵소서. 주님의 거룩한 영에 의지해 제가 주님의 살아 있는 말씀을 깊이 연구하게 하옵소서. 주님의 말씀은 제 마음과 생각과 삶을 주 예수 그리스도께 향하게 하고, 저를 날마다 그분의 형상으로 변화시킬 것입니다.

본래 인간의 마음은 속임수에 잘 넘어가게 되어 있다. 심지어 지식이 무지무지하게 많은 사람도 속임수에 넘어가지 않는다고 보장할 수 없다. 사람에게 가장 위험한 태도가 무엇인지 아는가? 그것은 "나는 아는 것이 아주 많기 때문에 속지 않는다"라고 말하는 것이다. 이런 태도 때문에 속임수의 덫에 걸려든 사람이 부지기수이다.

속아 넘어간 사람은 실수를 범하기 마련이다. 예를 들어, 잘못된 정보를 가진 공학자는 설계에서 실수할 수밖에 없다. 그의 설계상의 실수 때문에 교량이나 건물이 불안정해지고 결국 붕괴할 수도 있다. 의학적 검사의 결과를 잘못 읽은 의사는 진찰에서 실수를 범한다. 이런 실수는 끔찍한 재앙을 낳을 수도 있다.

이런 실수는 매우 위험스런 결과를 낳는데, 종교의 영역에서는 그 결과가 더 끔찍하다. 왜냐하면 종교의 문제에서 범하는 실수는 이 세상에서뿐만 아니라 내세에도 영향을 미치기 때문이다. 그러므로 영원과 관계된 것이라면 무엇이든지 매우 조심해서 다루어야 한다. 이런 것을 다룰 때에 우리는 어떤 실수나 오류라도 모두 걸러낼 수 있는 진리에 기준을 두고 접근해야 한다.

인간의 마음은 적나라한 성경의 진리에 깊은 반감을 느낀다. 그렇기 때문에 어떤 이들은 인간의 마음이 성경의 진리에 끌리도록 만들기 위해 비본질적인 것들을 사용해 분위기를 조금 띄운다. 그러다보니 오늘날 교회 안에 소품과 도구와 장치들이 그토록 넘치는 것이다.

인간의 마음은 진리를 액면 그대로 받아들이지 않는다. 항상 진리에 첨가물을 넣어 자기 입맛에 맞추려 한다. 그 이유는 아주 간단하다. 그것은 진리가 인간의 허세에 비위를 맞추는 경우가 거의 없기 때문이다. 진리는 우리가 어떤 부분에서 잘못되었고 어떤 부분을 고쳐야 한다고 말해주지만, 인간의 허세는 그런 충고를 전혀 좋아하지 않는다.

진리와 인간의 허영심은 서로 충돌한다. 인간의 허영은 자기가 좋아하는 자잘한 것들을 포기하지 않으려고 타협을 원하지만, 진리는 지극히 작은 것까지도 타협을 불허한다. 진리는 엄한 선생이기 때문에 전적인 복종을 요구한다. 대충 타협하는 것을 용납하지 않는다. 인간은 자기의 삶과 가치관에 모순이 있다는 것을 알고 싶어 하지도 않지만, 진리는 그런 모순에 매우 엄격하다.

보통 사람들은 찬바람 쌩쌩 부는 진리의 산꼭대기보다는 포근하고 몽롱한 망상의 안개가 끼어 있는 평지에서 살기를 원한다. 가혹한 진리를 받아들이는 것보다 매력적인 거짓을 믿는 것이 인간의 허영에 더욱 부합한다. 그리하여 속이는 것이 더욱 쉬워지기 때문에 이단들이 활개 친다.

예수님은 "진실로 진실로 네게 이르노니 사람이 거듭나지 아니하면 하나님의 나라를 볼 수 없느니라"(요 3:3)라고 말씀하셨다. 하나님의 나라를 보지 못하는 이런 영적 어둠 때문에 거짓 선생들이 성경의 진리에 어긋나는 사상과 사고방식을 사람들에게 주입하는 것이 더욱 쉬워진다. 이런 그릇된 사상과 사고방식의 확산 위험이 가장 큰 분야가 바로 종교 분야이다. 악의에 찬 악한 영들은 사람들에게 거짓 신앙을 불어넣어 멸망으로 이끌려고 혼신의 힘을 다한다. 이런 짓을 역사 속에서 줄기차게 자행한 것이 바로 이단들이다.

이런 때에 내가 가장 관심을 갖는 것은 바로 복음주의 그리스도인들이다. 사람들을 전도해서 그리스도인으로 만들기 위해 노력하는 중에 우리는 진리를 자연인의 입맛에 맞게 만들고자 했다. 사람들의 기분이 상하지 않도록 하기 위해, 그들을 비판한다는 인상을 주지 않기 위해 우리는 성경의 진리를 주변 문화에 맞추려고 애썼다.

신뢰의 문제

삶에서 가장 중요한 것 중 하나가 신뢰이다. 다른 모든 것은 신뢰라는 근본적 개념 위에 세워진다. 신뢰는 우리가 어떤 사람이 될 것인지를 결정짓는다. 그것이 우리의 가치관과 삶의 방향을 결정하기 때문이다. 당신의 신뢰를 어디에 두느냐에 따라 당신의 삶이 대부분 결정된다.

어떤 이들은 경제적 능력을 신뢰한다. 그들은 곳간에 어마어마한 재물을 쌓아놓을 때 큰 평안과 만족을 느낀다. 매일 밤 돈을 세면서 큰 위안을 느끼는 구두쇠처럼, 오늘날 많은 이들이 재물을 신뢰하면서 마음의 평안을 얻는다. 그러나 그런 평안은 가짜이다.

또 어떤 이들은 자신의 교육수준과 실행능력을 신뢰한다. 그들에게는 큰일을 이루는 것이 가장 큰 만족을 준다. 그들이 이루고자 하는 것이 무엇이든 간에, 그들은 그것을 이룰 수 있는 자신의 능력을 신뢰하며 큰 만족을 얻는다. 하지만 그 만족은 일시적이다.

우리가 신뢰할 때 어느 정도의 위로와 만족을 되돌려주는 것들을 열거하자면 한이 없을 것이다. 여기서 내가 지적하고 싶은 것은 우리가 어떤 것을 신뢰하여 평안을 얻을 때 우리의 신뢰가 진리에 근거한 것인가 아니면 거짓에 근거한 것인가 하는 것이다. 만일 우리의 신뢰가 거짓에 근거한 것이라면 우리의 신뢰는 그 거짓이 갈 수 있는 곳까지만 간다. 다시 말해서, 그 거짓의 정체가 드러나면 우리의 신뢰는 무너진다.

당신의 신뢰가 무엇에 뿌리를 내리고 있는지를 내게 말해준다면 나는 당신의 삶을 매우 정확히 묘사할 수 있을 것이다. 당신의 삶은 당신이 신뢰하는 것 이상으로 나아갈 수 없기 때문이다. 신뢰는 기초와 같다. 기초의 크기에 따라 건물의 크기가 결정된다. 만일 기초의 크기에 비해 너무 큰 건물을 지으면 그 건물은 조만간 무너질 것이다.

당신의 신뢰는 진리 아니면 거짓의 기초 위에 세워진다. 신뢰를 두었던 것이 결국 거짓으로 판명되는 일들이 너무 많다. 그들은 절대적 진리를 너무나 믿고 싶어 했지만 불행하게도 거짓을 믿었던 것이다.

나는 이것을 가리켜 '사망에 이르게 하는 거짓' 즉 '치명적 거짓'이라고 부르고 싶다. 내가 말하는 치명적 거짓은 인간의 영혼의 원수가 그것을 믿는 자들을 멸망으로 이끌기 위해 고의적으로 만들어낸 거짓이다. 이것을 믿는 자들은 하나님과 그분의 은혜에서 멀어지게 마련이다. 그리스도인으로서 우리는 이런 치명적 거짓을 찾아내 분쇄해야 할 의무가 있다.

그런데 효과적으로 그렇게 할 수 있는 유일한 방법은 '진리를 제시하는 것'이다. 어떤 막대기가 구부러져 있다는 걸 증명하는 가장 좋은 방법은 그 옆에 곧은 막대기를 놓는 것이다. 그런 확실한 증거를 보고 누가 무슨 말을 하겠는가!

여러 가지 치명적 거짓

사람들이 신뢰한 거짓들 중 몇 가지를 얘기해보자. 그들이 이런 거짓들을 믿게 된 원인은 믿을 만한 사람들이 그것들이 맞다고 말해주었기 때문이다. 그 믿을 만한 사람이 목회자일 수도 있고, 주일학교 교사일 수도 있고, 할아버지나 할머니일 수도 있다. 거짓을 전해준 사람들은 좋은 의도에서 그랬을 수도 있지만 그 결과는 너무나 무섭다. 바로 멸망이기 때문이다!

내가 제일 먼저 지적하고 싶은 거짓은 "당신은 세상을 사랑하면서도 구원을 얻을 수 있다"라는 것이다.

삼손은 바로 이런 거짓에 걸려들었다. 그는 자기가 그를 특별히 사용하시려는 하나님의 계획에 따라 부름 받았다는 걸 알았다. 그는 그분의 일을 하는 것에 반감을 갖지 않았지만 세상의 쾌락도 맛보기 원했다. 하나님께서는 이스라엘 사람에게 블레셋 사람과 관계를 맺지 말라고 말씀하셨다. 그러나 삼손은 낭만적인 눈빛으로 '신학적 울타리' 밖을 쳐다보았고, 블레셋 여인을 향해 욕망을 품었다.

삼손은 하나님의 일을 하면서 세상의 달짝지근한 맛도 동시에 즐길 수 있다고 믿었다. 이런 믿음을 가진 자들이 오늘날에도 많다. 그들은 "나는 만일 내가 선한 사람이라면 하나님도 나를 이해하고 받아주실 것이라고 생각한다. 어차피 완전한 존재는 세상에 없지 않은가?"라고 말한다.

그러나 완전한 존재가 있다! 그분은 주 예수 그리스도이시다. 성경은 우리에게 예수 그리스도의 마음을 품으라고 가르친다. 마지막 심판 때에 우리는 그리스도를 기준 삼아 심판받을 것이다.

예전부터 줄기차게 계속 떠돌아다니는 또 하나의 거짓은 "지옥이 없다"는 것이다. 지옥이 없다고 확신하는 자들 중 일부는 예수님이 위대한 선생이라고 찬양한다. 그런데 여기에 바로 모순이 있다! 왜냐하면 성경의 등장인물 중 지옥의 존재를 가장 분명하게 말씀하신 분이 예수님이시기 때문이다. 그분을 '위대한 선생'이라고 부르면서 그분의 교훈을 받아들이지 않는 것은 모순이다.

지옥에 대한 거짓을 확산시킨 것은 '끊임없는 반복'이다. 앞에서도 말했듯이 누군가 어떤 것에 대해 계속 떠들어대면 사람들은 그것을 믿게 된다. 대부분의 사람은 이렇게 반복되는 선전을 입증하는 증거에는 관심이 없다. 나름대로 한 가닥 하는 사람이 무엇이라고 말하면, 사람들은 그것을 받아들이고 믿고 의지한다. 우리의 문화 속에서는 말 잘하는, 소위 명사(名士)라 불리는 사람들의 말이 경건한 신학자들의 말보다 대중에게 더 잘 먹힌다.

어떤 이들은 예수님의 말씀을 근거로 내세우며 하나님의 사랑이나 천국 같은 것들을 받아들이지만, 예수님이 가르치신 다른 것, 즉 지옥이 주제로 등장하면 그분의 말씀을 헌신짝처럼 버린다. 그분이 가르치신 다른 것들이 사실이라면 지옥에 대한 그분의 교훈은 왜 믿지 않는가?

지옥에 대한 이야기가 인기가 없다는 것은 나도 인정한다. 그러나 지옥이 실재한다면 우리는 그것을 전해야 한다(예수님은 지옥이 실재한다고 말씀하셨다). 사랑의 하나님께서 아무도 지옥에 보내지 않으실 것이라는 대중적 믿음은 성경의 지지를 전혀 받지 못한다.

세상에 퍼지고 있는 거짓이 또 있다. 그것은 "죽음 후에 회개의 기회가 주어질 것이다"라는 말이다. 이런 말을 퍼뜨리는 사람들은 이렇게 말한다.

"당신은 당신이 원하는 방식대로 마음껏 살아도 된다. 어차피 하나님은 완전한 사람이 없다는 걸 아시기에 이해해주실 것이다. 우리가 죽은 후에는 어딘가에 있는 연옥에서 회개의 기회를 갖게 될 것이다."

그러나 이것과 완전히 다른 교훈이 성경에 나온다. 다시 반복해 말하지만, 원수 마귀의 모든 거짓은 우리가 하나님의 진리에서 멀어져 결국 멸망에 이르도록 꾸며진 것이다.

신약의 히브리서 기자는 아주 분명하게 밝힌다.

"한 번 죽는 것은 사람에게 정해진 것이요 그 후에는 심판이 있으리니"(히 9:27).

죽은 후에는 회개의 기회가 없다. 오히려 심판이 있을 뿐이다. 회개할 시간은 얼마든지 있으므로 걱정할 필요가 없다고 속삭이는 거짓말은 지옥 구덩이 한복판에서 흘러나오는 소리이다.

세상에 널리 퍼진 또 다른 거짓은 "우리의 선행이 우리를 구원할 것이다"라는 것이다. 내가 이런 거짓을 문제 삼으면 어떤 이들은 내가 선행에 반대한다고 비난할 것이다. 그러나 나는 선행에 반대하지 않는다. 나는 우리가 최대한 선을 행해야 한다고 믿는다. 우리 주님께서 이 땅에 계실 때 두루 다니시며 선을 행하셨으므로 우리도 마땅히 그렇게 해야 한다. 그러나 선행의 목적은 우리를 변화시키는 것이 아니다. 우리를 구원하는 것은 더더욱 아니다.

선행은 우리 안에서 일어난 변화를 외적으로 보여주는 것이다. 선을 행한다고 해서 우리의 생물학적 상태가 바뀌는 것이 아니듯, 선을 행한다고 해서 우리의 내면이 바뀌는 것은 아니다. 사람이 평생 선을 행한다 할지라도 그는 여전히 육신일 뿐이다.

이에 대해 사도 바울은 이렇게 썼다.

"그런즉 육신으로 우리 조상인 아브라함이 무엇을 얻었다 하리요 만일 아브라함이 행위로써 의롭다 하심을 받았으면 자랑할 것이 있으려니와 하나님 앞에서는 없느니라 성경이 무엇을 말하느냐 아브라함이 하나님을 믿으매 그것이 그에게 의로 여겨진 바 되었느니라 일하는 자에게는 그 삯이 은혜로 여겨지지 아니하고 보수로 여겨지거니와 일을 아니할지라도 경건하지 아니한 자를 의롭다 하시는 이를 믿는 자에게는 그의 믿음을 의로 여기시나니"(롬 4:1-5).

아주 거침없이 퍼져나가는 또 다른 거짓은 "하나님께서 너무 자비로우시기 때문에 벌을 내리시지 않는다"는 것이다. 그러나 이런 주장은 율법의 의미를 설명해주지 못한다. 율법이 왜 존재하는가? 하나님께서 그분 자신의 율법을 무시하시겠는가? 그분이 율법을 만드신 것은 무슨 목적이 있기 때문이 아니겠는가?

이 거짓을 퍼뜨리는 자들은 다음과 같이 말하고 싶기 때문에 그렇게 하는 것이다.

"하나님은 창세부터 만드신 율법을 폐하실 것이며, 사람들이 자기 멋대로 살아도 처벌하지 않으실 것이다. 내가 원하는 대로 무엇이든 행할 수 있다고 믿는다면, 나는 나보다 높은 어떤 권위 앞에도 무릎을 꿇을 필요가 없다. 내가 내 멋대로 살아도 하나님은 내 삶의 방식을 존중해주실 것이다. 그분은 내가 그분의 법을 무시했다 하더라도 너무 자비로우셔서 내게 벌을 내리지 않으실 것이기 때문이다."

또 다른 극단적 거짓은 "의식(儀式)이 구원해 줄 것이다"라는 것이다. 이것은 어떤 의식을 지키면 아무런 문제도 일어나지 않을 것이라는 사상이다. 그러나 내가 지적하고 싶은 것은 인간의 본성이 의식에 의해 바뀔 수 없다는 것이다. 염소에게 세례를 준다고 해서 양으로 바뀌지는 않는다.

이런 경우를 가정해보자. 어떤 사람이 평생 악하게 살다가 죽음의 문턱에 섰다. 이 사람을 두고 어떤 이들은 다음과 같이 말한다.

"만일 종교 지도자가 그를 찾아와 의식만 제대로 베푼다면 그는 구원을 받을 것이다. 임종 때에 이 악한 사람을 위해 성찬식이나 병상세례를 베푼다면 그는 구원을 받을 것이다."

이런 식의 주장을 늘어놓는 사람들에게 나는 이렇게 반박하고 싶다. 의식이 악인을 죽음 직전에 바꾸어놓을 수 있다면 왜 평소에 그를 바꾸어놓지 못했는가? 의식이 그토록 능력 있는 것이라면, 아주 악한 사람을 평소에 데려와서 세례를 주고 성찬식과 온갖 종교의식에 참여시켜서 선한 의인으로 만들 수 있지 않았겠는가? 하지만 그런 일은 일어나지 않았다.

지금까지 얘기한 범주에 드는 또 다른 거짓이 있는데, 그것은 "성경 지식으로 충분하다"는 생각이다(내가 볼 때, 이 거짓이 가장 큰 폐해를 끼치는 것 같다). 이런 생각에 빠진 사람들은 말한다.

"내가 성경의 교훈을 알기만 하면 그것으로 되었다. 주일학교에서 성경의 모든 이야기들을 배웠으면 그 지식만으로도 내 평생 충분하다."

그러나 성경에 대해서 아는 것과 성경에 의해 변화되는 것은 완전히 다르다. 다시 말해, 단지 성경에 대해서 아는 것과 성경으로 하여금 우리의 삶과 생각을 극적으로 변화시키도록 하는 것은 다르다는 말이다. 성경은 우리의 신뢰가 뿌리 내려야 할 진리이다. 성경 이외의 다른 모든 것들은 거짓이기 때문에 우리의 삶에 도움이 못 된다.

말씀에 근거한 신뢰

성경에 대해서 아는 것만으로는 원수 마귀의 거짓들을 극복할 수 없다. 원수 마귀의 거짓들을 극복하는 방법은 살아 계신 말씀, 즉 주 예수 그리스도를 아는 것이다. 찬송가 작사자가 "생명의 말씀인 나의 주여, 목말라 주님을 찾나이다"라고 쓴 것을 기억하라. 성경은 한 번 재미있게 읽고는 다음번에 읽을 때까지 처박아두는 문학작품이 아니다. 성경은 우리를 예수님과 대면시킨다.

그러므로 우리가 던져야 할 핵심적 질문은 무엇 위에 우리의 신뢰를 쌓아야 하는가 하는 질문이다.

제대로 된 신뢰는 "여호와께서 이렇게 말씀하시기를"이라는 말씀에 근거한 신뢰이다. 인간의 본래 마음은 쉽게 속임수에 넘어가지만 성령에 의해 새로 태어난 마음은 살아 계신 말씀을 신뢰의 기초로 삼기 때문에 속임수에 넘어가지 않는다.

하나님의 말씀, 즉 성경은 우리가 원수의 모든 치명적 거짓들에 대항해 싸울 때 두 발로 딛고 서야 할 반석이다. 이 진리의 반석 위에 우리의 삶을 세우면 '만세 반석' 위에 견고히 서는 것이다.

전능하신 하나님!
천둥을 나팔로, 번개를 검으로 삼으시는 왕이시여!
당신이 다스리시는 저 높은 곳에서 자비를 내리시고
이 시대에 우리에게 평안을 주소서
오, 주여!

무한한 자비의 하나님!
이 땅이 온유와 자비를 버리고 당신의 말씀을 무시했지만
당신의 무서운 진노가 깨어나지 않게 하시고
이 시대에 우리에게 평안을 주소서
오, 주여!

완전히 의로우신 하나님!
인간이 당신께 반역했지만
당신의 말씀은 영원까지 설 것입니다
거짓과 죄가 당신 곁에 머물지 못할 것이니
이 시대에 우리에게 평안을 주소서
오, 주여!

그러므로
당신의 백성이 감사와 경건으로

당신을 찬양할 것은 그들을 위험과 칼에서 구하셨음이라
저들이 이 바다에서 저 바다까지 한 목소리로 노래할 것이니
"열방에 평안이요 주님께 영광이라!"
아멘

_ 헨리 F. 촐리(Henry F. Chorley, 1808~1872), 존 엘러튼(John Ellerton, 1826~1893)
　전능하신 하나님

CHAPTER 10 God's power for your life

언약 백성을 향한
하나님의 신실한 책망

오, 하나님! 주님의 뜻을 거스르는 것은 무엇이든지 용납하지 않도록 제 마음에 감동을 주옵소서. 천박함에 길들여진 저를 꾸짖으소서. 오, 하나님, 제 삶이 주님께 기쁨이 되도록 저를 사악한 길에서 돌이키소서. 저는 주변의 세상을 기쁘게 해주는 것에는 관심이 없고, 오직 제 안의 그리스도를 기쁘게 해드리기 원합니다. 주님의 거룩한 말씀에 저 자신을 비춰보기 원합니다. 저를 좁고 험한 길로 인도하실 주님의 판단을 받아들입니다.

이스라엘 민족이 포로생활을 끝내고 고국으로 돌아온 직후에 사역했던 말라기는 하나님의 백성에게 메시지를 던지면서 이렇게 말했다.

"여호와께서 말라기를 통하여 이스라엘에게 말씀하신 '무거운 부담'이라"(말 1:1. '무거운 부담'이 개역개정판 한글성경에서는 '경고'라고 번역되어 있다 - 역자 주).

그들의 죄에 대한 형벌로 타국에서 포로생활을 했던 이스라엘 민족은 고국으로 돌아온 후에 또 다시 죄에 깊이 빠졌다. 그러므로 그런 백성에게 던지는 말라기의 메시지는 '무거운 부담'이어야 했다.

하나님의 말씀을 백성에게 전할 때 그는 동족의 영적 상태 때문에 너무 마음이 아팠을 것이다. 그 당시 이스라엘의 상태와 닮은 것이 오늘날 기독교의 전반적 상태이다.

우리는 과거에 구원받은 것에 대해 자랑할 수 있을 것이다. 그리스도 안에서 누리는 자유를 자축(自祝)할 수 있을 것이다. 그러나 우리가 처한 상태는 우리의 신앙적 조상이 과거에 처했던 상태와 똑같다. 그들을 구하기 위해 하나님께서 개입하시지 않으면 안 될 정도로 그들에겐 아주 문제가 많았다. 우리는 현재의 승리를 자축하지만, 그 승리로 이끌었던 길고 긴 고난의 길은 완전히 망각했다.

역사를 연구해보라. 특히 종교의 역사를 연구한 후 내리게 되는 아주 뼈아픈 결론 중 하나는, 우리가 역사에서 아무 교훈도 배우지 못했다는 것이다. 지금 이 시대는 지난 시대에서 아무것도 배우지 못했다. 아마 미래의 시대도 현재의 시대에서 아무것도 배우지 못할 것이다. 이것은 과거의 그 어떤 시대보다 더 많은 연구기술과 자원을 가진 이 시대에 대한 우울한 분석이다. 이 시대의 사람은 마음만 먹으면 과거의 역사적 사실이나 사건에 대해 얼마든지 정보를 얻을 수 있다. 그럼에도 불구하고 하나님의 백성은 과거의 잘못을 그대로 반복하고 있다. 하나님께서 이것을 보실 때 (인간의 표현으로 말하자면) 얼마나 속상하시겠는가!

많은 이가 경험에 큰 가치를 부여하지만, 우리가 하나님께 완전히 복종하지 않으면 경험은 무용지물일 뿐이다. 그분께 완전히 복종하는 승리의 순간에 이르지 못한다면 아무것도 가치가 없다. 하나님은 우리의 복종을 보신 다음에야 비로소 우리를 사용하시고 우리에게 복을 주신다. 하나님께 복종하지 않는 우리의 가치란 아주 의심스러운 것이다.

경험이 우리를 하나님께로 이끌지 못한다면 무슨 소용이 있겠는가? 여기에 큰 비극의 가능성이 있다. '헛고생'이라는 비극을 생각해보라. 어떤 사람이 끔찍한 고난을 겪었지만 고난 후에 아무런 유익도 얻지 못한다면 어떻겠는가? 고통도 마찬가지이다. 극심한 고통을 겪었지만 그로 인하여 나아진 것이 조금도 없다면 어떻겠는가?

경험의 가치를 평가할 때 우리는 '어떤 일을 겪었느냐' 하는 관점에서 평가한다. 하지만 하나님은 우리가 경험을 통해 그분께 '얼마나 가까이 갔느냐' 하는 기준에서 평가하신다.

바로 여기서 내가 지적하지 않을 수 없는 것은 종종 종교가 우리의 경험과 하나님을 체험하는 일 사이에 끼어든다는 것이다. 이유가 무엇이든지 간에 우리의 경험에 하나님을 체험하는 일이 결여된다면 그 경험은 아무 가치가 없다. 그래서 어떤 사람이 극심한 어려움을 겪고 모든 것을 잃었음에도 전혀 변화되지 않으므로 늘 그 모양 그 꼴인 비극이 왕왕 일어나는 것이다.

우리를 고난으로 몰아넣었던 것을 극복하는 승리야말로 진정한 승리이다. 반면, 극심한 고난에서 회복되었지만 과거와 달라진 것이 없다면 그런 고난을 지겹도록 반복하는 한심한 자리에 머물게 될 뿐이다.

'언약의 백성'이라는 것이 무엇을 의미하는가?

그리스도인으로서 우리는 '언약'이라는 개념을 매우 소중히 여긴다. 하나님은 우리와 언약을 세우셨다. 우리는 우리 자신을 언약의 백성이라고 생각하기 원한다. 하나님 이외의 그 누구도, 그 무엇도 깰 수 없는 관계가 그분과 우리 사이에 맺어졌다. 우리가 이 언약의 관계에서 큰 위로와 기쁨과 평안을 느끼는 것은 충분히 이해가 가는 일이다.

그런데 이 언약의 관계에서 종종 간과되는 것이 있다. 그것은 하나님께서 언약 백성의 잘못을 오래 묵과하지 않으신다는 것이다. 언약의 관계라 해서 양측의 관계가 항상 긍정적인 것만은 아니다. 물론, 하나님과 우리의 관계에 있는 긍정적 요소들에 대해서는 감사해야 할 것이다. 하지만 언약의 관계에는 부정적 면들도 있는데, 이 시대의 그리스도인들은 이 부정적 면들을 잘 보지 못한다.

하나님은 우리를 격려하시고 우리에게 복을 주시며 우리의 필요를 풍성히 채워주신다. 하지만 그분은 언약 백성에게 닥칠 수 있는 위험들을 못 본 체하는 분이 아니시다. 그 위험들 중에는 우리 자신의 행위에서 비롯되는 것들도 있다. 그분은 우리가 훗날 그분의 심판에 직면하는 상황을 막으시고자 지금 우리를 책망하신다. 그분에게 지금 책망을 받지 않는 자들은 결국 그분의 진노의 심판에 직면할 것이다.

내가 하나님과 언약의 관계 안에 있기 때문에 그분은 나를 살펴보신다. 그분이 우리를 살펴보시는 것은 우리의 하늘 아버지께서 우리를 위해 베풀어주시는 가장 큰 사랑이다. 히브리서 기자는 "주께서 그 사랑하시는 자를 징계하시고"(히 12:6)라고 증언한다.

대규모 재해가 발생하면, 많은 이들은 하나님께서 불신 세상을 심판하시는 것이라고 생각한다. 물론 이런 생각에도 나름대로 일리가 있지만, 나는 성경의 교훈을 상기시키고 싶다. 성경은 심판이 하나님의 집에서부터 시작된다고 말한다. 하나님은 그분의 언약 백성을 먼저 심판하신다. 그분의 가장 친절한 행동이 우리를 꾸짖어서 죄의 비극을 면하게 하시는 것일지도 모른다.

우리의 잘못 때문에 심판을 당함에도 위로를 얻고자 하는 것이 우리의 본능이다. "나는 내게 합당한 것을 받기만 하면 된다"라고 말하는 사람들이 있다. 그러나 나는 내가 당해야 마땅한 것을 피하기 원한다. 나 자체로서 하나님 앞에 선다면 내게 합당한 것은 지옥뿐이기 때문이다.

내가 지옥불과 멸망으로 이끄는 길에서 돌이키도록 하나님께서 나를 책망하시는 것은 그분의 인자하심 때문이다. 나는 내가 마땅히 당해야 할 것을 당하기를 원치 않는다. 대신, 온전히 하나님의 자비에 의지하기를 원한다. 그분의 자비의 가장 은혜로운 부분은 제멋대로 행하는 나를 꾸짖으시는 그분의 성실하심이다.

내가 언약 백성 중 하나이기 때문에 하나님은 내게 경고하시고, 나를 책망하시고, 내 안에 숨어 있는 예상치 못한 악함을 여지없이 폭로하신다. 우리를 거룩하게 만들기 위해 그분은 우리의 어떤 부분도 그냥 지나치시지 않는다. 그분은 그분께 불쾌한 모든 것을 내게서 뽑아내기 위해 내 삶에 아주 적극적으로 개입하신다.

그분의 책망을 무시하면서 그분 안에서 위로를 얻으려고 시도하는 것은 너무 어리석은 짓이다. 그분은 죄를 조금이라도 용납하지 않으신다. 그분의 거룩한 본성에 거슬리는 것이 우리 안에 있다면, 우리를 위하는 마음에서 그것을 폭로하고 책망하신다.

전 세계 어느 교회에서나 그리스도인들은 언약의 관계를 자랑한다. 우리는 우리에게 아무 문제가 없다는 확신 가운데 평안을 누리기 원하지만 사실 우리는 '계시된 빛'을 거스르는 죄를 범했다. 이것이 우리의 현재 상태의 비극이다. 이런 비극이 생긴 것은 우리가 '어둠 속에서' 비틀거리기 때문이 아니라 '빛을 받았음에도 불구하고' 비틀거리기 때문이다. 우리의 현재 상태가 어처구니없는 것은 우리가 하나님의 빛을 거슬러 반역하고 있기 때문이다.

우리 시대의 심판

오늘날의 미국 교회는 연약함으로 인한 불의와 범죄를 용납해왔다. 우리는 죄를 위해 변명함으로써 죄를 용납한다. 심지어 죄를 모범으로 삼으면서 죄를 용납한다. 그러나 모든 불의는 시정되어야 한다. 이렇게 되는 것이 하나님의 정의이다.

때로 우리는 미국이 올곧고 의로운 나라라고 믿는다. 그러나 우리가 하나님의 말씀의 쌍안경으로 우리 사회와 문화를 들여다보면 그 믿음은 즉시 깨진다. 우리의 눈에 보이는 것이 성경 말씀과 부합하지 않는다면 우리는 심판을 향해 나아가고 있는 것이다. 그런데 내가 앞에서 말했듯이, 이 심판은 하나님의 집에서부터 시작된다.

교회 안을 들여다보라. 그리고 현대사회 안에서 일어나는 교회의 행함을 보라. 우리의 눈에 보이는 것이 하나님의 살아 있는 말씀에 어긋난다면 우리는 심판을 받아야 마땅하다. 그러므로 선택은 우리의 몫이다. 우리가 자신을 살펴서 공동체 안의 악을 제거하지 않으면 하나님의 심판이 우리에게 임할 것이다. 나는 누구도 판단하기를 원치 않지만 유감스럽게도, 미국 기독교의 많은 사람들이 하나님의 심판 아래에 있다는 것이 내 솔직한 생각이다.

이런 내 생각이 옳다고 말해주는 불길한 징후는 기독교 지도자들이 죄를 슬퍼하지 않는다는 것이다. 교회 안의 죄에 대한 소문이 우리의 귀에 심심치 않게 들린다. 특히 고위 성직자들의 죄가 문제가 되는데, 대개의 경우 그 죄를 판단하거나 정죄하지 않고 변명하기에 급급하다. 그들의 죄에 대해 슬퍼하는 사람이 아무도 없는 것 같다. 혹 그들 자신이 슬퍼할지는 몰라도 삶의 방식을 바꾸지는 않는다.

다른 사람의 죄를 발견하는 것은 쉽다. 다른 누군가에게 손가락질을 하고 그의 죄를 비난하는 것은 쉽다. 그러나 우리는 우리 자신부터 판단해야 한다. 다시 말해서, 하나님의 말씀 앞에서 책망 받아 마땅한 것이 내 안에 있는 것은 아닌지 자신에게 물어야 한다. 남들을 비난하는 소리는 도처에서 많이 들리는데 회개하는 사람은 내 눈에 거의 보이지 않는다.

우리의 세상을 둘러보면 도처에서 하나님의 심판이 진행되고 있음을 볼 수 있다. 전쟁은 오늘날의 국가들을 징벌하는 하나님의 수단이다. 현재 전쟁의 고통 아래 신음하지 않는 지역이 지구촌에 있는가? 한 지역이 잠잠해지면 다른 지역에서 분개의 목소리가 터져 나와 결국 전쟁으로 발전한다. 이것은 하나님께 반역하는 세상이 피할 수 없는 운명이다. 마음에 평화가 없으면 땅 위에도 평화가 없는 법이다. 오직 '평화의 왕'께서 전쟁을 부채질하는 모든 것을 제거하는 평화를 이 세상에 선사하실 수 있다.

내가 볼 때, 우리는 책망을 모르는 시대에 살고 있다. 지금으로부터 그리 멀지 않은 과거에만 해도, 심지어 세상 사람들조차 죄를 억제하는 것이 옳다고 믿었다. 개인이나 지역사회나 국가가 행하기에는 너무 부끄럽게 여겨지는 것들이 있었다. 그러나 지금 이 시대는 무슨 짓을 해도 부끄러움을 모르는 것 같다.

죄는 나이트클럽이라고 불리는 지옥 같은 곳에서 코미디언들이 돈벌이의 수단으로 삼는 농담이 되어버렸다. 방탕이 시대의 유행이 되어버렸다. 이런 것들을 용납하는 분위기가 각 시대마다 점점 더 확산되더니, 지금 이 시대에 와서는 어떤 죄도 부끄러워하지 않는 것 같다.

아주 뻔뻔스럽고 오만하며 징계를 모르는 자들이 이 시대에 넘친다. 각 사람은 자기가 보기에 좋을 대로 행할 뿐이다. "남들이 불쾌감을 느끼든 말든 네 하고 싶은 대로 하라"고 떠들어 댄다. 이 시대는 '나'밖에 모르는 시대이다.

하나님의 언약 백성의 역할

통탄스러운 것은 내가 이제까지 지적한 것들이 자신을 '하나님의 언약 백성'이라고 여기는 자들 중에서도 발견된다는 것이다. 예수 그리스도의 교회는 세상에서 영향력을 잃어버렸는가? 그리스도인들은 이 시대의 문화 속에 넘치는 죄악 된 생활 방식을 꾸짖는 힘을 잃어버렸는가?

근래에는 새로운 이름의 기독교가 널리 퍼져나가고 있다. 이 새로운 교회는 '덕(德)을 쌓아서 마음의 평안을 얻으라'고 말한다. 지금 이 나라에는 과거의 어떤 시대에도 볼 수 없었던 큰 교회 건물들과 많은 수의 회중들이 존재한다. 과거의 어느 때보다 교회의 사회적 활동이 왕성하다. 대부분의 경우 우리는 교인 수가 많으면 자신감으로 충만해진다. "저 교회는 좋은 교회가 틀림없다. 저렇게 많은 사람이 몰려가는데 나쁜 교회일 리가 없다"라는 논리가 팽배해 있다.

지금 우리는 '숫자 게임'의 덫에 걸려 있다. 그러나 나는 자신감과 만족감으로 충만한 대형교회의 교인이 되기보다는 거룩한 삶을 사는 작은 교회의 교인이 되고 싶다. 다시 말해서, "우리가 이렇게 번성하는 것을 보면 하나님께서 우리 편이신 것이 분명하다"라는 논리를 위안으로 삼는 많은 무리보다는 항상 하나님께 책망을 받으며 날마다 죄를 버리는 소수의 무리를 찾아가고 싶다.

번성 자체가 하나님의 언약 백성이라는 표지(標識)는 아니다. 하나님의 언약 백성이라는 표지는 죄를 자백하고 버리는 것이다. 언약 백성은 그분께 책망을 듣고 멸망의 길에서 돌이킨다. 우리는 죄의 길을 버리고 거룩함의 길을 가야 한다. 이 거룩함의 길을 가리켜 성경은 '좁은 길'이라고 부른다(마 7:14 참조). 그러나 오늘날 많은 교인들이 받아들이고 따르는 신앙적 논리가 천국에 가는 길을 너무 넓혀놓았기 때문에 이제는 지옥 가는 것이 불가능해졌다.

그렇다면 이제 우리는 어떻게 해야 하는가?

우리는 화려한 과거를 의지하면 안 된다. 찬란한 과거의 유산을 물려받은 것에서 위안을 얻는 사람이 너무 많다. 이들은 입만 뻥긋하면 과거를 들먹인다. 그러나 과거에 일어난 거룩한 믿음의 사건이 지금 다시 일어나지 않는다면 찬란한 유산은 우리에게 아무 도움이 안 된다. 과거는 그 과거를 만든 사람이 죽으면 함께 죽어버린다. 우리가 과거로 돌아가 살 수도 없고, 과거의 위대한 그림자 안에 둥지를 틀 수도 없다.

영광스런 현재를 만들어내겠다는 의지가 우리에게 없다면 우리는 영광스런 미래를 꿈 꿀 수 없다. 그런데 영광스런 현재를 만들려면 하나님의 백성으로서 그분의 감찰과 심판을 겸허하게 받아들이고, 우리의 문제를 처리해야 한다. 그분이 우리를 통해, 우리 안에서 행하기 원하시는 것을 하시도록 순종할 때 영광스런 현재가 가능하다. 심판의 날까지 기다리지 말자. 오늘을 심판의 날로 만들자. 살아 계신 하나님의 말씀에서 힘을 얻었듯이 바로 그 말씀에서 책망의 음성을 듣자.

하나님께서 말씀하신 '무거운 부담'은 무엇을 위한 것인가? 그것은 하나님의 언약 백성인 우리가 성경의 복의 말씀과 저주의 말씀 앞에 서서 판단을 받도록 하기 위한 것이다. 이렇게 될 때 우리는 성령의 능력 안에서 날마다 살게 될 것이다. 하나님의 말씀이 우리에게 현실로 이루어질 것이기 때문이다.

내 친구 톰 헤어(Tom Haire)가 미국을 떠나 아일랜드에 있는 고향으로 돌아가려고 했을 때, 나는 고향에 가서 말씀을 많이 전할 것이냐고 그에게 물었다. 하지만 그는 깊은 생각에 잠기더니 이렇게 대답했다.

"아니, 고향에 가면 몇 달 시간을 내서 나 자신을 살필 거야. 그래야 아직 시간이 있을 때 내 잘못을 바로잡을 수 있지."

지금은 우리가 우리 자신을 살피고, 성령께서 우리 삶의 악을 지적해주시도록 기다릴 때이다. 그렇게 해야 시간이 다 가버리기 전에 우리의 악을 바로잡을 수 있다. 우리의 잘못을 바로잡을 수 있는 기회가 모두 지나가버리기 전에, 우리의 인생을 결산(決算)하는 것이 가장 중요한 일이다.

내 구주여,
그리스도의 마음이
날마다 내 안에 살면서
당신의 사랑과 능력으로
내 모든 언행을
주장하게 하소서

오직 하나님의 능력으로
내가 승리함을
모두가 볼 수 있도록
하나님의 말씀이
때마다 시마다
내 마음 안에 거하게 하소서

내 아버지 하나님의 평안이

범사에 내 삶을 다스려
평안 중에 내가
병든 자 슬픈 자를
위로하게 하소서

물이 바다에 충만하듯
그리스도의 사랑이 내게 충만하여
내가 그분을 높이고
나를 낮추어
승리하게 하소서

내가 달려가야 할 길을 달려갈 때
강하고 담대함으로
원수에 맞서게 하시고
앞으로 전진할 때
오직 예수님만
바라보게 하소서

잃어버린 자들을 찾아
구원하려 할 때
그분의 아름다움이

내게 머물게 하시고

그들이

나 같은 심부름꾼은 잊어버리고

오직 그분만 보게 하소서

_ 케이트 바클리 윌킨슨(Kate Barclay Wilkinson, 1859~1928)
  내 구주여, 그리스도의 마음이

CHAPTER **11** God's power for your life

말씀의 능력에 도전하는 것에 맞서라

하나님나라의 능력은 단지 말에 있지 않고 성령님의 능력과 나타남에 있습니다. 제 삶이 입에서 떨어지는 말로 끝나지 않게 하옵소서. 주님께 기쁨을 드리는 사람으로 저를 변화시키시는 성령님의 능력을 체험하게 하옵소서.

교회 안에서 논란이 되는 것 중 하나는 능력의 문제이다. 교회 안에는 능력을 몹시 갈망하는 사람이 많다. 과거에도 그랬다. 사도 바울의 시대에 많은 이들이 그의 권위에 도전했고, 한 발 더 나아가 그를 밀어내기 원했는데 이는 그들 자신의 권위를 세우기 위해서였다.

그토록 지혜로웠던 솔로몬의 명언이 어쩜 그렇게 딱 들어맞을까!

"이미 있던 것이 후에 다시 있겠고 이미 한 일을 후에 다시 할지라 해 아래에는 새 것이 없나니"(전 1:9).

사도 바울은 그의 권위를 예수님에게서 직접 받았다. 그의 권위를 문제 삼는 반발이 거세게 일어났지만, 그의 권위는 교회의 머리이신 그리스도께 받은 것이었다. 주님은 그가 다양한 방법으로 권위를 행사하도록 그를 사도로 임명하셨다.

주 예수께 받은 바울의 능력

바울에게는 교회의 진리를 그리스도께 받아 체계를 세워야 할 사명이 주어졌다. 그때까지만 해도 성경이라는 것은 유대 율법과 관계되어 있었기에 예수 그리스도의 교회를 떠받치게 될 기초를 놓는 일에 일조하는 것이 그의 사명이었다. 이것은 실로 막중한 책임이 아닐 수 없었다. 우리가 잘 알듯이, 무엇이든 처음에 제대로 체계를 잡지 않으면 그 후에는 많은 문제가 생기는 법이다.

바울의 서신 중 많은 것이 교회의 진리와 교회의 경영에 대한 내용을 담고 있다. 그는 교회 사역의 기초가 될 기본적 틀을 세웠다. 물론, 교회의 진정한 기초와 모퉁이 돌은 주 예수 그리스도이시다. 어떤 이들은 교회를 베드로 위에 세우기 원했지만 바울은 그리스도께 받은 사명에 따라 신약의 교회를 주 예수님 위에 세웠다.

바울의 책무 중 하나는 교회가 스스로를 다스려나갈 수 있도록 체계와 행정조직을 세우는 것이었다. 이것은 결코 쉬운 일이 아니었다. 왜냐하면 무슨 일을 하려 하면 모든 이들이 저마다의 주장을 내세웠기 때문이다. 그러나 우리가 알아야 할 것은 예수 그리스도에게 속한 신약의 교회가 '민주주의적 조직'은 아니라는 것이다. 모든 사람을 모아놓고 "형제들이여, 이 문제에 대해서는 어떻게 생각하십니까?"라고 묻는 것이 바울이 할 일은 아니었다. 오늘날 우리가 종종 이런 식으로 일을 처리하긴 하지만, 바울은 이렇게 하지 않았다. 그리스도께서는 그분의 교회가 이런 방법으로 굴러가기를 원치 않으신다.

바울만큼 교회를 정확히 이해한 사람은 없었다. 각각의 시대는 바울이 놓은 기초를 '개선'이라는 명분하에 바꾸거나, 자신들의 시대에 맞게 수정하고 재해석하려고 시도했다. 그러나 바울에게는 신약의 교회 구조를 결정지을 권위가 있었다. 나는 우리 주변의 문화가 어떻게 바뀌든 간에 그 구조를 고수해야 할 책임이 우리에게 있다고 본다. 신약의 모델을 따를 때 우리가 교회인 것이지, 그렇지 않으면 교회가 아니다.

바울은 그가 받은 권위를 현실 속에서 구현했고, 교회가 어떻게 돌아가야 할지를 모범을 통해 보여주었다. 그는 단지 법규와 규정을 종이에 휘갈겨 써준 것이 아니다. 그가 가르친 원리를 자신의 삶과 사역을 통해서 보여주었다.

바울이 직면한 문제는 신약의 교회 안에서 분열을 일삼는 자들이었다. 바울의 권위에 눌려 자기 멋대로 교회를 이끌고 나갈 수 없자 그들은 그의 권위를 거부했다. 그러면서 그의 권위를 완전히 허물어뜨리기 위해 그들이 할 수 있는 것을 다했다.

고린도에 있는 신자들의 공동체는 그런 분열주의자들 때문에 특히 위협받았다. 바울은 자신의 주장을 고린도교회에 충분히 이해시키기 위해 디모데를 파견했다. 디모데는 고린도교회에 가서 바울을 대변했다. 말하자면, 바울이 써준 신임장을 고린도교회에 제출했다. 결론적으로 바울은 고린도의 그리스도인들에게 "내 권위는 인간의 화려한 말솜씨에 근거한 것이 아니라 교회의 머리이신 주 예수 그리스도에게 받은 능력에 근거한다"라고 단호히 말했다.

말이 아니라 능력이다

교회 안에서의 권위 문제를 다루면서 바울은 매우 중요한 진리 하나를 분명히 밝혔다.

"하나님의 나라는 말에 있지 아니하고 오직 능력에 있음이라"(고전 4:20).

말과 능력의 차이를 이해하면 예수 그리스도의 교회의 능력과 권위를 이해하게 된다. 교회 안에서 분열을 일삼던 자들의 문제는 말과 능력의 차이를 이해하지 못한 것이었다. 말 자체에 능력이 있다고 믿었던 그들은 말을 사용하면 능력이 저절로 나온다고 생각했다.

내가 볼 때, 오늘날의 복음주의 교회도 그들과 똑같은 문제를 안고 있다. 우리는 말과 표현의 덫에 걸려 있다. 우리는 우리 주변의 문화와 조화를 이루기 위해 우리의 종교적 어휘를 업데이트(update)하려고 애쓴다. 사람들이 이해하는 말을 사용하면 능력이 생길 것이라고 믿는다. 그러나 우리가 아무리 세상과 보조를 맞춘다 해도 하나님의 능력은 인간의 이성(理性)이나 화려한 말솜씨를 통해 나타나지 않는다. 그분의 능력은 살아 있는 말씀을 통해 일하시는 성령님을 통해 나타난다.

물론 진리를 세우려면 말이 필요하다. 말을 떠나서 진리를 표현할 수는 없다. 그러나 말이 진리의 형식이라 할지라도 단지 외형적 표상(表象)이며, 내적 본질이 될 수 없는 외적 껍질일 뿐이다. 말은 부차적인 것이므로 근본적인 것이 될 수 없다. 이 점을 모르기 때문에 우리는 실수한다. 말은 하나님의 말씀 안에 있는 능력의 표상일 뿐임을 기억해야 한다.

말에 담긴 개념을 붙잡는 것은 쉽지 않다. 이 현상이 때때로 나타나는 게 바로 성경번역 분야이다. 헬라어 신약에 나오는 특정 단어를 한 역본은 이렇게 번역하고 다른 역본은 저렇게 번역한다. 똑같은 헬라어 단어에 내재된 '미묘한 의미의 차이',

즉 뉘앙스가 때로는 성경구절의 의미를 바꾸어버리기도 한다.

그럴 때 우리가 놓쳐서는 안 되는 사실이 하나 있다. 그것은 진리의 본질이 있다는 것이다. 모든 진리는 하나님에게서 시작된다. 그러므로 그 진리를 하나의 단어나 하나의 표현으로 압축하는 것은 매우 힘들다. 진리는 말의 형식을 따르지만, 때로는 그 형식을 버리고 형식 밖으로 나가버린다.

이에 대한 예가 수없이 많지만 나는 아주 명백한 것 하나만 예로 들고 싶다. 어떤 사람이 '사랑'이라는 단어를 사용했다고 하자. 그는 다른 사람이 이 단어를 사용할 때와는 전혀 다른 의미로 사용할 수 있다. 영어의 '사랑'(Love)이라는 말로 번역될 수 있는 헬라어는 약 4개이다.

아버지가 그의 아들에게 "내가 너를 사랑한다"라고 말할 때는 아들이 여자 친구에게 "내가 너를 사랑한다"라고 말할 때 의미하는 것과는 다른 것을 의미한다. 아버지와 아들이 동일한 말을 하고 있지만 그들의 말에 담긴 의미는 전혀 다르다. 이것이 진부한 예라고 느껴질 수도 있겠지만, 아무튼 내가 말하고 싶은 것은 우리가 영적 진리를 특정 말이나 표현 안에 가두어놓지 않도록 조심해야 한다는 것이다.

이 시대의 큰 오류는 형식을 본질로 착각하는 것이다. 우리는 하나님의 나라를 말로 요약할 수 있다고 생각한다. 그런데 우리만 이런 착각에 빠지는 게 아니다. 신약 시대 이후로 기독교는 이런 잘못을 범해왔다. 사도 바울도 그 시대의 그리스도인들에게 교회의 모든 것을 말에 담을 수 없다는 것을 깨우쳐 주고자 애썼다. 말은 우리를 속여서 잘못된 길로 이끌어갈 수 있다.

어떤 이들은 특정 어구를 계속 중얼거리면 화(禍)를 면할 수 있다고 믿는다. 이런 사람들은 "우리가 중얼거리는 특정 어구의 의미를 이해하든 못하든, 그것은 중요하지 않다. 중요한 것은 그것을 계속 중얼거리면 마음에 위안과 평안을 느낀다는 것이다"라고 주장한다.

또 어떤 이들은 특정 어구에 사탄을 물리치는 힘이 있다고 믿는다. 사탄을 제압하는 주문(呪文) 같은 것을 알기만 하면 사탄을 코너로 몰아넣을 수 있다는 것이 그들의 생각이다. 그런가 하면 무슨 말을 하든 간에 그 말을 '예수님의 이름으로'라는 말로 끝내면 그 말대로 이루어질 거라고 믿는 자들도 있다. '예수님의 이름으로'라는 말 때문에 하나님이 꼼짝 없이 그 말대로 행하셔야 한다는 것이다. 얼마나 황당한 생각인가! 말뿐인 공격, 즉 '말 폭탄'을 두려워하는 귀신은 지옥에 하나도 없다. 말이 능력을 가지려면 그 말을 통해 하나님의 능력이 나타나야 한다.

어떤 이들은 선을 이루는 능력이 말에 있다고 믿는다. 이것이 소위 '긍정적 사고방식'을 주장하는 자들의 오류이다. 그들은 긍정적 생각을 하고 긍정적 말을 하면 모든 것이 잘 풀릴 것이라고 믿는다. 그들은 "어떤 문제가 생겨도 생각만 제대로 하면 다 해결된다. 당신은 당신의 머리를 올바른 생각으로 꽉 채우기만 하면 된다"라고 말하며 당신을 설득하려 들 것이다.

말씀을 통해 일하시는 성령의 능력

사도 바울은 예수 그리스도의 나라가 단지 말에 있지 않다는 것을 고린도교회에 깨우쳐주려고 애썼다. 그의 주장에 따르면, 하나님의 나라는 능력에 있다. 그 나라의 본질은 능력에 있다. 이 능력은 하나님의 말씀을 통해 일하시는 성령의 능력이다. 그리스도의 교회 안에서 성령에 의해 나타나는 부활하신 그리스도의 능력이다. 말뿐만 아니라 성령의 나타남이 있어야 진정한 능력이다.

단지 말이나 주문 같은 것을 성령의 능력으로 착각해서는 안 된다. 성령께서 성경 말씀을 가지고 일하실 때 능력이 나타나는데, 이것이야말로 성경책에 인쇄된 활자를 넘어서는 성령의 능력이다. 난로를 그린 그림이 아무리 아름답고 실감 난다고 해도 그 그림이 우리를 따뜻하게 해줄 수는 없다.

바울은 교회에서 분열을 일으키는 자들에게 "내가 너희에게 가면 너희는 말을 보여라. 그러면 나는 능력을 보일 것이다"라고 도전했다. 바울의 능력은 성경을 통해 그의 삶 속에서 일하시는 성령의 능력이었다. 우리는 이 사실을 부인해서는 안 된다. 어떤 사람들은 스스로를 위해 능력 계발 프로그램 같은 것을 만든다. 그들은 자기들에게 능력이 있다고 사람들이 믿어주기를 바란다. 다시 말해서, 자기들이 말만 하면 능력이 나타난다고 사람들이 믿어주기를 바란다.

그러나 바울의 교훈에 따르면, 신약성경이 가르쳐주는 능력은 성령께서 하나님의 말씀을 통해 나타내시는 능력이다. 우리는 하나님의 말씀과 성령을 분리해서 생각해서는 안 된다. 성령만도 아니고 하나님의 말씀만도 아니다. 성령과 말씀이 조화 가운데 연합할 때 능력이 나타난다.

이것을 제대로 이해하지 못하면 교회 분열의 씨앗이 뿌려진다. 어떤 이들은 성령의 능력을 너무 강조해서 그 밖의 모든 것을 배척한다. 심지어 성경까지 배척한다. 그들은 성령께서 성경의 분명한 교훈에 어긋나는 것까지도 행해주시기를 원한다. 한편, 하나님의 말씀을 너무 강조한 나머지 다른 모든 것, 심지어 성령까지 배제하는 사람들도 있다. 이들은 말만 있으면 모든 것이 다 있는 것이라고 믿는다. 그들은 "내가 그것을 내 것으로 주장했으니 그것은 내 것이다"라고 말한다.

바울은 말뿐만 아니라 능력도 있을 때 하나님의 나라가 임한다고 분명히 가르쳤다. 그러므로 하나님의 말씀과 성령의 협동이 있어야 한다. 성령은 하나님의 말씀을 떠나서는 아무

것도 행하지 않으신다. 물론, 하나님의 말씀에 어긋나는 것도 행치 않으신다. 만일 이 협동을 부정하면 신약의 교회에 해를 끼치는 것이다.

그렇다면 바울이 말하는 이 능력은 어떤 것들을 이루는가?

하나님의 능력이 이루는 것들

우선, 하나님의 능력은 도덕적 능력이다. 다시 말해서, 하나님의 능력은 죄인의 마음에 죄를 폭로한다. 하나님의 말씀의 능력은 내가 어떤 점에서 잘못되었는가를 내게 보여준다. 하지만 거기서 그치지 않고 한 걸음 더 나아가 혁명적 변화와 회심을 일으켜 나를 그리스도의 형상으로 변화시킨다. 바울이 언급하는 도덕적 능력은 그리스도의 성품을 타락한 세상에 나타낼 거룩한 사람들을 만들어낸다.

또한 하나님의 능력은 설득하는 능력이다. 이 능력은 그분의 뜻에 저항하는 모든 것을 무너뜨리고, 사람들에게 확신을 주며, 그들의 마음을 바꾸어놓는다. 이 능력은 단순히 말로 끝나는 능력이 아니다. 이것은 말이 저항할 수 없는 능력이다.

다윗이 골리앗을 죽인 경우를 생각해보자. 인간적 관점에서 보면, 골리앗이 다윗을 이기는 게 당연했다. 모든 것이 골리앗에게 유리했다. 그러나 다윗이 여호와 하나님의 능력과 권위 아래에서 나아갔기 때문에 그분이 승리하셨다. 골리앗은 무장을 아주 잘하고 있었지만 어린 다윗을 당할 수 없었다. 다윗의 손에 있던 것은 물매였지만, 그 뒤에 여호와 하나님의 능력이 있었기 때문이다. 하나님께서 사용하시는 설득의 능력에 맞설 수 있는 것은 이 세상에 없다.

하나님의 능력은 또한 예배의 능력이다. 이 시대에 들어와서 예배는 부정적 이미지를 얻게 되었다. 지금 예배라고 일컬어지는 많은 것들이 있지만, 만일 사도 바울이 이 땅에 찾아와 그것들을 본다면 극도의 분노에 사로잡혀 반대할 것이다.

진정한 예배의 능력은 깊은 경의(敬意)의 감정을 만들어낸다. 그런데 유감스럽게도, 오늘날의 복음주의 교회에서는 이런 감정을 찾아볼 수가 없다. 어떤 주일예배들은 종교적 냄새를 약간 풍기는 민속음악연주모임(hootenanny)처럼 되어버렸다. 그런 예배들에서는 경의의 감정을 찾을 수 없다. 다시 말해서, 하나님 앞에 있을 때 느낄 수 있는 경외감이 없다. 사람의 말로는 경의의 감정을 불러일으킬 수 없다. 오직 참된 예배의 능력만이 그렇게 할 수 있다.

예배의 능력은 또한 황홀경, 즉 엑스터시(ecstasy)를 자아낸다. 다시 말해서, 일상적이고 평범한 것을 초월하여 경배와 찬양의 고차원으로 우리를 끌어올린다. 어떤 신령한 도움이 없다면 이런 고차원의 경지는 인간에게 불가능하다. 그런데 오늘날 우리의 예배에서 이런 엑스터시를 느낄 수 있는가? 예배에

경이감(驚異感)이 있는가? 말로 표현할 수 없는 하나님의 임재 앞에서 침묵에 빠져드는 체험을 하고 있는가?

또한 하나님의 능력은 마음을 끌어당기는 능력이다. 다시 말해서, 우리를 그리스도께 끌어당기는 능력이다. 이 능력은 그분을 이 세상 그 무엇보다 높인다. 그분이 다른 무엇보다 높아지시는 것은 하나님의 능력 때문에 가능하다. 만일 어떤 곳에서 어떤 '사람'이 높아진다면 거기에는 성령의 능력이 나타나고 있는 게 아니라고 확신해도 좋다.

사람의 마음을 끌어당기는 능력은 말로 인해 생겨나는 게 아니다. 예수님은 "내가 땅에서 들리면 모든 사람을 내게로 이끌겠노라"(요 12:32)라고 말씀하셨다.

이제 외쳐야 할 것들

바울은 그의 주장을 고린도교회에 개진했다. 그는 교회를 분열시키는 자들에게 말뿐만 아니라 성령의 능력과 나타남으로 정면으로 맞섰다. 신약의 교회를 위한 기초를 놓을 때 그는 이런 중심적 진리들에서 이탈하지 말 것을 요구했다. 잘 알듯이, 우리도 신약의 교회에 속한 사람들이다.

오늘날의 복음주의 교회에 몇 가지 요구할 것이 있다. 우선 우리는 복음주의 교회가 올바른 교리를 갖고 있는 것에 만족하고 안주해서는 안 된다고 주장해야 한다. 올바른 교리를 믿는 것은 중요하지만, 그것만으로는 충분하지 않다. 올바른 교리를 믿으면서도 하나님과 올바른 관계를 맺지 못하는 사람들이 있기 때문이다. 정확한 언어로 믿음을 표현하지만 내적으로는 변화되지 못한 사람들이 있다. 지식이 곧 변화를 의미하는 것은 아니기 때문이다.

또한 우리는 단지 올바르게 사는 것에 만족하고 안주해서는 안 된다고 외쳐야 한다. 올바른 삶을 살 수 있는 사람은 많다. 많은 이단들도 그 추종자들에게 올바른 삶을 살라고 요구한다. 이단을 믿는 사람들 중 일부는 우리 같은 신자들보다 더 깨끗한 삶을 살기도 한다. 우리가 도달해야 할 목표는 단지 올바른 삶만이 아니다. 그리스도께서는 우리가 성령의 내적 증거에서 흘러나오는 삶을 살기를 원하신다!

또한 우리는 우리의 교회가 단지 친화적(親和的) 분위기에 안주해서는 안 된다고 말해야 한다. 물론, 친화적인 것은 좋은 것이다. 사람들이 우리 교회를 찾아오면 미소 지으며 인사하고 환영해야 한다. 하지만 그렇게 한다고 해서 교회의 의무가 다 끝나는 것은 아니다. 이런 논리는 다른 부분에도 적용된다. 예를 들면 충성의 문제가 그렇다. 우리가 충성한다고 해서, 교인들이 어떤 문제에서 서로 하나가 된다고 해서, 교회가 최종 목적지에 도달한 것은 아니다. 친화성이나 충성이나 연합의 문제는 피상적인 것이기 때문에 진정한 영적 공동체의 핵심에 속하지는 않는다. 사실, 이런 것들은 인간의 노력으로도 성취할 수 있는 것들이다.

오늘날의 교회에 필요한 것

그렇다면 우리가 하나님께서 본래 의도하신 그런 백성과 교회가 되려면 어떻게 해야 하는가? 단지 말만 하고 끝나는 그룹이 아니라 성령의 능력과 나타남이 있는 교회가 되려면 어떻게 해야 하는가? 이에 대해 나는 다음과 같이 몇 가지를 제안하고 싶다.

첫째, 우리는 기도해야 한다. 단지 어떤 말들을 중얼거리는 기도가 아니라 기도다운 기도에 전념해야 한다. 물론 모든 기도가 말로 시작되지만, 말뿐인 기도는 무의미하다. 기도를 제대로 하는 사람은 하나님의 임재의 '두려운 신비'(mysterium tremendum) 안으로 들어가는 체험을 맛볼 수 있다. 이 체험은 그분의 분명한 임재 안으로 들어가 그분의 기뻐하심의 햇빛을 만끽하며 경외심으로 충만해지는 것이다. 신비의 베일을 뚫고 기도의 대상이신 그분의 분명한 임재 안으로 들어갈 때 비로소 진정한 기도를 드리는 것이다.

둘째, 우리에게 믿음이 있어야 한다. 단지 '올바른 말'을 믿는 것은 믿음이 아니다. 사도 바울은 "그러므로 믿음은 들음에서 나며 들음은 그리스도의 말씀으로 말미암았느니라"(롬

10:17)라고 말했다. 내가 볼 때, 내 믿음을 일련의 단어들로 요약해 표현하는 것은 불가능하다. 내 믿음은 말에 얽매이지 않고 대신 하나님의 마음에 뿌리를 박는다. 나는 그분을 믿고 의지한다. 나는 그분이 어떤 분이신지를 설명하는 내 말을 믿고 의지하는 것이 아니다. 내가 믿는 것이 말로 설명될 수 있다면 그것은 하나님이 아니다.

끝으로, 우리에게는 내려놓음이 필요하다. 이것은 단지 말로 하는 것이 아니라 행동으로 하는 것이다.

사도 바울이 신약의 교회를 위해 닦아놓은 기초 위에 당신의 삶을 세우고 싶은가? 그러면 당신의 생각과 이해와 설명을 내려놓고 예수 그리스도를 영접하라. 그분을 '그분 그대로' 영접하라. 그분은 살아 있는 말씀이시다!

율법에서 자유 얻으니 얼마나 복된가!
예수께서 피 흘려 죄 사함 얻었네
율법에 저주받고 타락으로 깨어졌지만
은혜로 단번에 속량 받았네

이제 우리는 자유하니 정죄가 없다네
예수의 구원은 완전함이라
"내게로 오라!" 하시는 부드러운 음성을 들으라

오라! 그러면 그분이 단번에 구원하시리

하나님의 자녀로 부름 받는 게 얼마나 영광스러운가!
분명, 그분의 은혜로 우리가 넘어지지 않을 것이라
그분이 부르시면 사망에서 생명으로 넘어간다네
복된 구원을 단번에 얻는다네

오, 죄인이여, 단번에 구원을 받아들이시오
오, 형제여, 단번에 구원을 믿으시오
십자가 붙들면 죄의 짐 벗겨질 것이라
그리스도께서 우리를 단번에 속량하셨다오

_ 필립 P. 블리스(Philip P. Bliss, 1838~1876)
　단번에

CHAPTER 12 God's power for your life

삶에 나타나는
말씀의 능력

오, 하나님! 주님의 말씀이 날마다 제 양식이 되어 제 영을 살찌웠습니다. 주님과 주님의 거룩함을 거스르는 이 세상에서 주님을 따르는 것이 쓰지만, 말씀의 달콤함이 그 쓴맛을 견딜 수 있게 합니다. 제 영이 주님께 굶주려 있고, 그 무엇도 저의 굶주림을 온전히 채워줄 수 없습니다. 제가 삶으로 실천하지 않을 노래는 결코 부르지 않겠다고 주님 앞에서 서약합니다. 주님과 하나 되고, 주님의 십자가의 고통을 제 것으로 삼는 것이 무한한 기쁨입니다.

구약의 선지자 에스겔은 "내게 이르시되 인자야 내가 네게 주는 이 두루마리를 네 배에 넣으며 네 창자에 채우라 하시기에 내가 먹으니 그것이 내 입에서 달기가 꿀 같더라"(겔 3:3)라고 증언했다.

그렇다면 이제 신약으로 넘어와 보자. 신약의 요한계시록에는 "내가 천사에게 나아가 작은 두루마리를 달라 한즉 천사가 이르되 갖다 먹어 버리라 네 배에는 쓰나 네 입에는 꿀같이 달리라 하거늘"(계 10:9)이라는 말씀이 나온다.

여기서 두루마리를 먹는 것과 배에서 쓴맛을 느끼는 것 사이에는 인과관계가 있다. 주님의 말씀이 소화되면 쓴맛이 날 수밖에 없다. 다시 말해서 주님이 선지자에게 말씀의 선포를 지시할 때, 그 말씀이 우리 속에 들어와 삶의 한 부분이 될 때, 또는 그리스도인의 증인의 삶을 우리에게 명령할 때 우리의 육신은 그것의 쓴맛을 느낀다. 세상의 적대적 태도, 육신의 연약함, 또는 마귀의 사악한 증오 때문이다. 하나님의 말씀은 입에서 달고 설득력 있게 전달되지만, 그 말씀대로 사는 사람을 어려움에 빠뜨릴 때도 있다.

최대의 재앙

인류는 아주 좋지 않은 상태에 빠져 있다. 물론 나의 이 말에 반기를 드는 사람이 많을 것이다. 그들은 인류가 아주 멋진 집단이라고 말하며, 심지어 그런 주장을 펴는 책도 썼다. 때때로 어떤 이들은 내게 편지를 써서 "그렇게 어두운 관점으로 세상을 보지 마십시오. 세상의 밝은 면을 본다면 세상이 아주 좋은 곳이라고 생각하게 될 것입니다"라고 충고한다. 하지만 이런 충고는 좋은 게 못된다.

인간의 타락은 세상에 최대의 재앙을 가져왔다. 죄 때문에 인간이 하나님에게서 멀어지게 된 것이다. 죄는 인간과 하나님 사이의 관계를 끊어버렸고, 인간을 '죽을 수밖에 없는 존재'로 만들었으며, 결국 인간을 죽여왔다. 우리는 인류의 고통을 볼 때, 즉 죽음을 면할 수 없는 인류의 운명과 죽음 자체와 정신병과 범죄 같은 것을 볼 때 감상적인 기분에 사로잡혀 동정심에 빠지는 것으로 끝나면 안 된다. 그런 것들을 볼 때 우리는 우리에게 잘못이 있다는 것을 깨달아야 한다!

어떤 이들은 죄가 병(病)이라고 말한다. 예를 들면 소아마비 같은 것 말이다. 사람이 병에 걸릴 수 있고 또 병에 걸려 죽기도 하지만 그렇다고 병에 대해 인간을 탓할 수는 없다. 어떤 사람이 병에 걸리거나 병사하는 것이 딱한 일이지만 그것에 대해 그를 탓할 수는 없다. 선천적 심장질환을 갖고 태어난 아기에게 그에 대해 책임을 물을 수 없는 것처럼 말이다.

우리 주님의 비유 중 '탕자의 비유'가 있다. 두 아들 중 동생이었던 탕자는 작심하고 세상에 나가 방탕한 삶을 살며 돈을 다 써버리고 거지가 되었다. 그리고 어쩔 수 없이 들에 나가 돼지 치는 일을 했다. 이 모든 것은 그의 자업자득이었다. 그의 고생은 그가 피할 수 없는 어떤 것 때문에 생긴 것이 아니었다.

다시 말해서, 소아마비나 심장마비 같은 불가항력적인 것이 아니었다. 모든 것은 그가 자초한 일이었다. 이와 마찬가지로 인류가 나쁜 상태에 빠져 있는 것은 우리가 자초한 일이다.

구원은 받았지만 구조 받지는 못했다

우리는 십자가에서 이루어진 주 예수 그리스도의 속죄를 통해 속량 받았다. 그리스도의 속죄사역을 통해 그리스도인들은 의롭다 함을 얻고 거듭났다. 의롭다 함, 즉 칭의를 얻었다는 것은 하나님 앞에서 의로운 존재로 인정받았다는 것이고, 거듭났다는 것은 두 번째 출생을 경험했다는 것이다. 이렇게 칭의와 중생이 우리에게 주어졌지만, 그렇다고 우리가 구조(rescue) 받은 것은 아니다.

역사적으로 보면, 부흥의 첫걸음은 항상 교회가 다음과 같은 세 가지를 인정하는 믿음을 교회의 생명력의 한 부분으로 삼았을 때 시작되었다. 그 세 가지는 이것이다. 첫째, 인류는 나쁜 상태에 빠져 있다. 둘째, 역사 속에 최대의 재앙이 있었다. 셋째, 우리는 믿음으로 하나님께 구원을 받았지만 아직 구조 받지는 못했다.

우리는 위험 속에 살고 있다. 늑대들에 둘러싸인 양과 같다. 이 사실은 사도 바울의 서신들에서도 언급된다.

"피조물이 고대하는 바는 하나님의 아들들이 나타나는 것이니 피조물이 허무한 데 굴복하는 것은 자기 뜻이 아니요 오직 굴복하게 하시는 이로 말미암음이라 그 바라는 것은 피조물도 썩어짐의 종노릇한 데서 해방되어 하나님의 자녀들의 영광의 자유에 이르는 것이니라 피조물이 다 이제까지 함께 탄식하며 함께 고통을 겪고 있는 것을 우리가 아느니라 그뿐 아니라 또한 우리 곧 성령의 처음 익은 열매를 받은 우리까지도 속으로 탄식하여 양자 될 것 곧 우리 몸의 속량을 기다리느니라"(롬 8:19-23).

고린도후서 11장에서 바울은 그가 당한 고난들, 예를 들면 투옥이나 매 맞음이나 파선 같은 것들을 길게 열거한다. 그는 구원받은 사람이었지만 그의 증언에 따르면, 아직 구조 받지는 못했다. 그는 속량 받았지만 아직 고난이 끝나지는 않았다. 현재 교회도 딱 이런 상태에 있다.

그리스도의 진정한 교회는 속량 받은 교회이다. 다시 말해서 성령으로 거듭나고 보혈로 씻음 받고 심판을 면제받은 교회이다. 하지만 교회가 구조 받은 것은 아니다. 교회의 이름은 하늘에 기록되어 있지만 교회는 이 땅에 있다. 교회가 이 땅에 있는 한, 그리고 교회답게 행동하는 한, 교회는 어려움을 당하지 않을 수 없다. 만일 교회가 교회답게 행동하지 않는다면 어려움을 당하지 않을 것이다(물론 모든 인간이 당하는 일반적인 어려움은 당할 것이다).

그런데 이런 사실을 우리에게 가르쳐주는 사람이 별로 없다. 하지만 우리는 진리를 먹어야 한다. 마치 선지자들이 두루마리(책)를 먹어야 했듯이 말이다. 진리를 먹으라는 명령은 우리에게도 주어졌다. 우리도 두루마리를 먹어서 그것이 우리 몸의 일부가 되도록 해야 한다.

사람들의 성격이 투박했던 영국여왕 엘리자베스 1세 시대에는 성경을 암송했다. 성경이 배로 내려가 소화기 속으로 들어갈 때까지, 성경이 삶의 모든 부분에 스며들어 말씀에 대한 저항이나 도피가 불가능해질 때까지, 온전한 헌신에 이를 때까지, 진리가 완전한 통제력을 발휘할 때까지, 그리고 십자가가 본능이 될 때까지 암송했다.

진리는 처음에는 달다. 진리를 노래하면 아주 즐겁다. 진리를 읽어도 매우 기쁘다. 그러나 진리가 주인 노릇을 하게 되면, 즉 진리가 우리를 통제하고 우리의 삶을 결정하고 우리의 행동양식과 제2의 천성으로 변하면 우리의 육신적 본능은 진리를 쓸개즙처럼 쓰게 느낀다. 왜냐하면 진리에는 행동과 책임이 따르기 때문이다.

만일 우리가 천국에 있다면 진리가 무한히 달기만 할 것이다. 우리 모두가 천국에 있다면 진리가 쓰다고 불평하는 사람은 하나도 없을 것이다. 그러나 우리는 지금 천국에 있지 않고 이 세상에 있다. 선과 악이 공존하는 이 세상에 있다. 성도와 죄인이 함께 사는, 기쁨과 슬픔이 모두 있는 이 세상에 있다. 바로 이런 이유 때문에 진리가 때로는 우리에게 아주 쓴맛을 느끼게 한다.

우리의 문제는 하나님의 백성이라고 하면서도 진리가 몸 안으로 깊이 스며들도록 허락하지 않는다는 것이다. 진리는 날카로운데 우리는 그 날카로움을 싫어한다. 진리는 고통스러운데 우리는 그 고통스러움을 좋아하지 않는다. 진리는 쓴데 그 쓴맛은 우리가 피하기 원하는 것이다. 그러다 보니 우리는 타협을 선택한다.

성경을 먹는 사람이 얼마나 될까? 우리는 주일학교에서 성경을 암송한다. 1년의 기간을 잡고 처음부터 끝까지 읽는다. 날마다 한 장씩 읽기도 한다. 주일학교 공과를 공부하거나 심지어 가르친다. 하지만 말씀에 대한 저항이 불가능해질 때까지 성경을 먹어 몸 안으로 흡수하는 사람이 우리 중 얼마나 될까? 대부분의 사람은 소원이 이루어지는 행운을 기대하며 기도하기를 더 좋아한다. 그들은 주님을 기꺼이 따르겠다고 마음먹지만, 어려움이 닥치면 뒷걸음질 쳐서 빠져나갈 것이라고 단서를 단다.

우리는 무릎 꿇고 "오, 하나님! 저를 받으시되 다 받지는 마소서", "오, 하나님! 저를 거룩한 사람으로 만들어주시되 모든 면에서 그리하지는 마소서", "오, 하나님! 제 것을 취하시되 모두 취하지는 마소서"라고 기도한다. 언제나 우리는 "주님, 제가 너무 너무 힘들어지면 이것은 무효가 되는 것입니다"라는 단서를 붙인다.

우리는 큰 착각에 빠져 있다. 그 착각은 우리가 속량 받았으므로 구조까지 받았다는 생각이다. 그러나 그렇지 않다. 물론, 하나님의 능력이 우리의 믿음을 지켜주기 때문에 우리는 마지막 날에 구원에 이를 것이다. 이토록 우리의 구원은 확실하다. 하지만 우리는 아직 구조 받지 못했다.

여전히 진행 중인 우리의 싸움

우리의 싸움은 지금도 진행 중이다. 싸움은 이 땅에서 일어나고 있다. 적은 여전히 우리 주변에 있다. 우리는 여전히 광야의 메뚜기이다. 사막에 있는 양이다. 이 땅의 이곳저곳을 떠돌 수밖에 없는 아이들이다. 우리를 부수고 멸하려고 혈안이 되어 있는 악한 세상 안에 사는 선한 사람들이다.

현대의 기독교에서 내가 발견한 나쁜 일 중 하나는 십자가를 이용해서 십자가를 피하려 한다는 것이다. 그러나 그렇게 해서는 안 된다. 물론 십자가 사건, 즉 주 예수님의 죽음과 부활이 우리를 구원할 것이다.

하지만 그 십자가는 우리 안에서, 우리에게 무엇인가를 해야 하는데 어떤 이들은 이것을 인정하고 싶어 하지 않는다. 즐거운 모임에 나가고, 종교적 습관을 형성하고, 추악한 악을 버리고, 회식에 참석하고, 합창을 부르고, 여름 수련회에 참여하는 것이 '예수 믿는 것'의 전부이면 좋겠다는 생각이 우리에게 팽배하다.

그러나 이런 생각은 사도 바울의 생각과는 거리가 멀다. 선지자들, 사도 요한, 노아, 루터, 존 녹스의 생각과도 아주 멀리 떨어져 있다. 이 사람들 중 누구도 그런 생각을 하지 않았다. 신앙생활을 그런 식으로 이해하지 않았기 때문이다. 그들은 "내가 그리스도를 믿고 즐거운 모임에 참여하고 정기적 종교습관을 형성하면 모든 것이 잘될 것이다. 나는 좀 쉽게 믿겠다. 그리스도를 위해 일하겠지만 적절한 선에서 그렇게 하겠다"라고 말하지 않았다.

대부분의 그리스도인의 문제는 두루마리를 먹지 않으려고 한다는 것이다. 두루마리를 조금씩 갉아먹기는 하지만 삼키지는 않는다. 말씀을 듣지만 그 말씀에 사로잡히려 하지 않는다. 말씀을 자기 뜻대로 좌지우지하려 하고 말씀 앞에 무릎 꿇지 않는다. 5년마다 새 성경책을 사서 처음부터 끝까지 읽지만, 성경 말씀에 따라 살지는 않는다. 말씀에 복종하면 말씀의 쓴맛을 뱃속 깊이 느끼게 될 것이기 때문이다. 뱃속에 들어간 말씀은 혹독하고 날카롭고 고통스러울 것이 뻔하기 때문에 그들은 말씀을 삼키지 않는다. 말씀이 그들을 조종하게 허락하지 않고 그들이 말씀을 조종한다.

로마서 5장에서 바울은 다른 사람들을 위해 자기의 목숨을 내어놓을 사람들이 일부 있다고 말한다. 그런 사람이 많지는 않겠지만 그래도 소수의 사람은 그렇게 할 것이다. 사실 어떤 이들은 실제로 다른 사람을 위해 죽었다. 다른 사람을 그만큼 사랑했기 때문이다.

내게는 자녀들이 있다. 그 아이들이 성장할 때 만일 하나님께서 내게 "네가 네 자녀들을 위해 죽을 수 있느냐"라고 물으셨다면, 나는 즉시 "그렇습니다"라고 대답했을 것이다. 하나님께서 내게 두 번 물으실 필요가 없이 한 번에 분명히 대답했을 것이다. 만일 내가 아이들을 위해 죽어야 했다면 나는 조금도 망설이지 않고 그렇게 했을 것이다. 내가 무슨 영웅이기 때문에 그런 것이 아니다. 내가 나 자신보다 그 아이들을 조금 더 사랑하기 때문이다.

그런데 내가 아주 이상하게 여기는 것은, 믿음의 문제에서는 우리가 자식에게 하듯이 그렇게 헌신적이지 않다는 것이다. 오히려 우리는 빠져나갈 길을 찾는다. 다시 말해서, 우리의 과거의 삶으로 돌아갈 길을 찾는다. 고난을 피하기 위해 숨어 있을 수 있는 '도피의 동굴'을 찾는다. 온전한 헌신을 피해 빙 둘러 갈 수 있는 길을 어떻게든 만들려고 발버둥 친다.

무엇을 택할 것인가?

내가 감히 말할 수 있는 것이 있다. 북미대륙 전체를 샅샅이 뒤져보라. 키 웨스트(Key West: 플로리다 남쪽, 미국 최남단에 위치한 작은 섬)로부터 캐나다의 가장 북부지점에 이르기까지, 대서양에서부터 태평양에 이르기까지 샅샅이 뒤져보라. 단언하건대, 정통교리를 믿고 말씀을 조금씩 갉아먹는 복음주의 그리스도인은 많아도, 자신의 경제적 이득을 포기하면서까지 헌신할 복음주의 그리스도인은 거의 찾아보기 어려울 것이다. 대부분이 자신의 경제적 이득을 먼저 챙길 것이다.

사실 그들은 이런저런 모양으로 양심에 어긋나는 일을 하며 하나님 앞에서 부끄러운 삶을 살기도 했다. 그들은 양심의 가책을 전혀 느끼지 않기 위해 양심을 길들여 왔다. 사람의 발에 기대어 목을 가르랑거리도록 고양이를 길들이듯이 말이다. 하나님을 섬기는 일과 경제적 이익을 추구하는 일을 교묘하게 절충해온 사람이 무슨 양심의 가책을 느끼겠는가?

그렇다고 해서 그들이 십일조를 내지 않는다는 게 아니다. 내 말은 자신의 것을 포기할 생각이 그들에게 없다는 것이다. 그들은 모든 것을 잃을 수도 있는 입장에 처하는 것을 결코 받아들이지 않는다. 그러면서 "나는 하나님께서 내게 그런 것을 요구하신다고 생각하지 않습니다"라고 변명한다. 그리고 자신의 말을 합리화시킬 수 있는 논리를 이렇게 덧붙인다.

"내가 가진 것을 위험에 빠뜨려 모두 잃는다면 선교헌금조차 낼 수 없을 것입니다."

그리하여 타협이 이루어진다. 두루마리를 씹었지만 삼키지 않고 다시 뱉어낸다. 다시 말하지만, 두루마리를 삼켜서 뱃속 깊이 들어가게 하지 않고 단지 입으로만 씹을 때, 그것은 매우 달다.

자기의 경제적 이익이 눈앞에서 날아갈 것을 알면서도 그리스도를 위해 두루마리를 삼켜 뱃속 깊이 집어넣을 그리스도인 사업가가 얼마나 될까? 그리 많지 않을 것이다. 돈이 아주 많은 내 친한 친구들 중 상당수가 "내가 가진 모든 것은 주님께서 주신 것인데, 주님께서 주셨으므로 내가 갖고 있는 게 당연합니다"라고 말한다.

그리스도께 온전히 헌신하기 위해 자기의 혈족관계를 희생시킬 용의가 있는 사람이 있을까? 있다면 얼마나 될까? 어디에 있을까? 혈족관계를 희생한다는 것은 복음을 위해 가족과의 관계가 끊어지는 것을 감수한다는 의미이다.

지금도 세계의 어떤 지역들에서는 기독교로 개종하려면 부모와의 혈연, 전통적으로 내려온 금기(禁忌), 종족과의 유대를 끊고 다른 지역으로 떠나야 한다. 유대교의 어떤 분파(分派)에서는, 유대인이 회심하여 그리스도를 진심으로 믿고 자기의 메시아로 인정하면 그의 가족은 그의 장례식을 치러버린다. 그를 죽은 자로 간주하고 그의 이름을 다시 입에 올리지 않으며 그와 소통하지 않는다. 기독교로 개종한 사람은 그를 낳아준 어머니, 그를 기르기 위해 손에 굳은살이 박이도록 열심히 일한 아버지와 이별하고 집을 나와 다시는 그들을 보지 않게 된다. 그렇게까지 하는 것이 온전한 헌신이다.

오늘날 미국의 복음주의 그리스도인들은 그렇게까지는 하지 않을 것이다. 오히려 그런 것을 가리켜 '아주 황당하고 약간은 광신적'이라고 평할 것이다. 우리가 받아들이는 것은 그리스도를 믿고 즐거운 공동체에 참여하고 몇 가지 선한 신앙적 습관을 만드는 것이다. 그런 다음, 다른 문제들에서는 좋은 게 좋다는 식으로 편하게 산다. 우리의 경우, 혈연을 희생하는 것은 상상하기도 힘들다.

어떤 남자는 "예수 그리스도께 헌신하고 싶지만 그럴 수 없습니다. 가정을 깨뜨릴 수 없기 때문입니다"라고 말한다. 어떤 여자는 "제 남편이 허락만 한다면 저를 그리스도께 온전히 바치겠지만, 만일 그러면 남편의 가혹한 핍박이 닥칠 것입니다"라고 말한다. 이들은 "예수님께 제 삶을 다 드리고 싶지만, 만일 그렇게 하면 저는 집을 떠나야 합니다"라고 말한다. 이렇게 말하는 사람들은 두루마리를 삼키지 않고 조금씩 갉아먹는 것이다.

그리스도를 믿는 것과 우정 중에서 양자택일해야 한다면 어떻게 될까? 우정은 아름다운 것이다. 친구간이었던 헨리 데이빗 소로우(Henry David Thoreau, 1817~1862. 미국의 시인, 철학자 및 노예폐지론자)와 R. W. 에머슨(Ralph Waldo Emerson, 1803~1882. 미국의 사상가 및 시인)은 우정에 대해 각각 이런 글을 썼다. 에머슨은 "당신이 어떤 사람을 위해 무엇인가를 해줄 수 있다면 그가 당신의 친구이다"라고 말했다. 한편 소로우는 "어떤 사람이 당신을 위해 무엇인가를 해줄 수 있다면 그가 당신의 친구이다"라고 말했다. 두 사람은 우정을 바라보는 시각이 이렇게 많이 달랐다.

그런데 우정을 어떻게 정의하든 간에, 그리스도를 위해 친구를 버릴 수도 있는 사람이 얼마나 될까? 그리스도를 위해 자기의 안락함을 버릴 수 있는 사람은 얼마나 될까? 자신의 건강을 희생할 정도로 예수님께 헌신하는 사람이 있을까? 세상적인 것들을 얻기 위해 건강을 해치는 경우는 있지만 그리스도를 위해 그러는 사람이 있을까?

술을 지나치게 많이 마시는 바람에 뒷골목에 누워버리는 사람은 있다. 콜레스테롤이 혈관에 가득 찰 때까지 과식하는 사람은 있다. 하지만 신앙의 문제로 넘어오면 사람들은 "잠깐만요. 지나치게 믿으면 광신 아닌가요? 나더러 광신자가 되라는 것은 아니겠죠?"라고 말한다. 예수 그리스도의 말씀을 지극히 진지하게 받아들이는 사람, 즉 그분의 말씀을 믿고 어디든지 그분을 따라가는 사람이 사람들의 눈에는 광신자로 보이는 것이다.

그러나 예수님은 건강을 해치는 것도 마다하지 않으셨다. 어떤 자들이 그분께 와서 "당신께 일어날 일을 모르십니까? 조심하지 않으면 저들에게 죽임을 당할 것입니다. 저 늙은이 헤롯이 지금 당신을 찾고 있습니다"라고 말했을 때 그분은 "가서 저 늙은 여우 헤롯에게 말하라. 내가 한동안 머물 것이라고. 여전히 여기에 있을 것이라고 전하라"고 대답하셨다(눅 13장 참조). 말 그대로 그분은 자신의 건강뿐 아니라 생명까지도 위험에 내맡기셨다. 불의한 자들을 위해 죽음을 선택하심으로써 우리를 하나님께로 이끌기 원하셨다.

두루마리를 삼킬 준비가 되었는가?

하나님의 사람은 두루마리에 담긴 영양으로 혈색이 좋아질 때까지 그 두루마리를 씹고 삼키고 소화시키고 영혼 안에 흡수시켜야 한다. 사람들이 그를 상대하는 것을 부담스럽게 느낄 정도까지 그는 말씀으로 충만해야 한다. 사람들이 그에게 손가락을 대면 그 손가락을 통해 오직 말씀이 흘러나와 그들에게 충격을 줄 수 있어야 한다.

하나님의 백성은 그분의 말씀에 들어 있는 어려운 진리들까지 섭취하여 실천에 옮기라고 부름 받았다. 하지만 우리는 성경의 단맛 나는 부분만을 섭취하면서 "성경 말씀이 이렇게 좋을 수가 있나! 정말 달콤한 책이다!"라고 감격한다. 새로운 역본이 나왔다는 소식이 들리면 재빨리 달려가 새 역본을 구입해서 그 맛의 미묘한 차이를 조금 더 느낀다. 그렇지만 성경이 우리를 바꾸도록 허락하지는 않는다.

교회에는 부흥이 필요하다

부흥이 언제 일어나는가? 교회나 기독교 단체에 속한 사람 중 대다수가 어떤 대가를 치르더라도 두루마리를 삼켜 삶에 철저히 적용하겠다고 결심할 때 일어난다. 그들은 하나님 앞에서 갖게 되는 엄숙한 시간에 성경 말씀을 씹고 삼켜 뱃속으로 집어넣어 완전히 뿌리를 내리게 하겠다고, 말씀에 저항하는 것을 모두 제거하겠다고 결심한다. 그러면 말씀이 자기의 일을 할 것이다. 그들에게 영향을 미칠 것이다. 그것이 그들에게 제2의 천성이 되고 그들을 지배하게 될 것이다. 그러면 하나님께서 그렇게 변한 그들을 보시고 성령을 부어주실 것이다.

오늘날 우리가 빠져 있는 위험은 전능하신 아버지 하나님께서 우리의 복음주의적 신조 때문에 우리를 기뻐하실 것이라고 믿는 것이다. 그러나 단지 복음주의적 신조를 붙들고 있는 것은 두루마리의 단맛 나는 부분만을 갉아먹는 것일 수도 있다. 이렇게 하는 사람들은 두루마리를 삼켜 뱃속 깊이 집어넣는 것이 아니다. 성경 말씀을 삼켜야 우리와 우리의 삶이 변한다. 말씀을 뱃속 깊이 집어넣어야 나만의 안정을 포기하고 십자가를 지고 그리스도의 담대한 병사로 변하게 된다. 그리고 필요하다면 순교까지 하게 된다.

나는 하나님께서 이제까지 달콤한 책을 갉아먹기만 했던 사람들을 불쌍히 여기시기를 바란다. 50년 동안 말씀의 영양분을 얻지 못한 채 굶주리고 있는 사람들을 찾아가셔서 그들에게 은혜의 기적을 베푸시길 간절히 원한다. 그분이 갈한 자들에게 물을 부어주시고 마른 땅에 단비를 풍성히 내려주시길 구한다.

나는 그 누구도 비난하고 싶지 않다. 사실 나는 내 자신을 걱정하고 내 마음의 상태에 신경 쓰지 않을 수 없다. 오해하지 말라. 내가 나의 칭의, 구원, 영생에 대해 걱정한다는 말이 아니다. 내가 걱정하는 것은 '나는 과연 철저히 말씀대로 살고 있는가' 하는 것이다. 예를 들어, 내 수입이 하루아침에 다 끊어진다 할지라도, 내가 하나님께 감사하면서 어떻게든 믿음의 길을 향해 나갈 정도로 말씀 위에 서 있는가 하는 것이다. 내 친구들이 모두 나를 버리고 떠나도, 내가 하늘을 쳐다보며 하나님께 감사하면서 어떻게든 믿음의 길을 흔들림 없이 갈 수 있는가 하는 것이다. 내 건강이 갑자기 악화된다 할지라도, 그분을 바라보며 평안 중에 전진할 수 있겠는가 하는 것이다.

우리에게는 부흥이 필요하다. 즉, 모든 것을 바꾸어놓을 영적 개혁이 필요하다. 우리는 두루마리를 씹어 삼켜야 한다. 다시 토해내지 않을 정도로 완전히 뱃속 깊이 집어넣어야 한다. 도피할 곳이 없을 정도까지, 타협의 길을 차단할 정도까지, 지나온 다리를 불살라 다시 돌아갈 수 없게 만들 정도까지, 변명을 입에 올리지 않을 정도까지, 그리스도를 위한 헌신에 조금도 금이 가지 않을 정도까지 이르러야 한다.

이렇게 되려면 쓴맛을 보는 일은 불가피하다. 하나님을 미워하는 세상에서, 예수님을 십자가에 못 박고도 회개하지 않는 세상에서 어찌 쓴맛을 보지 않을 수 있을까? 장사꾼들이 예수님의 생일에 막대한 돈을 벌면서도 그분의 좁은 길을 따라갈 생각은 추호도 하지 않는 이런 세상에서 우리가 쓴맛을 보는 것은 당연하다. 이 세상은 그런 곳이다.

주님이 우리를 부르신 것은 신령한 백성, 경건한 백성, 헌신하는 백성, 예배하는 백성, 그분의 소유로 구별된 백성, 그리고 세상과 구별되는 백성이 되도록 하기 위함이다. 그분의 말씀이 우리를 이런 백성으로 변화시키도록 순종할 마음이 우리에게 있는가?

나는 하나님의 거룩한 책을 사랑하오
어떤 다른 책이 그 자리를 대신하리오

성도가 있을 곳을 그 책이 내게 보여주고
내게 날개를 주며 날아오르라고 명한다오

오, 사랑스런 책이여!
그대 안에서 내 눈은
이곳에 계시지 않은 내 주님의 형상을 보고
그분의 임재가 줄 기쁨을
그대의 가르침에서 배운다오

내가 이 땅에 머물 동안
그대가 그분의 자리를 대신하고
그분의 사랑을 내게 말해줄 것이니
나는 믿음의 분별의 눈으로 그대를 보고
천상의 기쁨에 참여할 것이라오

_ 토머스 켈리(Thomas Kelly, 1769~1855)
　거룩한 책

여호와여 주의 말씀대로 주의 인자하심과
주의 구원을 내게 임하게 하소서
시 119:41

God's power
for your life

PART 3

말씀이
우리의 능력이다

CHAPTER 13   **God's power** *for your life*

그리스도인의
영적 능력의 사다리

오, 영원하신 진리의 하나님! 제가 주님 앞에 와 엎드립니다. 지쳤을 때 주님의 말씀이 저의 바위요 반석이 되십니다. 제가 주님을 믿고 의지하며, 매일매일의 은혜를 주님께 구합니다. 주님의 약속들이 세대마다 성실히 지켜졌으므로 주님의 말씀의 성실함에 제 삶을 의탁합니다. 주님의 약속들이 정원의 꽃처럼 주 임재의 향기를 제 삶에 가득 채웁니다.

내가 볼 때, 그리스도인의 삶에 있어서 가장 놀라운 점은 나와 하나님 사이의 인격적 관계가 예수 그리스도를 통해 점점 더 성장한다는 것이다. 하지만 유감스럽게도, 내가 '영적 능력의 사다리'라고 부르는 영적 성장을 경험하는 그리스도인이 얼마 되지 않는다는 증거가 너무 많다. 그런데 하나님을 알고 우리의 삶을 향한 그분의 계획을 이루어드릴 수 있는 능력을 더욱 키우려면 성령을 통해 주어진 하나님의 약속을 알아야 한다.

'영적 능력의 사다리'라는 내 표현에서 '사다리'의 비유는 야곱의 환상에서 빌려온 것이다. 젊은 야곱은 아버지에게 거짓말을 하고 형을 속여 장자의 축복을 빼앗은 후 도망가다가 어느 날 밤 환상을 보게 되었다. 그가 그날 밤 주님을 만난 사건은 하나님에 대한 그의 개념을 완전히 바꾸어놓았다. 우리는 이 사건을 가리켜 '야곱의 사다리'라고 부른다.

그날 밤의 체험 속에서 야곱은 하나님의 약속을 통해 능력을 받게 되는데, 그 약속은 그가 죽는 날까지 간직할 약속이었다. 이 사건의 기록을 성경에서 읽어보자.

"꿈에 본즉 사닥다리가 땅 위에 서 있는데 그 꼭대기가 하늘에 닿았고 또 본즉 하나님의 사자들이 그 위에서 오르락내리락 하고 또 본즉 여호와께서 그 위에 서서 이르시되 나는 여호와니 너의 조부 아브라함의 하나님이요 이삭의 하나님이라 네가 누워 있는 땅을 내가 너와 네 자손에게 주리니 네 자손이 땅의 티끌같이 되어 네가 서쪽과 동쪽과 북쪽과 남쪽으로 퍼져나갈지며 땅의 모든 족속이 너와 네 자손으로 말미암아 복을 받으리라 내가 너와 함께 있어 네가 어디로 가든지 너를 지키며 너를 이끌어 이 땅으로 돌아오게 할지라 내가 네게 허락한 것을 다 이루기까지 너를 떠나지 아니하리라 하신지라"(창 28:12-15).

삶의 모든 것은 약속에 근거해서 이루어진다. 예를 들면 집이나 자동차를 담보로 한 은행대출, 당신의 직업, 심지어 결혼 관계가 모두 약속이다. 이런 것들뿐만 아니라 삶의 다른 많은 부분이 약속에 근거해 진행된다. 모든 관계가 약속의 기초 위에 세워지며, 약속이 깨어지면 문제가 생긴다.

우리를 위한 하나님의 약속을 이해하라

성경에 의하면, 하나님은 그분의 백성에게 세 가지 종류의 약속을 하신다.

첫째, 제한된 약속이 있다. 이것은 모든 이에게 적용되지 않고 특정 그룹의 사람들에게 적용된다. 하나님은 오직 이스라엘 민족에게만 해당되는 약속들을 이스라엘과 맺으셨다. 또 그분은 이스라엘 민족에 속한 각각의 지파들에게 서로 다른 약속들을 주셨다.

둘째, 모든 사람에게 적용되는 하나님의 일반적 약속들이 있다. 이런 약속 중 하나는 그분이 구원과 관련하여 세우신 약속이다. 구원은 만인에게, 즉 유대인과 이방인에게 모두 주어질 수 있다. 누구나 이 약속의 수혜자가 될 수 있다.

셋째, 개인에게 주어지는 특정 약속들이 있다. 특히 구약을 연구하다 보면 하나님께서 때로 특정한 목적을 위해 개인들에게 특정한 약속을 주시곤 했다는 것을 알게 된다. 예를 들어 사사기 6장에 나오는 기드온과 그의 양털에 관한 기록을 보자. 하나님은 기드온이 아닌 어떤 다른 사람에게도 적용될 수 없는 약속을 그에게 주셨다.

우리는 "성경의 모든 약속이 내 것일세, 내 것일세, 내 것일세. 한 장 한 장 모두가, 한 절 한 절 모두가, 한 줄 한 줄 모두가 내 것일세"라는 찬양을 부른다. 이것은 아름다운 찬양이지만 이 가사가 정확한 것은 아니다. 성경의 모든 약속들이 내게 적용되는 것은 아니기 때문이다.

당신은 이 말에 동의하지 않는가? 그렇다면 당신은 다음 주일 아침에 교회의 모든 여자들을 불러놓고 "하나님은 아기를 임신할 수 있는 나이를 훨씬 넘긴 사라에게 출산의 약속을 주셨습니다. 여러분도 이 약속을 붙들고 기도하시기 바랍니다"라고 소리칠 셈인가? 만일 그렇게 한다면 황당한 일이 될 것이다. 사라가 하나님께 받은 약속은 특정인에게 주어진 특별한 약속이므로 모든 이에게 적용될 수 없다.

나는 늘 자신에게 "성경의 모든 것이 '나를 위한' 것이지만 성경의 모든 것이 '나와 관계된' 것은 아니다"라고 상기시킨다. 그러므로 하나님께서 지금 내게 무엇이라고 말씀하시는지를 깨달을 수 있는 영적 분별력이 내게 필요하다.

나는 성경 전체, 즉 성경의 모든 장(章)과 모든 절과 모든 단어를 하나님의 말씀으로 받아들인다. 하지만 성경의 어떤 것들은 내게 개인적으로 적용되지 않는다. 성령의 인도를 따라 성경의 무수한 약속들을 살펴볼 때 나를 향한 약속들을 발견하게 되는 것이다. 나를 인도하시는 성령의 성실하심이 없다면 그 무수한 약속들은 나를 혼란에 빠뜨리는 거대한 미로(迷路)가 될 수도 있다.

그러므로 우리는 이렇게 물어야 한다.

"하나님의 약속의 목적은 무엇인가? 그분의 약속이 나와 그분 사이의 관계에 어떤 영향을 미치는가? 내가 날마다 그분과 동행하는 것에 어떤 영향을 미치는가?"

우리가 그분에 대하여 알아야 할 모든 것을 그분의 약속이 드러내준다는 것을 명심하라. 그런데 우리가 명심해야 할 더욱 중요한 것은, 하나님께서 우리가 어떤 존재가 되기를 원하시는지를 그분의 약속이 드러내준다는 것이다.

약속에 대해 판단하는 첫걸음은 그 약속 뒤에 누가 있느냐를 아는 것이다. 약속의 유효성은 그 약속을 한 자의 성실성에 의해 좌우된다.

"약속한 자가 그의 약속대로 행할 능력이 있는가? 그의 약속을 볼 때 우리가 그에 대해 무엇을 알 수 있는가?"

이런 질문들이 중요하다. 누구든지 당신에게 무엇이라도 약속할 수 있을 것이다. 하지만 그 약속을 한 사람이 그의 약속대로 이행할 능력이 있을 때에만 그 약속은 유효하다. 하나님은 우리에게 주신 약속대로 행할 능력이 있으실 뿐만 아니라 그 약속대로 행하기를 원하신다.

세상의 종교들은 약속을 많이 내놓는다. 하지만 역사는 그들이 자신이 호언장담한 대로 행하지 못했다는 것을 증명해준다. 당신의 마음이 내키는 대로 한 종교를 골라서 그것의 약속들을 조사해보라. 그러면 그들이 공수표(空手票)를 남발했다는 것을 알게 될 것이다.

그러나 그리스도께서는 그분의 약속 하나하나를 모두 지키셨다. 그렇기 때문에 하나님의 약속은 우리에게 기쁨을 준다. 내가 그리스도와 동행할 때 그분의 약속들이 반드시 필요한 이유는 그분의 약속이 공수표가 아니기 때문이다.

야곱이 환상 속에서 본 사다리는 땅에서 하늘까지 뻗어 있었다. 다시 말해서, 야곱이 있었던 곳에서 하나님이 계신 곳까지 뻗어 있었다. 이와 마찬가지로 하나님의 약속은 우리를 그분의 존전으로 더욱 가까이 이끌어준다. 성경은 야곱이 깨닫게 된 것에 대해 이렇게 기록한다.

"야곱이 잠이 깨어 이르되 여호와께서 과연 여기 계시거늘 내가 알지 못하였도다"(창 28:16).

하나님의 약속은 하나님의 속성을 드러낸다

창세기부터 요한계시록까지에서 발견되는 하나님의 약속을 살펴보라. 그러면 모든 약속 뒤에 그분의 계획이 있다는 걸 알게 될 것이다. 그분은 변덕스런 기분에 따라 약속하시지 않는다. 그분의 백성이 자기만족에 빠져 희희낙락하도록 그때그때 아무렇게나 약속을 남발하시는 것이 아니다. 그분의 약속은 그분의 계획에 따라 주어지기에 우리에게 큰 힘이 된다. 그분의 약속을 받아들일 때 그리스도인들의 삶은 이전에 체험하지 못했던 영적 능력의 높은 수준까지 오르게 될 것이다.

하나님의 약속을 깊이 들여다보다면 두 가지 사실을 발견하게 된다. 첫째, 그분의 모든 약속은 그분의 본질과 성품이 어떤지를 말해준다. 하나님은 그분의 백성이 그분의 본질과 성품을 알기를 굉장히 원하신다.

많은 이들이 하나님에 대해 알기를 원한다. 그런데 문제는 그분이 자신을 계시하기 원하시는 대로 그분을 알기 원하는 사람이 별로 없다는 것이다. 하나님께서 존재하신다는 것을 알거나 '나를 좋아하시는 어떤 분'이 저 위에 계시다고 믿는 것만으로는 부족하다. 그 하나님을 그분이 원하시는 깊은 차원에서 아는 것이 반드시 필요하다.

하나님의 약속은 예배하는 사람에게 그분을 드러내주는데, 이것이 그분의 모든 자기 계시의 핵심이다. 하나님은 알려지기를 좋아하신다. 그러므로 모든 신자는 날마다 그분을 깊이 알기를 갈망해야 한다.

내 말의 의미를 좀 더 분명히 하기 위해 예를 좀 들어보자. 베드로는 "너희 염려를 다 주께 맡기라 이는 그가 너희를 돌보심이라"(벧전 5:7)라는 약속을 우리에게 전한다. 이 약속이 하나님에 대해 우리에게 무엇을 말해주는가? 그분이 자신에 대해 계시하기를 원하시는 것에 대해 이 약속은 무엇이라고 가르치는가?

이 약속은 그분이 우리의 매일매일의 짐에 깊은 관심을 갖고 계시다는 걸 말해준다. 그분은 우리 일상의 복잡한 일들에 깊은 관심을 갖고 계시다. 그분은 우리가 절망이나 위험에 빠지는 위기의 때에만 관심을 가지시는 것이 아니다. 물론, 우리의 삶이 위기에 처했을 때도 당연히 관심을 가지시지만 그것이 전부는 아니라는 말이다. 베드로전서 5장 7절에 의하면, 그분은 우리의 일상적인 관심과 걱정을 함께 나눌 만큼 우리와 깊이 교제하기를 원하신다! 그렇기에 우리는 그분 앞에서 편안함을 느낄 뿐만 아니라 그분의 임재를 전심으로 찾게 된다. 베드로전서 5장 7절의 약속은 그리스도인이 온 마음으로 받아들여야 할 약속이다.

다른 예를 생각해보자. 이것은 요한일서에 나오는 "만일 우리가 우리 죄를 자백하면 그는 미쁘시고 의로우사 우리 죄를 사하시며 우리를 모든 불의에서 깨끗하게 하실 것이요"(요일 1:9)라는 약속이다. 이것은 아주 분명한 하나님의 약속이다. 이 약속은 하나님에 대해 무엇을 계시해주는가? 이 구절을 통해 그분은 자신에 대해 무엇이라고 말씀하기 원하시는가?

아마도 이 말씀은 우리에게 가장 놀라운 하나님의 마음을 드러낸다고 할 수 있을 것이다. 이 말씀은 용서의 하나님을 증언한다! 그분은 미쁘시고 의로우사 우리 죄를 사하신다. 그분이 우리를 용서하시는 것은 일시적 기분 때문이 아니다. 내일이면 변할 수도 있는 변덕스러움 때문이 아니다. 그분의 용서는 "나 여호와는 변하지 아니하나니"(말 3:6)라고 말씀하신 그분의 불변의 성품과 본질에 기인한다.

그분이 용서할 수 없는 죄는 없다. 그분은 그분의 용서의 능력이 죄를 지을 수 있는 우리의 능력보다 더 크다는 것을 우리에게 계시해주기를 원하신다. 뿐만 아니라, 누구든지 주 예수 그리스도를 통해 그분의 용서의 수혜자가 될 수 있다고 말씀해주기 원하신다.

다른 예를 하나 더 들어보자. 이 약속은 잠언에 나온다.

"너는 마음을 다하여 여호와를 신뢰하고 네 명철을 의지하지 말라 너는 범사에 그를 인정하라 그리하면 네 길을 지도하시리라"(잠 3:5,6).

하나님께서 이 놀라운 약속을 통해 우리에게 알려주기 원하시는 그분의 마음은 무엇인가? 그분은 우리가 가는 인생길에 개인적으로 깊은 관심을 갖고 계시다! 그분은 우리의 길을 지도해주기 원하신다. 그분이 우리의 길을 지도해주신다면 우리는 올바른 방향으로, 올바른 길을 가고 있다는 확신을 얻을 수 있다. 그분은 내가 생활 속에서 날마다 내딛는 한 걸음 한 걸음에 개인적인 관심을 갖고 계시다. 그렇기에 내 삶의 큰 방향을 그분께 안심하고 맡길 수 있다는 것이 이 구절의 교훈이다. 그분은 나를 실망시키지 않으실 것이고, 나를 잘못된 방향으로 이끌지 않으실 것이다.

이제까지 살펴본 것들과 같은 약속들은 얼마든지 있다. 이런 각각의 약속들은 하나님께서 우리에게 알려주기 원하시는 그분의 본질과 성품에 대한 계시이다. 이런 약속들을 깊이 연구하면 우리의 본질에 반영되어 있는 그분의 본질의 이런저런 면들을 알게 될 것이다.

그분의 이런 약속들을 깊이 묵상할 때 나는 온 인류뿐만 아니라 특별히 나를 향한 그분의 마음과 열정을 이해하게 된다. 그분의 말씀에 담긴 약속들을 연구할 때 나는 단지 학문적 지식만이 아니라 하나님께서 내게 알려주기 원하시는 것을 성령의 인도하심으로 깨닫게 된다. 하나님의 뜻대로 그분을 알아가는 것이 얼마나 큰 기쁨인지! 나는 그분이 어떤 분이신가에 대해 세상이 내게 알려주기를 원치 않는다. 심지어 종교가 그분에 대해 알려주는 것도 원치 않는다. 내가 원하는 것은 그분이 내게 주신 정말로 귀하고 위대한 약속들을 통해 성령께서 하나님을 알려주시는 것이다.

하나님의 약속은 그분의 기대를 보여준다

하나님의 약속들에 담긴 또 다른 측면은 그분이 우리에게 무엇을 원하시는지를 알려준다는 것이다. 그분의 약속들은 우리가 어떤 존재가 되어야 하는지, 무엇을 해야 하는지, 어떻게 변해야 하는지를 알려준다. 그분이 우리에게 무엇을 원하시는지 우리가 추측할 필요가 없다. 이 세상에서 그분이 우리에게 무엇을 원하셨는지 알기 위해 저 세상에 갈 때까지 기다릴 필요가 없다. 그분의 약속들을 통해 성령께서는 우리의 삶을 향한 그분의 기대를 알려주신다.

그렇다면 앞에서 하나님의 성품과 본질을 알기 위해 예로 들었던 약속들을 다시 살펴보자. 이 약속들은 그분이 우리에게 무엇을 원하시는지를 말해준다.

첫 번째 예를 생각해보자.

"너희 염려를 다 주께 맡기라 이는 그가 너희를 돌보심이라"(벧전 5:7).

이 약속은 나를 향한 하나님의 요구에 대해 무엇이라고 가르쳐주는가? 이 약속의 말씀에 따르면, 하나님은 우리가 모든 염려를 그분께 맡기기를 원하신다. 다시 말해서, 내 짐을 내가 지고 다니는 것이 아니라 완전히 그분께 넘기기를 원하신다. 예수님이 "나의 멍에를 메고 내게 배우라"(마 11:29)라고 말씀하셨다는 것을 기억하라.

존 번연의 고전 작품 《천로역정》에 나오는 순례자처럼 자기의 짐을 자기가 지고 그리스도인의 길을 가려는 사람이 우리 중 얼마나 많을까? 이 순례자처럼 우리는 세상살이에 필연적으로 따르는 온갖 염려에 눌려 있다. 모든 염려는 다른 염려들까지 추가적으로 끌어다가 우리에게 붙이는 자석 같다. 그러나 이 약속의 말씀에 의하면, 하나님은 우리의 모든 근심 걱정을 그분께 넘겨드리기를 원하신다.

많은 그리스도인이 이런 하나님의 뜻을 깨닫지 못하고 있는 것을 보실 때 그분의 마음이 얼마나 슬프실까? 우리가 쓸데없이 우리의 짐을 지고 비틀거리다가 넘어지는 것을 보실 때 그분의 마음은 또 얼마나 아프실까?

요한일서의 약속도 다시 살펴보자.

"만일 우리가 우리 죄를 자백하면 그는 미쁘시고 의로우사 우리 죄를 사하시며 우리를 모든 불의에서 깨끗하게 하실 것이요"(요일 1:9).

이 말씀은 우리를 향한 하나님의 기대에 대해 무엇이라고 가르치는가? 아주 간단히 말해서, 그분은 우리가 죄를 고백하기를 원하신다. 우리의 잘못을 무엇이라고 부르든 간에, 즉 그것을 실패, 결함, 실수 또는 부족함 중 무엇이라고 표현하든 간에 그분은 우리가 그것을 자백하기를 원하신다. 우리가 친구나 친척에게는 무엇이든지 숨길 수 있겠지만 그분께는 숨길 수 없다. 사실 일부 성경역본들에 따르면, 요한일서 1장 9절에는 "우리는 우리의 삶 속에서 무엇이 죄(罪)인지에 대한 그분의 견해를 받아들여야 한다"라는 뉘앙스가 담겨 있다고 한다. 이 구절의 약속에 따르면 하나님께서는 우리 삶의 문제들에 대해 우리가 그분께 솔직해지기를 원하신다. 그분에 대해 더 많이 알게 될수록 우리는 더욱 그분을 의지하고 그분께 우리의 잘못을 고하게 된다.

하나님의 뜻에 따라 죄를 고백한 사람들은 하나님께 능력을 얻어 하나님을 위한 삶을 살 수 있게 되었다. 그분이 우리에게 원하시는 것은 죄의 고백만이 아니다. 그분은 우리가 용서받은 기쁨으로 충만하여 살아가기를 원하신다. 이것을 잘 알았던 사람 중 하나는 구약에 나오는 요셉이다. 그는 그에게 악을 행했던 형제들에게 "당신들은 나를 해하려 하였으나 하나님은"(창 50:20)이라고 말했다. 이 '~하였으나 하나님은'(but God)이라는 것이 모든 것을 바꾸어놓는다.

또한 잠언의 약속을 보자.

"너는 마음을 다하여 여호와를 신뢰하고 네 명철을 의지하지 말라 너는 범사에 그를 인정하라 그리하면 네 길을 지도하시리라"(잠 3:5,6).

이 말씀에 의하면, 하나님은 내가 어떤 문제에서도 나 자신을 의지하지 않고 오직 그분을 믿고 의지하기를 원하신다. 우리는 그분이 어떻게 행하실 것인지를 미리 추측해서는 안 된다. 우리의 계획표를 그분께 강요해서도 안 된다. 우리가 할 일은 삶의 모든 문제를 그분께 맡기는 것이다. 이것이 그분이 우리에게 원하시는 것이다. 내가 내 삶의 방향을 스스로 찾는 것은 그분의 뜻이 아니다. 그분이 내게 원하시는 것은 내 미래를 그분께 완전히 맡겨드리고 그분의 지혜를 신뢰하는 것이다. 왜냐하면 그분은 일을 시작하실 때 이미 그 일의 끝을 알고 계시기 때문이다.

그런데 그분을 온전히 신뢰하는 것이 왜 그토록 힘든가? 이유는 간단하다. 성령께서 하나님의 뜻에 따라 그분을 우리에게 드러내시도록 우리가 허락하지 않았기 때문이다. 만일 우리가 성령께 순종한다면 성령은 하나님의 약속들과 관계된 부분에서 그분의 지도력을 성실히 발휘하실 것이다. 만일 우리가 성령께 순종한다면 성령은 하나님의 뜻에 따라 그분을 우리에게 보여주실 것이고, 우리는 그분을 알 때 기쁨을 느낄 것이다.

자신의 삶을 하나님의 약속들과 조화시키는 사람은 그분의 마음속으로 들어가는 길을 이해하게 된다. 야곱의 사다리가 그분을 향해 하늘로 올라갔듯이 그분의 약속들도 우리를 그분의 마음 안으로 이끌어준다. 그분의 약속들은 우리를 그분의 뜻대로 온전히 변화시키는 능력을 발휘한다. 자신을 계시하기 원하시는 그분이 누구이시고 어떤 분이신지를 우리가 알게 된다면 그분이 날마다 우리 삶에서 무엇을 원하시는지를 알게 된다.

그리스도인의 삶에서 생기는 모든 문제는 그분의 약속들을 잘못 이해한 결과이다. 많은 사람들이 그분의 약속들을 보지만 그것의 표면적 의미만을 본다. 바꿔 말하자면, 하나님께서 그들에게 알려주기 원하시는 깊은 의미를 보지 못한다. 오늘날 복음주의 기독교가 이토록 무력한 상태에 빠져 있는 이유는 하나님의 약속들의 중요성을 그분의 시각에서 보지 못하기 때문이다.

많은 이들이 이 시대의 풍조, 첨단기술, 얄팍한 요령들, 그리고 이런저런 하찮은 것들에 사로잡혀 있기 때문에 날마다 우리 삶 속에 계시는 하나님을 보지 못한다. 삶 속에서 그분의 임재를 보려면 그분이 주신 약속들을 보아야 한다. 인간은 우리의 마음을 사로잡는 것에 이끌리기 마련이다. 그렇기 때문에 나는 하나님과 그분의 아름다운 영광에만 사로잡히게 해달라고 기도한다.

주님, 당신의 말씀은
밝은 빛깔의 아름다운 꽃이 가득한 동산 같습니다
원하는 이는 모두 거기서
예쁜 꽃송이를 딸 수 있습니다
당신의 말씀은 깊고 깊은 광산 같습니다
그 깊은 곳에 숨겨진
진귀하고 풍성한 보석이
자신을 발견해주길 기다리고 있습니다

당신의 말씀은 별무리 같습니다
천 개의 별빛이 나타나
여행자들을 이끌어주고
그들의 길을 밝혀줍니다
당신의 말씀은 병기고 같습니다
거기서 병사들이
생명을 건 전투의 날에 대비해
필요한 모든 무기를
갖추고 수리합니다

오, 제가 당신의 귀한 말씀을 사모하고
말씀의 광산을 깊이 파고

말씀의 향기로운 꽃을 모으게 하소서
말씀의 빛을 제게 비추어주소서
오, 말씀의 병기고에서
무기를 갖추게 하소서
당신의 말씀은 제가 믿는 검입니다
주님을 위해 모든 원수에 맞서
싸우는 법을 배우게 하소서

_ 에드윈 호더(Edwin Hodder, 1837~1904)
　주님의 말씀은 동산 같습니다

CHAPTER **14** God's power for your life

말씀의 능력이
나타나게 하라

오, 하나님! 저 높은 하늘을 볼 때 주님을 향한 찬양과 경배로 제 가슴이 뛰는 것은 주께서 저 같은 사람을 굽어 살펴주셨기 때문입니다. 제 안에 선한 것이 전혀 없지만 주님이 큰 관심을 가지고 제 마음을 살펴주십니다. 저를 향한 주님의 사랑과 기쁨을 주님의 영이 제게 보여주셨으니, 이는 오직 주님의 영만이 하실 수 있는 일입니다.

우리에게 최초로 주어진 성경은 하나님께서 쓰신 것이다. 그러므로 그것은 참된 진리를 담고 있는, 믿을 만한 원전(原典)이다. 이 원전에 있는 모든 것은 참되다. 하지만 참된 것이 모두 이 원전에 들어 있는 것은 아니다. 당신은 성경이 가르치는 모든 것을 받아들여도 된다. 하지만 모든 것을 성경에서 배울 수는 없다. 왜냐하면 성경은 모든 것을 가르쳐주는 책이 아니기 때문이다. 성경은 자기가 모든 것을 가르쳐주겠다고 주장하지도 않는다. 성경은 구원과 관계된 것을 가르쳐준다! 성경이 관심을 갖는 것은 죄와 죽음에서의 구원, 도덕적 회복, 그리고 영적 중생(重生)이다.

성경의 목적은 우리를 유용하고 옳은 사람으로 만들고, 장성한 그리스도인의 성숙함까지 이끌어주며, 영원한 천국에 이르는 영적 여정을 준비시키는 것이다. 성경은 이런 것들에 관심을 갖지만 기하학 같은 것에는 관심이 없다. 즉 성경을 읽어도 기하학을 배울 수는 없다. 하지만 "하나님이 세상을 이처럼 사랑하사 독생자를 주셨으니"(요 3:16)라는 진리를 배울 수 있다. 파이를 굽거나 로켓을 쏘아 올리는 기술을 성경에서 배울 수는 없지만 "사람이 거듭나지 아니하면 하나님의 나라를 볼 수 없느니라"(요 3:3)라는 말씀을 들을 수 있다.

우리가 죄에서 구원 얻고 거듭나고 도덕적으로나 영적으로 회복되고 주의 날에 대비하기 위해 알아야 할 진리가 성경에 들어 있다. 그렇다! 이 모든 것이 성경에 있다. 그렇기 때문에 나는 성경이 우리 삶을 위한 유일한 원전이라고 말하는 것이다. 즉 성경은 우리의 구원과 관계 있는 것들에 대해 최종적이고 참된 정보를 제공하는 유일한 원전이다.

발견 가능한 진리와 발견 불가능한 진리

우리가 성경에서 보게 되는 진리들 중에는 '계시로서의 진리들'이 있다. '계시'는 전에 알려지지 않았던 진리들을 드러내는 것이다. 이처럼 전에 알려지지 않았다가 계시를 통해서 알려진 진리들은 발견 불가능한 진리이다.

반면 발견이 가능한 것들이 있다. 과학자들은 원자(atom)를 발견했다. 그리스도께서 오시기 1세기 전에 루크레티우스라는 사람은 그의 책 《사물의 본성에 관하여》(On the Nature of Things)에서 '원자'라는 것이 있다고 주장했다. 그는 모든 물질의 구성요소가 되는 작고 단단한 조각이 있는데, 콘크리트 건물을 구성하는 작은 모래와 시멘트 같은 이것이 원자라고 했다. 우리가 어떤 물질을 분해하면 작은 입자들이 생긴다. 루크레티우스는 현대적 과학기술과 정보의 도움을 받지는 못했지만 원자에 관한 진리에 근접하는 개가를 올렸다.

분자구조나 분자구조의 성질을 가진 물질은 발견 가능한 것이다. 성경에 나오는 진리들 중 일부도 발견 가능한 것들이 있다. 성경이 하나님의 영감으로 기록된 것이 사실이고, 성경의 등장인물들이 그분의 감동으로 예언한 것도 사실이지만 그들의 일부 예언들은 발견 가능한 것이었다. 이에 대한 예가 다음과 같은 다윗의 시편이다.

"주의 손가락으로 만드신 주의 하늘과 주께서 베풀어 두신

달과 별들을 내가 보오니 사람이 무엇이기에 주께서 그를 생각하시며 인자가 무엇이기에 주께서 그를 돌보시나이까"(시 8:3,4).

물론, 이것은 다윗이 영적 감동을 받아 한 말이다. 하나님의 영이 다윗을 감동시켜 이 시를 쓰게 하셨기 때문이며, 또 이 시가 우리에게 영적 유익을 주기 때문이다. 하지만 이것이 계시는 아니다. 왜냐하면 이런 말은 누구라도 자연을 보고 할 수 있는 말이기 때문이다.

누구라도 하늘을 쳐다보고 "저 끝없는 우주를 보니 인간이 무엇인가 하는 생각이 든다"라고 말할 수 있을 것이다. 심지어 무신론자나 공산주의자도 할 수 있는 말이다.

한편 시편 8편에서 밤하늘을 묵상했던 다윗이 한낮의 하늘을 묵상의 소재로 삼아서 쓴 시도 있다.

"하늘이 하나님의 영광을 선포하고 궁창이 그의 손으로 하신 일을 나타내는도다 날은 날에게 말하고 밤은 밤에게 지식을 전하니"(시 19:1,2).

또 태양에 대해 "해는 그의 신방에서 나오는 신랑과 같고 그의 길을 달리기 기뻐하는 장사 같아서"(시 19:5)라고 묘사한다. 이 땅에서 태양을 올려다보면 태양이 이런 다윗의 묘사처럼 보이는 게 당연할 것이다. 비유적으로 말하자면, 태양은 화려한 빛을 마음껏 발하는 세상의 멋진 신랑이다.

이 두 시는 성령의 감동으로 기록되었지만 계시를 담고 있지는 않다. 누구라도 이런 얘기는 할 수 있다. 다시 말해서, "하늘이 하나님의 영광을 선포하고 궁창이 그의 손으로 하신 일을 나타내는도다"라고 말할 수 있다. 이것이 발견 가능한 진리이다.

발견 불가능한 진리와 발견 가능한 진리 사이의 구분이 공연히 머리를 복잡하게 만드는 것이라고 느껴질 수도 있을 것이다. 하지만 이런 구분은 충분히 의미가 있다. 물론, 발견 가능한 진리도 영감된 것이긴 하다. 왜냐하면 하나님의 진리가 담긴 정경의 일부가 되었기 때문이다.

발견 불가능한 진리의 한 가지 예가 요한복음 3장에 나온다. 여기 기록된 "하나님이 세상을 이처럼 사랑하사 독생자를 주셨으니"(요 3:16)라는 진리는 아무나 발견할 수 있는 것이 아니다. '계시로서의 진리'는 발견 불가능한 진리이다.

발견 가능한 진리가 시편에 얼마나 많이 나오는지를 보기 위해 다시 시편으로 돌아가 보자.

"새들이 그 속에 깃들임이여 학은 잣나무로 집을 삼는도다 높은 산들은 산양을 위함이여 바위는 너구리의 피난처로다 여호와께서 달로 절기를 정하심이여 해는 그 지는 때를 알도다 주께서 흑암을 지어 밤이 되게 하시니 삼림의 모든 짐승이 기어나오나이다 젊은 사자들은 그들의 먹이를 쫓아 부르짖으며 그들의 먹이를 하나님께 구하다가 해가 돋으면 물러가서 그들의 굴 속에 눕고 사람은 나와서 일하며 저녁까지 수고하는도다"(시 104:17-23).

이 구절에 언급된 것들은 누구라도 알 수 있는 것이지만 하나님의 사람은 성령의 감동에 의해 이것들을 시로 만들었다. 발견 가능한 진리들을 발견 불가능한 진리들과 엮는 방법을 사용하여 하나님의 감동으로 이 자연시(自然詩)를 만들었다. 아마도 이것은 인류의 문학 중에서 가장 위대한 자연시가 아닐까 싶다.

나는 내가 이제까지 한 말을 당신이 잘 이해했기를 바란다. 성경에는 발견 가능한 진리와 발견 불가능한 진리가 모두 들어 있다. 하나님의 사람은 밤하늘의 달과 별을 올려다보며 "사람이 무엇이기에 주께서 그를 생각하시며"(시 8:4)라고 말했다. 자연을 볼 때 나올 수 있는 이런 반응은 누구에게나 가능하다. 자연을 관찰하고 사리에 맞게 사색하면 누구라도 이런 말은 할 수 있다. 하지만 "하나님이 세상을 이처럼 사랑하사 독생자를 주셨으니 이는 그를 믿는 자마다 멸망하지 않고 영생을 얻게 하려 하심이라"(요 3:16)라는 진리도 그럴까? 이것은 영감된 말씀일 뿐만 아니라 계시된 진리이다. 계시된 진리는 인간의 이성만으로는 발견할 수 없는 진리이다.

우주의 영광과 쓰레기

우리가 이미 살펴본 시편 중 하나에서 알 수 있듯이, 다윗은 그의 인간의 눈으로 '인류'를 관찰했고, 그 다음에는 예언자의 시각에서 '인자'(人子)를 보았다. 일종의 이중적 계시에 의해 다윗은 인류와 인자를 보여주었다. 다시 말해서 한쪽으로는 평범한 사람들로 구성된 인류를 보여주었고, 다른 쪽으로는 인류 가운데서 살기 위해 여자를 통해 이 땅에 오실 위대한 인간 예수 그리스도를 보여주었다. 다윗의 말에 의하면, 하나님은 인류를 천사보다 조금 못하게 하셨다. 따라서 인자도 그 짧은 기간 동안에는 천사보다 조금 못하게 하셨다(시 8:5 참조. 개역개정판 한글성경은 시편 8편 5절을 "그를 하나님보다 조금 못하게 하시고"로 번역한 후 난외주에서 '하나님' 대신 '천사'로 번역할 수도 있다고 설명하였다 - 역자 주).

프랑스의 위대한 수학자요 철학자인 파스칼(Blaise Pascal, 1623~1662)은 그의 책 《팡세》(Pensee)에서 이렇게 말했다.

인간은 자연에서 제일 연약한 존재인 갈대와 같다. 하지만 생각하는 갈대이다. 우주가 인간을 으스러뜨리기 위해 일어설 필요는 없다. 왜냐하면 한번 내뿜는 독가스나 물방울만으로도 인간을 멸할 수 있기 때문이다. 하지만 우주가 인간을 으스러뜨려 죽인다 해도 인간은 우주보다 고결하다. 왜냐하면 인간을 죽이는 우주는 자기의 능력을 모르지만, 인간은 자기가 죽는다는 걸 알기 때문이다.

파스칼은 또 이렇게 말했다.

그러므로 인간이 키메라(chimera, 그리스 신화에서 사자의 머리, 염소의 몸, 뱀의 꼬리를 하고 불을 뿜는 괴물) 같지 않은가! 인간이 얼마나 희한한 존재인가! 얼마나 이상한 괴물인가! 얼마나 혼돈스러운 존재인가! 얼마나 모순 덩어리인가! 얼마나 경이로운가! 만물을 판단하는 자이자 연약한 지렁이이며, 진리의 보고(寶庫)이자 불확실성과 실수로 가득 찬 웅덩이이며, 우주의 영광이며 수치! 이것이 인간이다!

파스칼의 이런 지적이 기분 좋은 것은 아니지만 사실이기 때문에 차라리 이것을 직시하는 게 좋을 것이다. 그렇다! 우리는 우주의 영광이며 동시에 우주의 쓰레기이다. 만일 우리가 시궁창을 선택하지 않았다면 우주의 쓰레기가 되지는 않았을 것이다. 죄가 세상에 들어오지 않았고 우리가 타락하지 않았다면 우주의 쓰레기가 되지 않았을 것이다.

우리 주님이 그분의 속량사역을 완성하시면 우리는 다시 우주의 영광으로 변화될 것이다. 그때 그분이 오시어 그분의 성도들에게 찬양을 받으실 것이고, 그분을 찾는 모든 이들 안에서 영광을 받으실 것이다.

인간은 모든 동물 중 가장 연약하지만, 자기가 얼마나 연약한지를 아는 유일한 동물이다. 이것이 바로 그의 영광이다. 인간에게는 자기가 얼마나 연약한지를 아는 능력이 있지만 다른 동물에게는 그런 능력이 없다.

나는 모기가 아주 약한 동물이라고 생각한다. 살짝만 손으로 눌러도 죽기 때문이다. 그런데 만일 당신이 모기에게 "너는 약하니?"라고 물을 수 있다면 모기가 무엇이라고 대답할까? 아마 "아니"라고 대답할 것이다. 모기는 자기가 약하다는 걸 모른다. 설사 그것을 안다 할지라도 우리에게 대답할 수 없다. 모기는 우리의 질문을 알아듣지도 못한다. 내가 볼 때, 모기는 특히 인간을 싫어할 것 같다. 모기가 말을 할 수 있다면 우리를 가리켜 '찰싹 때리는 동물'이라고 부를 것이다. 모기 입장에서 볼 때, 우리는 피부에 앉은 자기를 찰싹 때리는 동물일 뿐이기 때문이다.

인간은 알 수 없고 가엾고 멋있고 약하고 신비로운 존재이지만, 자기가 바로 이런 존재라는 것을 아는 유일한 동물이다. 인간은 죄를 짓는 유일한 동물이지만, 동시에 자기가 죄를 짓는다는 것을 알고 슬퍼할 줄 아는 유일한 동물이다. 인간은 웃을 수 있는 유일한 동물이지만, 자기가 얼마나 어리석고 모순된 존재인지를 알고 자신을 비웃을 수도 있는 유일한 동물이다. 현재의 자신보다 더 나은 존재로 발전하기를 갈망하는 동물은 인간뿐이다. 다른 동물은 자신에 대해 불만을 갖지 않기 때문이다. 오직 인간만이 현재의 자신에 불만을 갖고 더 나은 존재로 변하려고 발버둥 친다.

이제 인간은 하늘 높이 올라가 지구를 돌면서 지구를 내려다본다. 이렇게 될 수 있었던 것은 현재의 자신보다 더 나은 존재가 되려고 갈망하는 유일한 동물이기 때문이다. 다른 동물들은 과거나 지금이나 늘 똑같다.

인간 외에 개선이 되고 있는 다른 동물들이라곤 인간이 붙잡아 교배시킨 동물들이다. 기온이 높은 날이면 아마도 건지(Guernsey), 저지(Jersey), 홀스타인(Holstein), 헤리퍼드(Hereford) 같은 종류의 소들이 나무 아래에서 작은 무리를 지어 있는 걸 보았을 것이다. 이런 소들이 바로 교배시킨 동물이다. 품종개량 기술 덕분에 인간은 등이 굽은 보잘것없는 어린 암소를 연구하고 정성스럽게 길러 더 나은 존재로 만들었다. 그리고 그것의 새끼를 그보다 더 나은 존재로 만들었다. 이런 과정이 반복되어 결국 오늘날 같은 좋은 품종의 소가 만들어진 것이다. 이렇게 계속 품종을 개량시킨 것은 인간만이 더 나은 것을 추구하는 속성을 가졌기 때문이다. 인간 외에 다른 동물은 그렇지 못하다.

예배할 수 있는 유일한 존재

그렇다면 이런 사실은 무엇을 암시하는가? 하나님께서 인간을 그분의 형상으로 만드셨다는 것이다. 인간은 하나님의 형상과 모양을 갖고 있지만 다른 동물은 그렇지 않다.

또한 인간은 기도할 수 있는 유일한 동물이다. 하나님은 인간이 예배하도록 창조하셨다. 예배를 통해 그분과 교제하도록 지음 받은 지구상의 유일한 동물이 인간이다. 사자는 먹잇감을 찾아 포효하고, 새는 수풀에 둥지를 짓는다. 폭풍우가 몰아치고 눈이 내리지만 눈이 기도하지는 못한다. 새도 사자도 폭풍우도 기도하지 못한다.

기도할 수 있는 우리는 자연이 기도한다고 상상하기도 한다. 하지만 그것은 어디까지나 우리 머릿속의 상상일 뿐이다. 바람이 부는 것을 보고 우리는 "바람이 탄식하며 하늘을 향해 기도한다"라고 말하지만 이것은 우리의 상상일 뿐이다. 바람은 그냥 부는 것이고, 사실은 우리가 탄식하는 것이다.

이런 경우는 또 있다. 우리는 "작은 새가 부리를 물에 담갔다가 하늘을 올려다보며 물을 주신 하나님께 감사한다"고 말하지만, 사실 새는 물을 목구멍으로 넘기기 위해 턱을 들어 올리는 것이다. 새는 본능적인 동작을 할 뿐이다. 기도하는 새는 없다.

인간이 광대한 우주 안에 있는 아주 작은 동물이라고 생각한다면 그것도 맞다. 하지만 인간이 하나님의 품 안에 있는 영적 동물이라고 생각한다면 인간은 세상의 모든 바람, 지구상에 솟아 있는 모든 산, 바다로 흘러드는 모든 강보다 더 큰 존재이다. 인간이 위대한 것은 하나님의 형상으로 창조되었기 때문이다. 그렇기 때문에 하나님의 아들이 이 땅에 와 우리 가운데 거하셨다.

영원하신 아들이 왜 인간이 되셨을까? 하나님의 아들이신 그분이 왜 사람의 아들, 즉 인자(人子)가 되셨는가? 그것은 하나님의 형상으로 창조된 존재가 죄를 범했기 때문이다. 인간이 우주의 영광인 동시에 쓰레기가 되었기 때문이다.

그리스도는 인류의 머리이시다

그리스도께서 인간의 육체로 오신 것은 우리가 있는 곳까지 내려오시기 위함이었다. 만일 그분이 10세의 아이로 이 땅에 오셨다면 9세까지의 사람들을 속량하실 수 없었을 것이다. 5세의 아이로 오셨다면 4세까지의 사람들을 이해하실 수 없었을 것이다. 1세의 아기로 오셨다면 1세까지의 사람들을 속량하실 수 없었을 것이다.

만일 출산이 아닌 다른 기적적 방법을 통해 오셨다면 태아를 속량하실 수 없었을 것이다. 천사는 마리아에게 "이러므로 나실 바 거룩한 이는 하나님의 아들이라 일컬어지리라"(눅

1:35)라고 말했다. 예수님은 인간 생명의 최초 단계부터 완전한 성인에 이르는 인간의 모든 성장과정을 거치시며 인간의 모든 것을 체험하셨다.

그분은 우리가 있는 곳까지 내려오셨다. 만일 그분이 궁전에서 태어나셨다면, 오두막이나 작은 시골집에서 태어난 사람들을 이해하지 못하셨을 것이다. 하지만 그분은 세상의 가장 가난한 자들을 이해하기 위해 마구간에서 태어나셨다.

이제 그리스도는 인류의 머리이시다. 그분 아래에서 인류는 잃어버린 주권을 회복할 것이다. 히브리서 기자는 "만물을 그 발 아래에 복종하게 하셨느니라 하였으니 만물로 그에게 복종하게 하셨은즉 복종하지 않은 것이 하나도 없어야 하겠으나 지금 우리가 만물이 아직 그에게 복종하고 있는 것을 보지 못하고"(히 2:8)라고 썼다.

예수님은 모든 사람을 위해 죽음을 맛보고자 이 땅에 오셨다. 여기서 '맛보다'라는 말은 음식을 조금 먹어본 후 쓰다고 거부하는 어린애처럼 '일단 살짝 맛보는 것'을 말하는 게 아니라 '체험한다'는 뜻이다. 그분은 모든 인간을 위해 죽음을 체험하셨다. 태어나고, 성인으로 성장하고, 죽고, 그 후 부활하셨다. 그분은 그분의 교회를 구원하고 계시다. 그분의 교회란 속량 받고, 거듭나고, 보혈로 씻음 받고, 죄 사함 받은 사람들, 즉 참된 교회를 구성하는 사람들이다. 참된 교회는 가짜 교회 안에 있다. 이것이 무슨 말인가? 하나님께서 그분의 자녀로 인정하시는 참된 교회는 그분이 거부하시는 '교회 다니는 사람들' 안에 있다는 말이다.

만물이 예수 그리스도의 발아래에 복종하는 것이 우리 육신의 눈에는 보이지 않지만 믿음의 눈에는 보인다. 믿음은 일종의 시력이다. 아직 일어나지 않은 것을 보기 때문이다. 우리에게 믿음이 있다면 우리는 믿음의 눈으로 보는 것을 육신의 눈으로 보는 것처럼 믿고 행동하게 된다. 그렇기에 말로는 믿음이 있다고 하면서 실제로는 믿음이 없다면 믿음 없이 행하게 된다.

우리는 계시를 믿는다고 말한다. 우리는 성경이 영감으로 기록된 것을 믿는다. 인간이 하나님의 형상으로 만들어졌다는 걸 믿는다. 인간의 형상에 따라 성자(聖子)의 성육신을 이루신 하나님을 믿는다. "우리가 우주의 수치에서 다시 우주의 영광이 되도록 모든 이를 위해 죽음을 맛보신 그리스도를 믿습니다"라고 말한다.

만일 진정으로 이런 것들을 믿는다면 우리는 이런 것들을 눈으로 보듯이 행동하게 될 것이다. 우리의 믿음이 행동으로 나타나기 전까지는 사실 믿음이 없는 것이다. 삶을 믿음과 일치시키는 사람이 신자이다. 하지만 삶이 믿음과 일치하지 않는다면, 참된 신자가 아니다.

우리는 그리스도께서 모든 이를 위해 죽음을 맛보셨다고 믿는다. 그분이 만물에 대해 곧 승리를 거두실 것이고, 하나님께서 만물을 그분의 발아래에 복종시키실 거라고 믿는다. 나도 믿는다. 나는 의(義)가 거하는 새 하늘과 새 땅이 도래할 거라고 믿는다.

하나님은 그분의 우주를 정결하게 하실 것이다. 통치권을 가지신 그분이 오셔서 모든 피조세계의 주님이 되시면 새 하늘과 새 땅이 이루어질 것이다. 지금 부패의 상태에서 벗어나지 못하고 있는 온 피조세계는 그 날을 고대한다. 하나님은 모든 악을 선으로 바꾸시기 위해 그분의 강력한 임재로 모든 악을 태워버리실 것이다.

성령의 감동으로 기록된 히브리서는 "지금 우리가 만물이 아직 그에게 복종하고 있는 것을 보지 못하고 오직 우리가 … 예수를 보니"(히 2:8,9)라고 말한다. 하나님께서는 만물을 예수님의 발아래 복종케 하셨다. 우리의 눈에는 이 모든 것의 성취가 아직 보이지 않지만 우리에게는 믿음이 있다. 그러므로 우리는 죽음을 맛보기 위해 천사보다 잠시 낮아지신 예수님을 본다. 우리는 영광과 존귀의 관(冠)을 쓰고 전능하신 아버지 하나님의 우편에 계신 예수님을 본다. 그분이 다시 오시면 만물을 그분의 발아래 복종하게 하실 것이다.

나는 하나님의 도우심으로 그분의 재림의 날을 위해 살기를 바란다. 나의 재물이 그 날을 위해 쓰이기를 바란다. 나의 재능이 무엇이든 간에 그것이 그때를 위해 사용되기를 바란다. 내 시간이 그때를 위해 투자되기를 바란다. 그 날이 올 때까지만 존속하게 될 이 세상을 위해 살기를 원치 않는다. 그 날이 아직 오지 않았다 할지라도 그 날을 위해 살기 원한다. 나는 하나님께서 만물을 예수님의 발아래에 복종하게 하셨다는 것을 전심으로 믿는다. 그리고 머지않아 그분이 다시 오셔서 그분의 능력으로 통치하실 것이라고 믿는다.

오, 하나님, 우리 모두가 그때를 위해 준비하게 하소서!

어둔 밤 쉬 되리니 네 직분 지켜서
찬 이슬 맺힐 때에 일찍 일어나
해돋는 아침부터 힘써서 일하라
일할 수 없는 밤이 속히 오리라

어둔 밤 쉬 되리니 네 직분 지켜서
일할 때 일하면서 놀지 말아라
낮에는 수고하나 쉴 때도 오겠네
일할 수 없는 밤이 속히 오리라

어둔 밤 쉬 되리니 네 직분 지켜서

지는 해 비낀 볕에 힘써 일하고

그 빛이 다하여서 어둡게 되어도

할 수만 있는 대로 힘써 일하라

_ 안나 L. 콕힐(Anna L. Coghill, 1836~1907)
  어둔 밤 쉬 되리니(새찬송가 330장)

CHAPTER **15** God's power for your life

생명의 말씀

오, 하나님! 주님의 말씀은 생명의 말씀이신 그분을 통해 제게 영생을 주었습니다. 저의 죄는 저를 파멸시켰고 주님의 영광스런 뜻을 거역했습니다. 오, 살아 계신 말씀이여! 미쁘시고 의로우신 주님이 제 고백을 들으시고 제 모든 죄를 깨끗게 하시고 다시 주님의 거룩한 뜻에 합당하게 해주심을 감사드립니다.

사도 요한은 그의 첫 번째 서신에서 예수 그리스도를 가리켜 '생명의 말씀'이라는 표현을 사용한다. 이 표현은 그 후 역사 속에서 신자들에게 아주 많은 것을 의미하게 되었다. 이 표현을 통해 요한은 그리스도인들의 날마다의 삶에 절대적으로 필요한 예수 그리스도에 관한 한 가지 진리를 선포한다. 이 선포는 '육신으로 오신 하나님' 즉 임마누엘과 관계가 있다.

요한은 우리가 지금 '강림'(降臨, Advent)이라고 부르는 것에 관한 놀라운 이야기를 잘 알고 있었다. 그 모든 것을 직접 목격한 그는 이렇게 말했다.

"태초부터 있는 생명의 말씀에 관하여는 우리가 들은 바요 눈으로 본 바요 자세히 보고 우리의 손으로 만진 바라"(요일 1:1).

그는 결코 가볍게 넘길 수 없는 개인적 증언을 제시한다. 우리 역시 강림에 관한 이야기를 잘 알고 있으며, 최소한 1년에 한 번은 그것에 관심을 기울인다. 하지만 불행하게도 우리는 그리스도의 첫 번째 강림에 수많은 전통과 이야기를 덧붙임으로 그분이 강림하신 참 목적을 오히려 보지 못하는 것 같다.

요한은 일부러 시간을 내어 목격자의 관점에서 우리에게 설명한다. 다시 말해서 그는 그리스도의 강림의 본질적 요소들이 무엇인가를 설명하고, 또 그 사건에서 멀리 떨어져 있는 우리가 그 사건의 의미를 정확하게 알려면 무엇이 필요한지를 설명한다. 그가 우리에게 전해주려는 것은 1년에 한 번 치르는 행사를 위한 진리가 아니다. 그것은 내년 크리스마스에 다시 사용하기 위해 각종 크리스마스 장식품과 함께 다락에 처박아 둘 진리가 아니다. 그는 그리스도인의 날마다의 삶에 큰 힘을 주는 진리를 전해주려는 것이다.

사랑받은 제자 요한은 '태초부터'(요일 1:1)라는 말로 그의 서신을 시작한다. 이것은 예수 그리스도의 육신적 출생이 그분의 시작이 아니라는 점을 이해시키기 위한 초석이기에 매우 중요한 구절이다. '태초부터'라는 말은 그리스도의 영원성과 관계된 용어이다. 요한은 영원한 존재가 특정한 때에 나타났다는 것을 증언하고 있다. 이것을 사도 바울은 조금 다르게 표현하며 이렇게 증언했다.

"때가 차매 하나님이 그 아들을 보내사 여자에게서 나게 하시고 율법 아래에 나게 하신 것은"(갈 4:4).

이전인가, 이후인가

그리스도의 영원성과 성육신은 수많은 역설(逆說)을 낳았다. 요한이 그의 첫 번째 서신에서 언급하는 '그리스도'는 역사적 관점에서 보면 '다윗의 자손'이지만, 사실 그분은 다윗보다 먼저 계셨다. 이것이 그분을 연구할 때 드러나는 놀라운 역설이다. 조상의 혈통을 이어 태어난 자손이 어떻게 그 조상의 출생보다 먼저 존재할 수 있는가? 그러나 이해하기 힘든 이런 역설이 실은 얼마나 즐거운 역설인지 모른다. 하나님께서 인간의 유한한 이해력을 뛰어넘는 그분의 역설적 진리를 우리에게 이해시키려고 애쓰신다는 걸 알고 감사하라! 우리가 이 놀라운 진리를 받아들일 수 있는 유일한 방법은 오직 '믿음'뿐이다.

예수님은 또한 '아브라함의 자손'이라고도 불리신다. 하지만 그분은 아브라함보다도 먼저 계셨다. 그분은 당시의 종교 지도자들에게 질문을 받았을 때 "진실로 진실로 너희에게 이르노니 아브라함이 나기 전부터 내가 있느니라"(요 8:58)라고 말씀하셨다. 율법의 전문가라고 일컬어지던 바리새인들이 이 말씀의 의미를 이해하려고 머리를 긁적이고 있는 모습을 한번 상상해보라.

그리스도는 또한 '마지막 아담'이라고도 불리시지만 사실 첫 아담보다 먼저 계셨다. 시간적 전후관계 속에서 그분을 이해하는 것은 불가능하다. 그분이 시간보다 먼저 계셨기 때문이다. 그분은 시간을 완전히 초월하신다. 시간은 '옛적부터 항상 계신 이'(단 7:9)라고 불리시는 분의 입에서 흘러나왔다.

그리스도는 다윗이나 아브라함이나 아담에게서 그분의 영광을 취하지 않으신다. 오히려 그들의 영광이 그리스도에게서 나온 것이다. 그런데 그들의 영광이 그리스도에게서 나왔다고 해서 그리스도의 영광이 줄어든 것은 아니다. 그분이 가지신 것은 무한하다. 그리스도께서 어떤 것을 내어주실지라도 그분의 것은 절대 줄어들지 않는다. 그분은 "주 하나님이 이르시되 나는 알파와 오메가라 이제도 있고 전에도 있었고 장차 올 자요 전능한 자라 하시더라"(계 1:8)라고 말씀하셨다.

어떤 이들이 그리스도를 아론에 비유하는 경우가 있지만, 이런 비유의 문제점은 즉각 드러난다. 아론에게는 시작이 있었지만, 그리스도는 태초에 계셨다. 아론은 자기의 죄를 위해 제사를 드렸지만, 그리스도는 세상의 죄를 위해 그분 자신을 드리셨다. 아론은 그의 제사장직 때문에 영광을 얻었지만, 그리스도께서는 그분의 영광을 다른 사람들에게, 예를 들면 아론 같은 사람에게 아낌없이 주셨다. 아론의 제사장직은 끝났지만, 그리스도의 제사장직은 영원무궁하다. 그분의 제사장직은 헤아릴 수 없이 깊은 영원의 구석구석까지 뻗어나가고, 시간의 영향을 받지 않는 지극히 높은 저 세계까지 올라간다.

우리가 어떤 이야기를 하면 거기에는 항상 세 가지 요소, 즉 처음과 중간과 끝이 있게 마련이다. 하지만 그리스도의 이야기를 할 경우, '처음'부터 이야기를 시작하는 것이 불가능하다. 요한은 그가 말하고 싶은 것을 독자에게 전달하기 위해 '처음'(태초)이라는 단어를 사용한다. 예수님이 '처음'(태초)부터 계셨다는 것은 그분이 다른 어떤 것이 시작되기 전에 계셨다는 뜻이다.

살아 계신 말씀이 나타나시다

임마누엘에 관한 요한의 선포는 '태초부터'라는 말로 시작된다. 그런 다음 요한은 육신으로 와서 '생명의 말씀'이 되신 분을 소개한다. 여기서 요한이 사용하는 용어는 여호와께 적용되는 용어이다. 요한은 그가 증언하고 논하는 그리스도를 구약의 여호와와 연결시키고 있다.

불타는 떨기나무를 보았을 때 모세는 하나님께 질문했다.

"모세가 하나님께 아뢰되 내가 이스라엘 자손에게 가서 이르기를 너희의 조상의 하나님이 나를 너희에게 보내셨다 하면 그들이 내게 묻기를 그의 이름이 무엇이냐 하리니 내가 무엇이라고 그들에게 말하리이까"(출 3:13).

그의 질문에 하나님은 이렇게 대답하셨다.

"나는 스스로 있는 자이니라 … 너는 이스라엘 자손에게 이같이 이르기를 스스로 있는 자가 나를 너희에게 보내셨다 하라"(출 3:14).

여호와는 '스스로 있는 자'이시다. 인류에게 계시된 하나님의 모든 것의 영원한 본질이 '스스로 있는 자'라는 말에 담겨 있다. 이 말보다 하나님을 더 잘 설명해줄 수 있는 말은 없다. 많은 사람이 하나님이 누구이신지를 설명하기 위해 많은 시간을 투자하고 많은 표현을 사용하지만 참담하게 실패한다. 인간의 언어와 표현은 한계가 있기 때문에 우리가 '여호와'라고 부르는 분의 신비를 다 설명하지 못한다. 그런데 요한이 영광스런 진리, 즉 하나님으로부터 나온 이 찬란한 진리를 우리에게 전해주고 있다. 요한의 선포에 따르면, 하나님의 영원한 로고스, 즉 하나님의 말씀이 우리 가운데 오신 것이다!

이어지는 요한의 선포는 이 생명의 말씀이 나타나셨다는 것이다.

"이 생명이 나타내신 바 된지라 이 영원한 생명을 우리가 보았고 증언하여 너희에게 전하노니 이는 아버지와 함께 계시다가 우리에게 나타내신 바 된 이시니라"(요일 1:2).

요한의 증언에 의하면, 인간이 하나님을 체험할 수 있는 곳까지 그분이 찾아오셨다. 그리스도께서 나타나신 것이 너무나 분명했기 때문에 요한과 그의 동료 제자들은 그분에 관한 모든 것이 사실이라고 증언하지 않을 수 없었다. 그 이전에는 인간이 오직 하나님에 '대해' 알 수 있었다. 하지만 그리스도께서 오신 이후에는 요한이 선언하듯이, 개인적으로 하나님을 '체험'할 수 있게 되었다. 하나님이 그분의 백성에게 자신을 나타내기 원하시는 대로 하나님을 아는 것이 인간에게 가능해진 것이다.

요한은 영원한 생명이 인간이 되셨으며, 사람들이 그 생명의 말씀을 듣고, 눈으로 자세히 보고, 손으로 만졌다고 담대히 증언한다. 나는 요한이 편지를 쓸 때 그토록 분명히 임재하시는 그리스도의 영광스러운 광채로 그의 마음이 충만했을 것이라고 상상해본다. 하나님의 분명한 임재를 통해 그분을 아는 것이야말로 모든 그리스도인의 궁극적 목표가 아니겠는가? 그 임재는 그리스도께서 부활하신 이후 다락방에서 요한에게 나타나셨을 때 그에게 머물렀던 임재와 동일한 것이다. 다락방의 만남 이후 그리스도의 임재는 말로 표현할 수 없는 기쁨을 요한의 마음에 충만히 채워주었다.

우리도 요한이 그의 서신에서 묘사하는 하나님의 분명한 임재를 체험할 수 있다. 그렇기 때문에 그리스도인의 삶에 성경이 그토록 절대적으로 중요하고 필요한 것이다. 우리가 하나님의 말씀을 읽는 것은 단지 정보를 얻기 위함이 아니라 하나님의 살아 계신 말씀과 만나기 위함이다.

성경의 어떤 부분을 조금 읽고 또 다른 부분을 조금 읽은 다음 덮어버리는 사람들이 있는데, 나는 그런 사람들을 도저히 이해할 수 없다. 오늘날 많은 이들이 성경을 교리적으로만 해석하고 마는 '차가운 성경 읽기'에 만족하지만, 이것은 신성모독에 가깝다. 나는 이런 식의 성경 읽기에 동의할 수 없다. 성경을 읽거나 연구할 때 나는 '차가운 성경 읽기'에 빠지지 않고 생명의 말씀이신 그리스도를 만나고 싶다.

내가 주님의 말씀을 묵상할 때, 그분의 분명한 임재에 푹 빠지는 경우가 있다. 그분이 내게 가까이 오시는 신비로운 일은 설명을 불허한다. 만일 당신이 어떤 것을 논리와 이성에 맞게 설명할 수 있다면 그것은 하나님이 아니다. 생명의 말씀, 즉 예수 그리스도의 분명한 임재를 체험해야 우리의 성경 읽기가 제대로 된 것이다.

하나님을 드러내는 말씀

그렇다면 이 모든 것은 하나님에 대해 우리에게 무엇을 계시하는가?

첫째, 요한은 하나님이 생명이시라고 선포한다. 많은 이들이 생명의 근원을 찾으려고 노력하지만 대개는 잘못된 방향에서 찾는다. 그러나 예수 그리스도, 즉 생명의 말씀의 나타남에서 우리는 생명의 근원을 보게 된다. 우리는 그분을 통해 영생을 얻었다. 영생, 즉 '영원한 생명'이라고 말할 때 많은 이들은 '영원한'의 의미가 무엇인지에 대해 궁금해한다. '영원한'이라는 말은 생명의 영원성뿐만 아니라 생명의 질(質)도 의미한다.

그분이 우리에게 영생을 주셨다는 것은 그분의 본질을 주셨다는 것을 의미한다. 우리를 창조하실 때 그분은 "우리의 형상을 따라 우리의 모양대로 우리가 사람을 만들고"(창 1:26)라고 말씀하셨다. 우리가 그분의 형상대로 창조되었다는 것은 '하나님께 고유한 것', 즉 영생을 그분에게서 받을 수 있는 능력이 우리에게 있다는 것을 의미한다. 영생은 시간과 공간의 요소들을 초월하는 생명이다.

이런 생명의 질 때문에 우리는 시간의 상황을 초월하여 '미소 짓는 영원의 얼굴'을 응시할 수 있게 된다. 우리는 오늘이나 내일을 위해 살지 않고 영원을 위해 산다. 우리가 주일학교에서 즐겨 불렀던 찬송가의 가사가 생각난다.

"사랑의 주님! 영원한 가치를 보게 하소서. 영원한 가치를 보게 하소서. 사랑의 주님! 날마다 영원한 가치를 보며 살게 하소서."

내가 그리스도인이기에 오늘 나의 삶은 하늘에 계신 내 아버지의 영원성을 반영한다.

이 생명의 말씀에 대한 요한의 선언은 또 하나의 진리로 우리를 이끈다. 그 진리는 '하나님은 빛이시라'는 것이다.

내가 말하고자 하는 빛은 손전등의 빛이나 촛불이나 스포트라이트가 아니다. '하나님은 빛이시라'는 말 속에는 영원한 생명께서 자신을 관조(觀照)하고 계시다는 뜻이 들어 있다. 그리고 이 말 속에는 절대적 거룩이 그분께 있다는 뜻도 들어 있다.

하나님의 빛은 더러움이 전혀 없는 절대적으로 순수한 빛이다. 나는 '절대적'이라는 단어를 사용했지만 아마도 이보다 더 좋은 표현이 있을 것이다. 하지만 솔직히 말해서 그런 표현이 내 머리에는 떠오르지 않는다. 하나님의 순수함의 찬란한 빛이 다른 모든 것을 압도해버릴 정도로 그분의 순수함은 절대적이다.

밤의 어둠과 음울함이 아무리 짙더라도 아침에 태양이 뜨면 어둠은 쫓겨나기 마련이다. 어둠은 빛에 맞서 버틸 수 없다. 생명의 말씀이신 예수 그리스도는 세상의 빛이시기 때문에 이 시대의 어둠을 쫓아내신다.

요한의 또 다른 선포는 '하나님이 사랑이시라'는 것이다. 이 말 속에는 영원한 생명께서 다른 존재들을 관조하고 계시다는 뜻이 들어 있다. 이 사랑은 멸망을 향해 가는 사람들을 구하기 위해 스스로 자비의 마음을 갖고 달려 나간다. 이것은 하나님의 존전에 있을 자격이 없는 죄인들을 향한 그분의 능동적 행동이다. 죄인들은 그분께 나아갈 수 없지만, 그분은 그들을 찾아가신다.

그리스도께서 생명의 말씀이시라고 선언할 때, 요한은 하나님이 생명이요 빛이요 사랑이시라고 말하는 것이다. 그리스도의 이런 모든 속성들은 하나님의 말씀, 즉 성경의 밝은 빛을 통해 우리에게 분명히 계시된다.

생명의 말씀의 사역

그리스도께서 생명의 말씀으로 나타나신 것은 무슨 목적을 위해서인가? 그분의 나타나심이 하나님의 말씀을 믿고 사랑하는 우리에게 어떤 영향을 주는가?

첫 번째 목적은 하나님의 생명을 인간에게 주는 것이다. 인간은 하나님의 형상으로 창조되었으며, 하나님은 인간을 찾으신다. 그분이 왜 우리를 찾으시는지에 대해서 구체적으로 알긴 힘들지만, 아무튼 그분은 불굴의 의지로 우리를 찾으신다. 그런 불굴의 의지는 우주 어디에서도 찾아볼 수 없다. 그분이 원하시는 것은 이 세상의 모든 남자와 여자와 어린아이들에게 그분의 생명을 주시는 것이다. 그렇기 때문에 그분의 아들을 세상에 보내셨다.

성경을 조금만 읽더라도 우리는 창세기에서 시작되어 요한계시록에 이르기까지 줄기차게 이어지는 한 줄기 맥(脈)을 발견하게 된다. 이 맥이 어떤 것인지는 요한계시록 4장의 기도에서 잘 드러난다.

"우리 주 하나님이여 영광과 존귀와 권능을 받으시는 것이 합당하오니 주께서 만물을 지으신지라 만물이 '주의 기쁨을 위해' 있었고 또 지으심을 받았나이다"(계 4:11. 여기서 '주의 기쁨을 위해'가 개역개정판 한글성경에는 '주의 뜻대로'라고 번역되어 있다 - 역자 주).

피조세계의 모든 것은 주님의 기쁨을 위한 것이다. '주의 기쁨을 위해'라는 말은 우리의 입에서 나올 수 있는 가장 아름다운 표현 중 하나이다. 이 말을 깊이 묵상하면 우리 마음에 사랑이 강물처럼 흐르게 될 것이다. 내 삶이 하나님께 기쁨을 드릴 수 있다는 것을 깊이 의식하면서 그분 앞에 무릎 꿇으면 큰 힘을 얻게 된다.

그런데 요한은 여기서 한 걸음 더 나아간다. 생명의 말씀의 목적은 우리를 하나님과 교제하도록 하는 것이다. 하나님은 우리를 구하시는 것으로 끝내지 않으신다. 그분이 우리를 구하시는 것은 우리와 교제를 나누시기 위함이다.

어거스틴은 "주님이 주님을 위해 우리를 지으셨으므로 우리의 마음은 주님 안에서 안식을 얻을 때까지 평안을 모릅니다"라고 말했다. 어거스틴의 이 말로 왜 우리가 이 세상 어디를 봐도 평안을 찾을 수 없는지 이해하게 된다. 우리는 한 가지 목적을 위해 창조되었는데 그 목적을 깨달아 이룰 때까지는 우리에게 평안은 없다. 그 목적은 바로 자신을 위해 우리를 지으신 하나님과 교제하는 것이다. 그분과의 교제를 추구하지 않고 이 세상의 어떤 것에서 의미를 찾으려는 사람들은 진정한 만족을 결코 얻지 못할 것이다.

생명의 말씀의 또 하나의 목적은 우리가 하나님과 그분의 뜻에 온전히 부합하는 삶을 살도록 하는 것이다. 성경을 읽고 묵상할 때 나는 성경에 계시된 하나님의 거룩한 본성에 어긋나는 것이 내 삶에 있다는 걸 보게 된다. 그럴 경우, 전능하신 하나님의 은혜와 도움으로 나 자신을 바꾸기 시작한다.

세상을 바라보면 내가 세상에 맞춰 변화된다. 하지만 생명의 말씀을 보면 하나님의 뜻에 따라 변화된다. 이런 변화는 나와 하나님과의 교제뿐만 아니라 동료 신자들과의 교제를 깊게 해준다.

만일 성경에 어긋나는 것이 우리에게 있으면 그것은 하나님과의 교제나 신자들 간의 교제에 나타나기 마련이다. 우리가 우리의 목자이신 하나님께 가까이 가면 양 떼에게도 가까이 가게 된다.

그렇다면 하나님의 뜻에 어긋나는 것을 어떻게 해결해야 할까? 우선, 성경이 우리에게 깨우쳐준 우리의 죄를 인정해야 한다. 우리의 죄를 부인하면, 요한이 지적하듯이 우리 자신을 속이는 것이다.

"만일 우리가 죄가 없다고 말하면 스스로 속이고 또 진리가 우리 속에 있지 아니할 것이요"(요일 1:8).

자신의 죄를 부인하면서 자신을 속이는 삶을 살아가는 신자들이 얼마나 많은가! 그러나 우리가 죄를 부인하면 생명의 말씀이 우리 안에 없다는 것을 드러내는 셈이다. 우리의 죄가 큰 죄인가 아니면 작은 죄인가 하는 것은 문제의 본질이 아니다. 문제의 본질은 우리의 삶의 어떤 부분이 하나님의 뜻에 어긋나는가 하는 것이다.

요한은 한 걸음 더 나아가 만일 우리가 우리 죄를 고백하면 하나님은 미쁘사 우리를 용서하시고 모든 불의에서 우리를 깨끗하게 하신다고 말한다(요일 1:9 참조). 하나님은 우리가 그분의 뜻에 온전히 부합하여 그분과 교제를 나누는 상태에 이르기를 간절히 원하신다. 주님의 말씀은 내 삶이 그분께 기쁨을 드리도록 나를 주님께로 이끈다.

달고 오묘한 그 말씀 생명의 말씀은
귀한 그 말씀 진실로 생명의 말씀이
나의 길과 믿음 밝히 보여주니

귀한 주님의 말씀은 내 노래 되도다
모든 사람을 살리는 생명의 말씀을
값도 없이 받아 생명길을 가니

널리 울리어 퍼지는 생명의 말씀은
맘에 용서와 평안을 골고루 주나니
다만 예수 말씀 듣고 복을 받네

(후렴)
아름답고 귀한 말씀 생명샘이로다
아름답고 귀한 말씀 생명샘이로다

_ 필립 P. 블리스(Philip P. Bliss, 1838~1876)
달고 오묘한 그 말씀(새찬송가 200장)

CHAPTER 16　God's power for your life

이해하기 힘든
하나님의 침묵

오, 하나님! 제가 주님을 갈망합니다. 주변의 시끄러운 소리 때문에 제 안에서 들려오는 세미한 음성을 듣지 못했습니다. 주님이 제게 말씀하고 계시며, 저는 주님의 음성을 듣기 원합니다. 주님의 음성이 들릴 때까지 제 마음이 조용해지도록 도우소서. 주변에서 들리는 이 세대와 문화의 소음을 가라앉혀 주옵소서. 그리하시면, 작지만 지극히 강력하게 말씀하시는 주님의 음성을 들을 수 있습니다.

이제껏 시대마다 그리스도인들을 힘들게 했던 의문 중 하나가 하나님의 이해할 수 없는 침묵의 문제이다. 다시 말해서, 그분이 말씀해주시기를 우리가 간절히 원할 때 왜 침묵하실까 하는 문제이다. 이 문제 때문에 당혹감을 느끼는 것은 이 시대를 살아가는 우리뿐만이 아니다. 역사상 위대한 하나님의 사람들도 이 문제로 힘들어했다. '하나님의 마음에 합한 자'라는 소리를 들었던 다윗조차 그분의 침묵에 어쩔 줄 몰랐다.

"여호와여 내가 주께 부르짖으오니 나의 반석이여 내게 귀를 막지 마소서 주께서 내게 잠잠하시면 내가 무덤에 내려가는 자와 같을까 하나이다"(시 28:1).

그러나 그분이 항상 침묵하시는 것은 아니다. 오늘날도 주님은 들을 귀 있는 자들에게 말씀하신다. 문제는 우리에게 들을 귀가 없다는 것이다. 오늘날 대부분의 사람들에게는 하나님의 세미한 음성을 들을 귀가 없다. 그런데 여호와의 선지자 엘리야는 그분의 세미한 음성을 들었다.

"여호와께서 이르시되 너는 나가서 여호와 앞에서 산에 서라 하시더니 여호와께서 지나가시는데 여호와 앞에 크고 강한 바람이 산을 가르고 바위를 부수나 바람 가운데에 여호와께서 계시지 아니하며 바람 후에 지진이 있으나 지진 가운데에도 여호와께서 계시지 아니하며 또 지진 후에 불이 있으나 불 가운데에도 여호와께서 계시지 아니하더니 불 후에 세미한 소리가 있는지라"(왕상 19:11, 12).

성경을 읽을 때 우리는 하나님께서 그분의 백성에게 말씀하시고 자신을 분명히 나타내신다는 것을 보게 된다. 하나님의 백성은 하나님의 음성을 들을 때까지 참고 기다렸다. 구약시대에 하나님은 사람들의 눈에 보이는 기적을 행하셨다. 예를 들면 이스라엘 민족을 애굽에서 이끌어내시고, 광야에서 그들을 먹이셨으며, 그들을 보호하여 약속의 땅으로 들어가게 하셨다.

구약에 나타난 '하나님 음성 듣기'

하나님께서 놀랍게 역사 속에 개입하신 경우들이 구약성경 도처에 나타난다. 하나님은 사람들의 삶에, 특히 그분의 백성인 이스라엘 민족의 삶에 개입하셔서 그분의 존재를 그들의 마음 깊이 심어주셨다. 그리고 종종 자연과 생명의 문제에도 개입하셨다. 구약에 나타난 이런 경우를 모두 언급하는 것은 시간 관계상 불가능하므로 다음 몇 가지를 언급하겠다.

갈멜 산에서 엘리야가 바알 선지자들과 대결한 것은 여호와의 나타나심의 한 예이다. 엘리야는 바알 선지자들에게 그들의 신 바알의 존재를 증명해보라고 도전했다. 그는 능력의 나타남 없이는 그들의 자랑이 공허한 것임을 보여주고자 했다. 엘리야는 바알 선지자들과 대결하는 중에 그들을 조롱했다.

"정오에 이르러는 엘리야가 그들을 조롱하여 이르되 큰 소리로 부르라 그는 신인즉 묵상하고 있는지 혹은 그가 잠깐 나갔는지 혹은 그가 길을 행하는지 혹은 그가 잠이 들어서 깨워야 할 것인지 하매"(왕상 18:27).

이렇게 말한 엘리야는 바보였거나 아니면 하나님을 온전히 믿었거나 둘 중 하나였다. 그런데 그가 이 말을 한 후에 전개된 사건을 보면 후자가 옳다는 것을 알 수 있다. 그는 하나님께서 그분의 능력과 권위를 사용하여 모든 바알 숭배자들을 침묵에 빠뜨리실 것임을 알았다. 그 두려운 침묵을 즉시 깨뜨린 것은 하나님의 강한 음성이었다. 하나님께서 말씀하시면 온 우주가 그분 앞에 잠잠할 수밖에 없다.

갈멜 산 사건과 구약의 다른 많은 사건들에 대한 기록을 읽을 때 우리는 사람들의 가슴을 두근두근하게 만들 정도로 하나님께서 가까이 찾아오실 수 있다는 사실에 감동하게 된다. 꿈에서 깨어난 야곱이 "여호와께서 과연 여기 계시거늘 내가 알지 못하였도다"(창 28:16)라고 말할 때 그의 가슴은 두근거렸을 것이다.

구약성경 전체에 걸쳐 우리는 하나님께서 그분의 백성의 삶에 능동적으로 개입하셨다는 걸 보게 된다. 앞에서도 말했듯이 이스라엘 민족의 출애굽, 광야의 기적들, 그리고 가나안 정복 같은 사건들은 하나님께서 직접 그분의 백성을 상대로 일하셨다는 걸 보여준다. 그런데 이런 사건들을 인간의 이성으로 설명하는 것은 불가능하다.

홍해가 갈라진 것을 어떻게 설명할 수 있을까? 이것을 이성적으로 설명해보려고 별 희한한 얘기들을 들고 나온 사람들이 있었지만 다 부질없는 짓이었다. 홍해가 갈라진 것은 하나님께서 하신 일이다! 그것은 하나님이 그분의 백성에게 나타나신 사건으로, 그 백성으로 하나님을 경외하고 공경하게 만들었다. 그들이 광야에서 보낸 여러 해 동안 성막 위에 나타난 하나님의 분명한 임재도 '그들 가운데 계신 하나님'을 보여주는 것이었다.

이스라엘 민족의 사사들과 왕들에 대한 기록을 읽어보라. 하나님께서 사람을 택하여, 예를 들면 다윗 같은 젊은 목동을 택하여 자신을 나타내신 사건들을 아주 많이 보게 될 것이다. 엘리야와 엘리사도 이런 경우에 속한다. 그들이 일으킨 기적들을 설명해보고 싶은가? 그렇다면 그렇게 해보라. 하지만 그 전에 내 질문들에 먼저 대답해야 한다.

"그 일들이 어떻게 일어났는가? 그들이 어떻게 기적을 일으켰는가?"

간단히 말해서, 기적은 하나님께서 그들의 삶에 능동적으로 개입하셔서 그들에게, 그들을 통해 하나님 자신을 나타내신 것이다!

구약이 또 우리에게 가르쳐주는 것은 하나님의 백성이 그분의 보호의 구름 아래 있었다는 것이다. 누구든지 그들에게 해를 끼치려면 먼저 여호와의 보호의 구름을 뚫어야 했다.

이것을 잘 보여주는 한 가지 예가 욥의 이야기이다. 그와 그의 권속(眷屬)을 보호하는 울타리가 그의 둘레에 쳐져 있었다. 심지어 사탄도 그런 보호의 울타리를 인정했다. 사탄은 하나님의 허락 없이는 그것을 뚫을 수 없었다.

"사탄이 여호와께 대답하여 이르되 욥이 어찌 까닭 없이 하나님을 경외하리이까 주께서 그와 그의 집과 그의 모든 소유물을 울타리로 두르심 때문이 아니니이까 주께서 그의 손으로 하는 바를 복되게 하사 그의 소유물이 땅에 넘치게 하셨음이니이다"(욥 1:9,10).

저 구약의 성도들은 여호와께서 그들의 삶 속에 살아 계시다고 믿었다. 아주 다양하고 인상적인 방법으로 그분의 임재가 그들에게 분명히 나타났기 때문이다. 그들은 여호와께서 적절한 때에 나타나시는 것이 당연하다고 믿었다.

신약에 나타난 '하나님 음성 듣기'

신약성경은 하나님께서 인간과 자연에게 더 가까이 다가오셔서 더 열정적으로 일하셨음을 보여준다. 성경의 후반부에 해당한다고 할 수 있는 신약성경은 구주 예수 그리스도의 잉태와 탄생으로 시작된다. 성령께서 동정녀 마리아를 덮으셨고, 살아 계신 말씀의 씨를 그녀의 몸에 넣어주셨다. 기적에 의한 그리스도의 동정녀 탄생은 인간 가운데서 나타나는 하나님의 속량 사역의 새 시대를 열었다.

예수님의 생애와 사역을 살펴보면 그분의 손을 통해 무수한 기적이 일어났음을 알게 된다. 그 기적들 하나하나는 모두 '우리 가운데 계신 하나님'의 구체적인 나타나심이었다. 인간은 하나님의 이런 기적들을 설명할 수 없다. 인간의 언어로 설명할 수 없는 것을 믿기 때문이다.

신약에서 무수한 기적을 만난 우리는 경건한 마음으로 예수님이 돌아가신 십자가 앞에 이르게 된다. 그분이 돌아가신 날 하늘이 땅에 아주 가까워졌다. 그날의 어느 시점에 이르러서는 어둠이 갈보리 언덕을 가렸고, 사람들은 하나님께서 이루고 계신 일을 보지 못했다. 그분이 이루고 계신 것은 바로 기적이었다! 그 기적은 인간의 능력으로는 영원히 불가능한 것이었다. 예수님의 죽음 다음에 일어난 것은 그분의 부활이었다. 부활은 기적 중의 기적이었다.

요한계시록에서 우리는 부활하신 그리스도의 선언을 읽게 된다.

"(나는) 살아 있는 자라 내가 전에 죽었었노라 볼지어다 이제 세세토록 살아 있어"(계 1:18).

어떤 이들은 인간의 이성으로 그리스도의 부활을 설명해보려고 노력했다. 또 어떤 이들은 교묘한 논리를 만들어 부활을 부정하려고 했다. 그러나 부활은 인간의 헛된 설명을 비웃으며 하나의 역사적 사실로 우뚝 서 있다. 그리스도의 부활이야말로 인류를 위한 하나님의 은혜와 능력과 속량계획을 보여주는 기념비적 사건이다!

예수 그리스도의 부활 이후 하나님은 영적 곤경에 처한 사람들에게 그분의 교회를 통해 자신을 나타내셨다. 그분은 인간을 포기하지 않으셨고, 그들의 삶에 계속 개입하셨다.

"가이사랴에 고넬료라 하는 사람이 있으니 이달리야 부대라 하는 군대의 백부장이라 그가 경건하여 온 집안과 더불어 하나님을 경외하며 백성을 많이 구제하고 하나님께 항상 기도하더니 하루는 제 구 시쯤 되어 환상 중에 밝히 보매 하나님의 사자가 들어와 이르되 고넬료야 하니 고넬료가 주목하여 보고 두려워 이르되 주여 무슨 일이니이까 천사가 이르되 네 기도와 구제가 하나님 앞에 상달되어 기억하신 바가 되었으니"(행 10:1-4).

고넬료는 환상 속에서 하나님의 천사를 보았다. 이 사건을 통해 그분은 진리를 찾는 사람에게 자신을 나타내셨다. 이런 식으로 그분이 나타나신 사건들은 사도행전의 도처에서 발견된다. 사도행전에 나오는 초대교회 안에서 하나님은 그분을 찾는 사람들에게 기적적인 방법을 통해 나타나셨다.

사도행전을 더 읽어 내려가면 사도 바울의 놀라운 사역들을 보게 된다. 바울은 날마다 하나님과 함께 살아간 사람이었다. 그가 더 큰 어려움에 빠져들 때마다 그리스도께서 더 많이 나타나셨다. 때로는 예수님이 밤에 친히 찾아오셔서 그의 곁에 서서 하나님의 임재에 대한 확신을 주셨다. 신약성경에서 사도행전 다음에 이어지는 서신들과 요한계시록은 하나님께서 그분의 백성의 삶에 개입하신다는 것을 계속 보여준다. 내가 볼 때, 그리스도인이나 교회가 어려움을 더 많이 당할수록 하나님께서 그들에게 더 많이 나타나셨다. 초대교회의 좌우명은 '우리 가운데 계신 하나님'이었다.

교회의 역사 속에서 '하나님 음성 듣기'

교회의 역사를 보면 하나님께서 그분의 사랑하시는 자들 안에서 일하신 예를 무수히 볼 수 있다. 그들의 이름을 열거할 것 같으면 어거스틴, 사보나롤라(Savonarola, 1452~1498. 이탈리아의 수사로서 종교개혁가), 목회자 블룸하르트(Blumhardt), 조지 뮬러(George Mueller), 허드슨 테일러(J. Hudson Taylor), D. L. 무디(D. L. Moody), A. B. 심슨(A. B. Simpson, 토저가 속했던 교단 '기독교선교연합' 창시자) 등 끝이 없다. 이런 사람들을 통해 하나님은 기적적인 방법으로 자신을 나타내셨다. 그들의 삶을 볼 때 우리는 하나님께서 그들에게 결코 침묵하시지 않았다는 걸 쉽게 알 수 있다. 주님은 그들을 통해 말씀하시고 행동하시고 그분의 목적을 이루셨다.

우리의 눈에 또 보이는 것은 부흥의 역사이다. 웨일즈부흥

(1904~1905년에 웨일즈에서 일어난 부흥), 한국에서 일어난 하나님의 큰 역사, 대각성운동, 뉴 헤브리디스(남태평양의 군도)의 부흥 같은 것 말이다. 물론 이 밖에도 많은 부흥이 있었다. 이런 부흥들에 관해 읽어보라. 그러면 소생케 하는 그 사건들 가운데 하나님께서 결코 침묵하지 않으셨다는 걸 알게 될 것이다. 존 웨슬리와 찰스 웨슬리(John and Charles Wesley)는 하나님께서 그들을 통해 이루신 부흥으로 세상을 흔들어놓았다. 이런 부흥의 때에 하나님은 그분의 교회에게, 그분의 교회를 통해 크고 분명하게 말씀하셨다.

미국에서는 하나님께서 찰스 피니(Charles Finney, 1792~1875. 19세기 초 미국에서 부흥 운동을 이끈 중심인물)를 통해 큰 일을 이루셨다. 하나님은 이 엄격한 장로교 복음전도자를 크게 들어 사용하셨다. 그는 하나님의 임재의 느낌이 약해질 때마다 모든 일을 멈추고 숲속으로 들어가 얼굴을 땅에 대고 그의 마음이 다시 불타오를 때까지 기도했다. 하나님은 그를 통해 크고 분명하게 말씀하셨다.

A. B. 심슨의 삶은 거의 매일이 기적이었다. 하나님은 캐나다 태생의 이 복음전도자를 통해 말씀하셨다. 그 결과, 그가 시작한 선교사역은 현대 역사에서 매우 큰 선교운동 중 하나가 되었다.

그런데 대부분의 사람들, 심지어 그리스도인들조차 이런 영적 부흥에 대해 전혀 문외한이라는 것이 나를 슬프게 한다. 그들은 내가 방금 언급한 사건들에 대해 읽는다 해도, 하나님께서 침묵을 깨고 말씀하실 때 이런 위대한 신앙인들을 사용하셨다는 것을 이해하지 못한다.

하나님이 일하신 네 가지 영역

하나님께서 그분의 백성을 상대로 어떻게 행하셨는지를 살펴보면 그분이 역사적으로 네 가지 영역에서 일하셨다는 걸 알게 된다.

첫째, 그분은 사람의 마음속에서 구원의 역사를 이루셨다. 인간의 마음에 속량과 죄 사함의 메시지가 전달될 때 하나님의 말씀의 능력이 인간을 변화시키는 것을 보게 된다. 이것이야말로 하나님께서 주시는 큰 복이 아닐 수 없다!

둘째, 하나님은 강하게 하고 치유하는 일을 해오셨다. 이것을 보여주는 간증이 셀 수 없이 많고 지극히 감동적이기 때문에 부정할 수가 없다. 물론, 이런 분야에도 종교적 협잡꾼이 있고 가짜 치유가 있다는 것을 부정하지는 않는다. 하지만 하나님께서 그분의 백성의 신체적 질병을 말씀으로 고쳐주시는 기적을 베푸셨다는 것은 부인할 수 없는 사실이다.

셋째, 하나님은 고난 가운데 있는 사람에게 말씀을 통해 용기와 인도하심을 베푸신다. 현재 우리는 그리스도인의 신앙적 삶을 정면으로 대적하는 세상에서 살고 있다. 이런 상황에서 하나님께서 성경을 통해 말씀하시면 우리의 고난은 새로운 의미를 갖게 된다. 생명을 통해 전달되는 하나님의 말씀은 주님과 동행하는 그리스도인의 길에 빛을 비춘다.

넷째, 하나님의 말씀이 가장 극적으로 나타나는 분야는 영혼구원의 사역이다. 그리스도의 최대 관심사는 사람들이 그분을 주님과 구주로 믿는 것이다. 하나님께서 오늘날 교회에 들려주시는 것은 속량의 말씀이다. 그분은 사람들이 죄를 회개하고 예수님을 구주와 주님으로 영접하기를 간절히 바라신다. 그리고 그런 그분의 마음을 우리에게 전해주신다.

그렇다! 하나님은 오늘날 우리의 세상에서 말씀하신다. 대부분의 사람들은 그분의 음성을 듣지 못한다. 하지만 그분의 세미한 음성을 듣는 사람들은 그 음성이 그들의 삶에서 지극히 큰 능력으로 나타난다는 사실에 감동하지 않을 수 없다. 그분의 음성은 삶의 모든 부분에서 나타날 수 있는데, 그 음성을 듣는 자는 역경의 때에 힘과 격려와 복을 얻게 된다.

하지만 슬프게도, 그분의 음성을 듣지 못하는 자들이 그리스도인들 중에도 많이 있다. 그들에게 하나님의 침묵은 너무나 당연한 것 같다. 그분이 응답하실 것이라고 기대하지 말라는 교육을 받은 자들이 너무 많다. 이런 자들에게 기도는 아무런 기대 없이 드려지는 종교적 의식(儀式)일 뿐이다. 그들은

"우리는 기도해야 합니다"라는 누군가의 말을 듣고 그저 형식적으로 기도할 뿐이다. 그들은 기도의 아름다운 부분, 즉 응답을 기대하는 것을 모른다. 아무 기대 없이 기도하는 사람은 기도가 무엇인지, 하나님과의 관계가 무엇인지 모르는 사람이다. 만일 내가 하나님께서 침묵하신다고 전제하고 기도한다면 내 기도는 아무런 가치가 없다.

여기서 나는 한 가지 질문을 던지지 않을 수 없다.

"우리는 성경이 약속한 기도의 응답을 받는 복을 누리고 있는가?"

이 문제와 관련하여 내가 들려주고 싶은 성경의 약속들은 다음과 같다.

"그런즉 너희는 먼저 그의 나라와 그의 의를 구하라 그리하면 이 모든 것을 너희에게 더하시리라"(마 6:33).

"너희가 내 안에 거하고 내 말이 너희 안에 거하면 무엇이든지 원하는 대로 구하라 그리하면 이루리라"(요 15:7).

"볼지어다 내가 문 밖에 서서 두드리노니 누구든지 내 음성을 듣고 문을 열면 내가 그에게로 들어가 그와 더불어 먹고 그는 나와 더불어 먹으리라"(계 3:20).

"오직 성령이 너희에게 임하시면 너희가 권능을 받고 예루살렘과 온 유대와 사마리아와 땅 끝까지 이르러 내 증인이 되리라 하시니라"(행 1:8).

"누구든지 형제가 사망에 이르지 아니하는 죄 범하는 것을 보거든 구하라 그리하면 사망에 이르지 아니하는 범죄자들을 위하여 그에게 생명을 주시리라 사망에 이르는 죄가 있으니 이에 관하여 나는 구하라 하지 않노라"(요일 5:16).

하나님의 음성은 그분의 약속에 들어 있다. 이런 약속들은 인간이 하는 약속과는 다르다. 주님의 모든 약속의 배후에 그분의 능력이 있기 때문이다.

이런 약속들 없이 목회하는 사람들이 있다는 것은 정말 놀라운 일이다. 내가 볼 때 그들은 자신에게 무엇이 없는지조차 깨닫지 못하는 것 같다. 이것도 정말 황당한 일이다. 어떻게 이런 일이 일어나는가? 성경의 분명한 가르침이 우리에게 주어져 있지 않은가? 하나님께서 말씀하시지 않는가? 그분은 침묵의 하나님이 아니시지 않는가?

그분의 침묵을 둘러싸고 있는 불가사의는 바로 '불신앙이라는 불가사의'이다! 우리는 하나님께서 무엇이라고 말씀하시는지를 알아야 한다. 그리고 말씀하시는 분이 바로 하나님이시라는 것도 알아야 한다. 그런 다음 그분의 말씀이 이해가 되든 안 되든 간에 그것을 믿어야 한다. 그분의 조언을 우리의 이해력의 법정에 세워서는 안 된다.

불신앙의 세상은 우리가 하나님의 말씀에 어떻게 반응하는지를 보려고 우리에게 주목한다. 우리가 믿는다고 주장하는 것을 정말로 믿는다면 그 믿음은 우리의 행동에 극적으로, 또 역동적으로 영향을 미칠 것이다. 우리의 행위가 우리의 믿음에 부합하지 않는다면 우리는 그리스도인이 아니라 위선자이다.

하나님의 음성을 듣지 못하게 방해하는 것

이제 우리가 제일 처음에 던진 질문으로 돌아가보자.

"무엇 때문에 하나님은 침묵하시는가?"

우리가 그분의 음성을 듣지 못하도록 하는 네 가지가 성경에 언급된다.

"네 번제의 양을 내게로 가져오지 아니하였고 네 제물로 나를 공경하지 아니하였느니라 나는 제물로 말미암아 너를 수고롭게 하지 아니하였고 유향으로 말미암아 너를 괴롭게 하지 아니하였거늘"(사 43:23).

"그러나 야곱아 너는 나를 부르지 아니하였고 이스라엘아 너는 나를 괴롭게 여겼으며"(사 43:22).

"그들이 믿지 않음으로 말미암아 거기서 많은 능력을 행하지 아니하시니라"(마 13:58).

"여호와의 손이 짧아 구원하지 못하심도 아니요 귀가 둔하여 듣지 못하심도 아니라 오직 너희 죄악이 너희와 너희 하나님 사이를 갈라놓았고 너희 죄가 그의 얼굴을 가리어서 너희에게서 듣지 않으시게 함이니라"(사 59:1,2).

우리의 죄, 우리의 불신앙, 기도하지 않는 것 그리고 예배를 게을리하는 것 때문에 우리는 하나님의 음성을 듣지 못할 수 있다. 그런데 나는 여기서 다시 묻고 싶다. 하나님은 침묵하시는가? 그 대답은 분명히 '노'(No)이다.

그분이 말씀하신다는 신약의 선언은 무효화되지 않았다. 이 선언이 무효화되었다고 주장하는 사람은 증거를 제시해야 할 것이다. 물론, 그런 증거는 나올 수 없다. 여전히 하나님은 그분의 말씀을 통해 그분의 백성에게 말씀하신다. 이제까지 항상 그러셨듯이 말이다.

"옛적에 선지자들을 통하여 여러 부분과 여러 모양으로 우리 조상들에게 말씀하신 하나님이 이 모든 날 마지막에는 아들을 통하여 우리에게 말씀하셨으니 이 아들을 만유의 상속자로 세우시고 또 그로 말미암아 모든 세계를 지으셨느니라"(히 1:1,2).

그렇다면 진짜 질문은 "하나님께서 침묵하시는가?"가 아니라 "내가 하나님의 음성을 듣고 있는가?"가 되어야 한다. 이 진짜 질문에 '노'라는 대답이 나온다면 해결책을 찾아야 한다. 성경은 그 해결책이 무엇인지 말해준다. 하나님의 침묵은 불가사의한 것이 아니다. 인간이 그분의 음성을 듣지 않고 살아가기를 고집하는 게 진짜 불가사의이다.

내 영혼아, 잠잠하라
주님이 네 편이시라
슬픔과 고통의 십자가를
참고 견디어라
네 하나님께 맡기면
그분이 풀어주시고 채워주시리라
모든 것이 변해도
그분은 변치 않으시니
내 영혼아, 잠잠하라
당신의 최고의 친구,
하늘에 계신 당신의 친구가
가시밭길을 지나
기쁨의 땅으로 인도하시리라

내 영혼아, 잠잠하라
네 하나님께서 미래를 인도하시리니
과거에도 그러셨도다
그 어떤 일도 네 소망과 네 확신을
흔들지 못하게 하라
지금은 이해가지 않는 의문이
결국 모두 풀리리니

내 영혼아, 잠잠하라
파도와 바람도
그분이 이 땅에 계실 때에
그분의 음성으로 잔잔해진 사건을
지금도 기억하도다

내 영혼아, 잠잠하라
우리가 주님과 영원히 있게 될 시간이
서둘러 다가오고 있도다
실망과 고통과 두려움이 없어지고
슬픔의 기억이 사라질 때
지극히 순수한 사랑의 기쁨이 회복되리라
내 영혼아, 잠잠하라
변화와 눈물이 지나가면
우리 모두가 결국 만나
영원히 안전하고 복되리라

_ 카타리나 A. D. 폰 슐레겔(Katharina A. D. von Schlegel, 1697년~)
　내 영혼아 잠잠하라

CHAPTER 17 God's power for your life

하나님의 말씀에 임하는
성령의 능력

오, 하나님! 주를 찾는 중에 주님과 주님의 길을 감추려는 가짜들을 많이 만났습니다. 제가 가는 길에는 안개가 끼어 있고, 저의 주의를 산만하게 하며 방해하는 것들이 주를 보지 못하게 합니다. 하나님의 진정한 행하심을 성령을 통해 알게 하옵소서. 제 안에서 나타나는 성령의 역사에, 그 충만함에 제 마음을 열게 하옵소서.

그리스도인의 봉사와 증언에 특별한 능력이 있는 이유는, 하나님의 말씀을 통해 우리의 삶에서 역사하시는 성령께서 그것을 사용하시기 때문이다. 하나님께서는 그리스도인의 봉사와 증언을 사용하셔서 그분의 목적을 이루시기 때문에 우리 영혼의 원수는 가짜 봉사와 가짜 증언을 만들어내려고 혈안이 되어 있다. 이것은 우리가 쉽게 추측할 수 있는 바다.

가짜가 흉내 내려는 것은 진짜이다. 그러므로 가짜가 눈에 보일 때마다 나는 진짜를 찾기 위해 주변을 둘러보는데, 왜냐하면 진짜가 먼 곳에 있지 않기 때문이다. 그리스도를 대적하는 자가 영적 가짜를 만들어낼 때 사용하는 방법은 사람들을 혼란에 빠뜨려 참된 길, 즉 하나님께로 인도하는 참된 길에서 벗어나게 하는 것이다.

이런 맥락에서 나는 이런 질문을 던지게 된다.

"주님을 위한 나의 봉사와 그분의 은혜에 관한 나의 증언이 능력 가운데 열매를 맺도록 해주는 것은 무엇인가?"

이 질문에 정확히 대답할 수 있는 사람은 현대 문화 속에서 그리스도인으로서 승리의 삶을 살 수 있는 최고의 비결을 알고 있는 사람이다. 우선 내가 말하고 싶은 것은 외부로부터의 변화가 아니라 내부로부터의 변화가 일어나야 우리가 승리의 삶을 살 수 있다는 것이다.

나는 현대 그리스도인의 문제점 하나를 지적하고 싶다. 그들은 성령의 내적 사역보다 세상의 외적인 것들에 더 영향을 받는다. 그러나 언제나 성령은 우리의 내면에서부터 일하신다. 그 반대 방법으로는 결코 일하지 않으신다.

우리가 우리의 마음을 성경 말씀으로 가득 채우면 성령께서는 우리의 내면을 상대로 일하기 시작하신다. 그렇게 되면 우리의 내면에서부터 밖으로 흘러나가는 증언과 사역이 우리 주변의 세상을 바꾸어놓는다.

이런 일이 어떻게 일어나는가? 개인의 삶 속에서 일하시는 성령의 사역의 두 가지 요소를 살펴보면 이 질문에 대답할 수 있을 것이다.

죄인이 죄를 깨닫게 해야 한다

성령의 사역의 첫 번째 요소는 죄인이 죄를 깨닫게 하는 것이다(요 16:7-11 참조). 그리스도인으로서 우리의 봉사와 증언이 열매를 맺으려면 사람들의 도덕적 의식의 깊은 곳까지 파고들어야 한다. 그렇게 되면 우리의 봉사와 증언이 그들의 관심을 사로잡는 데 성공한 것이다. 이것이 우리의 봉사와 증언의 첫걸음이다.

우리의 봉사와 증언의 대상이 된 사람들은 영적 영역에서 도전을 받아야 한다. 영적인 것들에 관심을 갖는 사람들은 많지 않다. 왜냐하면 그런 것들에 관심을 갖게 되면 의무감을 가지고 노력해야 할 뿐 아니라 하나님께 헌신해야 하기 때문이다. 하지만 우리의 복음 증거가 열매를 맺기 위해서는 전도대상의 영혼 깊은 곳까지 파고들어야 한다.

우리가 이 일에 성공하면, 전도대상자는 자기가 인간의 방법으로는 의(義)에 이를 수 없다는 것을 깨닫게 된다. 다시 말해서, 인간의 모든 노력을 초월하는 하나님의 의를 얻어야 구원받는다는 사실을 알게 된다.

전도대상자에게 접근하는 것은 세심한 주의를 요하는 일이다. 한편으로는 전도대상자가 의를 추구하다가 낙심한 나머지 노력을 포기하지 않도록 하면서, 다른 한편으로는 인간의 방법으로는 의에 이를 수 없다는 걸 깨닫도록 해야 하기 때문이다.

성령께서는 전도대상자의 양심을 일깨우기 위해 우리를 사용하신다. 우리 영혼의 원수가 사용하는 한 가지 술책은 인간의 양심을 마비시키는 것이다. 마비된 양심을 만져 다시 깨어나게 하는 것이 성령의 일이다. 인간의 영혼 깊은 곳에는 마비된 양심이 있다. 성령께서는 그런 양심을 만지셔서 소생시키기를 원하신다.

성령께서 그렇게 하실 때, 인간은 당연히 두려움을 느낀다. 이에 대한 좋은 예가 성경에 나온다.

"그들이 이 말을 듣고 마음에 찔려 베드로와 다른 사도들에게 물어 이르되 형제들아 우리가 어찌할꼬 하거늘"(행 2:37).

이것이 사람의 마음에서 일어나는 죄의 자각이다. 죄의 자각은 인간이 하나님의 관점에서 자기 자신의 도덕적 상태를 볼 때 느끼게 되는 가혹한 현실이다. 원수 마귀는 사람들의 양심을 마비시켜 그들이 자신의 도덕적 상태를 보고도 두려움을 느끼지 못하도록, 즉 성경적 표현으로 말하면 마음에 찔림을 받지 않도록 하기 위해 아주 바쁘게 일한다.

그는 특히 이 시대에 바쁘다. 할리우드(Hollywood)는 인간이 그런 두려움을 느끼지 못하도록 인간의 마음을 강퍅하게 만들기 위해 바쁘게 일해 왔다. 그리하여 이제 미국의 대중이 두려움을 느끼게 하는 것은 거의 불가능해졌다.

진정한 회심에 이르려면 죄의 자각이 필요하다. 죄의 자각을 통하지 않고는 구원에 이를 수 없다. 하나님께서 인간의 삶에서 이루고자 하시는 것은 성령의 능력과 성경을 통해 죄를 자각하게 하는 것과 깊이 관련되어 있다. 성령의 역사하심은 마음의 도덕적 영역으로 뚫고 들어가는 것에서 시작된다.

성령님의 이 같은 사역의 목적은 죄가 무엇인지 지적하는 것이다. 죄를 지적한다는 것은 하나님의 관점에서 무엇이 죄인지를 분명히 밝히는 것이다. 세상 사람들은 죄의 존재를 인정하지 않는다. 설사 죄를 인정한다 해도 아무도 죄를 두려워하지 않는다. 그들은 "나는 죄를 짓는 것이 아니라 내가 하고 싶은 대로 하면서 즐겁게 사는 것뿐이다. 어차피 완전한 사람은 없지 않은가?"라고 말한다.

내 이야기의 요점은 이것이다. 그리스도인의 봉사와 증언을 통해 전도대상자의 마음에 도덕적 자각을 심어주어야 하는데, 그렇게 하실 수 있는 분은 오직 성령님이시며, 대부분의 경우 성령께서는 말씀으로 충만한 사람을 통해 그렇게 행하신다!

영적 계시

죄를 깨닫게 하는 성령님의 사역을 바짝 따르는 것은 성령님의 사역의 두 번째 요소인 영적 계시이다. 우선 다음 말씀을 읽어보자.

"그의 위에 여호와의 영 곧 지혜와 총명의 영이요 모략과 재능의 영이요 지식과 여호와를 경외하는 영이 강림하시리니"(사 11:2).

"내가 아버지께로부터 너희에게 보낼 보혜사 곧 아버지께로부터 나오시는 진리의 성령이 오실 때에 그가 나를 증언하실 것이요"(요 15:26).

"그러나 진리의 성령이 오시면 그가 너희를 모든 진리 가운데로 인도하시리니 그가 스스로 말하지 않고 오직 들은 것을 말하며 장래 일을 너희에게 알리시리라 그가 내 영광을 나타내리니 내 것을 가지고 너희에게 알리시겠음이라 무릇 아버지께 있는 것은 다 내 것이라 그러므로 내가 말하기를 그가 내 것을 가지고 너희에게 알리시리라 하였노라"(요 16:13-15).

이 말씀들을 종합하여 준엄한 결론을 내리자면 이렇다. 영원한 아들을 믿기 전에는 누구도 구원받을 수 없는데, 성령님을 통하지 않고는 아무도 영원한 아들을 믿을 수 없다. 또한 성령께서는 헌신적인 그리스도인들을 통해 그분의 일을 이루신다. 이것이 성령님의 사역의 위대한 신비이다. 다시 말씀을 읽어보자.

"그러므로 내가 너희에게 알리노니 하나님의 영으로 말하는 자는 누구든지 예수를 저주할 자라 하지 아니하고 또 성령으로 아니하고는 누구든지 예수를 주시라 할 수 없느니라"(고전 12:3).

"하나님의 아들을 믿는 자는 자기 안에 증거가 있고 하나님을 믿지 아니하는 자는 하나님을 거짓말하는 자로 만드나니 이는 하나님께서 그 아들에 대하여 증언하신 증거를 믿지 아니하였음이라"(요일 5:10).

이것이 성경의 명백한 가르침이다. 여기에 예외는 있을 수 없다. 증거라는 것이 사람의 지성(知性)은 설득할 수 있지만, 사람의 마음을 움직여 믿음에 이르게 하지는 못한다. 그러므로 결정적인 것은 마음을 움직여야 한다. 사람의 마음이 도덕적으로 찔림을 받아야 하고, 영적 계시를 체험해야 한다. 이런 과정을 통하지 않고는 누구도 그리스도를 알 수 없다.

개종주의(proselytism)의 문제점

사람의 마음에서 일하시는 성령님의 사역이 없다면 우리는 '종교적 개종'의 문제에 빠지게 된다. '개종'이란 그리스도께 정신적으로 동의하여 기독교를 따르는 자가 되는 것을 말한다.

여기서 우리는 '정신적인 동의'라는 말에 주목해야 한다. 이것이 억지로 강요하여 종교를 바꾸게 하는 개종주의의 가장 큰 위험성이다. 사람들은 좋은 의도로 추진할지 몰라도 실상은 매우 위험하다. 이것은 사탄이 영생을 향해 나아가는 사람들을 중간에서 가로채는 수단이 되고 말았다. 사탄의 운전면허 유효기간이 아직 끝나지 않았다는 것을 기억하라. 개종주의는 원수 마귀가 고도로 발달시킨 사기극 중 하나이다. 그렇다면 개종주의가 어떻게 이루어지는지 살펴보자.

종교를 전하는 자는 "멋지고 혁명적인 신앙을 가지라"고 사람들을 설득한다. 그는 매우 설득력 있게 말한다. 이단(異端)들이 사람들에게 먹히는 것도 매우 설득력 있게 말하기 때문이다. 전도자는 인류에 도움이 되는 선한 신앙을 제시한다. 사람들이 그가 전하는 신앙을 받아들여 열렬한 추종자가 되면 그때부터 진짜 문제가 시작된다. 오늘날 세상의 거짓 종교들과 이단들이 이런 식으로 세력을 확장한다.

듣기에 그럴 듯한 신앙에 헌신하는 사람들이 많기 때문에 오늘날 세계 도처에서 이단들이 빠르게 성장하고 있다. 생각나는 대로 어떤 이단이라도 머리에 떠올려보라. 그러면 그것이 이런 개종주의를 통해 교세를 확장했다는 것을 금방 깨닫게 될 것이다.

내가 걱정하는 것은 이런 방법이 복음적인 교회 안에도 침투했다는 것이다. 개종이라는 것은 가치의 교환이다. 다시 말해서, 한 가지 가치를 포기하는 대신 다른 가치를 얻는 것이다. 예를 들어보자. 무종교를 포기하고 종교를 갖는 것, 무신론을 버리고 신(神)의 존재를 믿는 것, 불교를 떠나 기독교로 귀의하는 것, 가톨릭에서 개신교로 옮기는 것 등이다.

그러나 소위 개종자는 남에게 설득을 당해 한 가지 오류에서는 벗어났지만 다른 오류에 빠지게 된다. 그러므로 우리는 개종주의의 부적절함과 위험성을 깨달아야 한다. 개종주의는 오직 성령께서 주실 수 있는 참된 회심의 체험을 가로막기 때문에 하나님나라에 큰 해를 끼쳤다.

끊어진 다리

불완전한 회심은 무종교보다 더 치명적이다. 강 저편까지 이르지 못하고 중간에 끊긴 다리가 아예 다리가 없는 것보다 더 위험하지 않은가! 끊어진 다리는 거짓 희망을 준다. 눈앞에 도사리고 있는 위험을 가린다. 개종주의는 전체를 다 보여주지 않고 부분만 보여준다. 부분적 진리를 제공할 뿐 완전한 진리는 제공하지 못한다.

물론, 불완전한 회심도 나름대로 도움이 될 수 있다. 지금 이단들이 나름대로 이루어내는 일들을 보라. 이단들도 선한 일을 해서 좋은 평판을 얻기도 한다. 사실, 그들은 우리 문화 속에서 선한 일을 이루는 데 상당한 수완을 보인다.

이단들도 사람을 개선시킨다. 예를 들면, 알코올중독자를 변화시켜 술을 끊게 만들기도 하고, 어떤 사람이 정신을 차리고 자기 삶의 문제들과 어려움을 이겨내도록 도움을 주기도 한다. 물론 이런 일들은 좋은 것이지만, 구원에 이르게 하지는 못한다.

불완전한 회심이 사람들을 단련할 수도 있다. 어떤 사람의 삶의 모난 부분을 제거하여 단련하는 것은 잘못이 아니다. 또 어떤 사람이 긍정적인 마음과 태도로 살아가도록 돕는 것도 잘못이 아니다. 어떤 사람들은 늘 부정적인 생각에 사로잡혀 있기 때문에 긍정적 변화가 필요하기도 하다. 하지만 정말 중요한 것에서 긍정적이지 못하다면, 그다지 중요하지 않은 것에서 일어나는 긍정적 변화로는 충분하지 않다.

이단들도 사람들에게 삶의 의욕을 불어넣어줄 수 있다. 그들은 아무런 결실도 없이 음울한 삶을 살아가는 사람을 찾아간다. 그리고 그의 지성과 감성을 일깨우는 관심거리를 제공하여 그의 삶에 나름 큰 변화를 일으킨다.

심지어는 자기희생의 삶을 살도록 이끌기도 한다. 일부 이단들은 막대한 기부와 희생적인 삶으로 세상에 널리 알려지기도 하는데, 이런 것을 볼 때 오늘날 그리스도인들은 부끄러워

해야 한다. '희생'이라는 것은 더 만족스런 삶을 살기 위해 대가를 치르는 것이다. 희생이라는 것은 내가 '원하는' 것을 얻기 위해 내가 '가진' 것을 포기하는 것이다. 사실 따지고 보면, 모든 사람이 매일 희생을 치르며 살아간다. 문제는 내가 무엇을 원하느냐 하는 것이다.

이단들이 현실적으로 이루는 것들이 겉보기에 좋아 보여도, 나는 이단에 빠진 사람들이 그 전보다 오히려 더 구원에서 멀어졌다고 지적할 수밖에 없다. 왜냐하면 결국 실망만 안겨주게 될 거짓 소망을 품고 살아가기 때문이다. 이에 대해 예수님은 이렇게 지적하셨다.

"화 있을진저 외식하는 서기관들과 바리새인들이여 너희는 교인 한 사람을 얻기 위하여 바다와 육지를 두루 다니다가 생기면 너희보다 배나 더 지옥 자식이 되게 하는도다"(마 23:15).

개종주의는 어느 정도까지는 가지만, 끝까지 가지는 못한다. 그것은 개인의 삶에서 반드시 일어나야 할 변화를 이끌어 내는 데는 미치지 못하기 때문에 위험스럽다. 종교는 개인의 삶을 개선시킬 수 있지만, 그 개인을 변화시키지는 못한다. 삶의 이런저런 부분들을 개선시키는 것도 나름 가치가 있겠지만, 개인의 근본적인 변화에는 미치지 못한다. 삶의 근원적 변화를 가능케 하시는 분은 오직 성령님이시다!

오늘날 교회의 사역과 선교와 전도와 기독교 출판과 저술,

그리고 기독교 음악이 많은 부분 개종주의에 지나지 않기 때문에 나는 걱정이 된다. 많은 이들이 선한 의도를 가지고 사역에 뛰어들지만, 그들의 일이 개종주의에 그치지 않기 때문이다. 자기들이 선(善)을 행한다고 생각하지만, 사실 많은 이들의 믿음을 난파시키고 있다. 사람들을 결국 회심에 이르게 하는 데 실패하는 것이 개종주의의 재앙이다.

함정에서 벗어나라

그렇다면 이런 재앙을 피하는 방법은 무엇일까? 우리의 노고와 사역과 증언이 단순한 개종주의로 끝나는 것을 막으려면 어떻게 해야 할까? 그 대답은 간단하다. 바로 성령께서 일하시도록 하면 된다. 이미 내가 언급한 성령님의 사역의 두 가지 요소, 즉 '도덕적 자각을 일으키는 것'과 '영적 빛을 비추어주는 것'이 전제되면 우리의 사역은 개종주의의 함정에 빠지지 않게 된다.

이 두 요소가 성령님의 사역의 가장 중요한 부분이라는 것은 아무리 강조해도 지나치지 않다. 우리가 아무리 애쓰고 힘써도 오직 성령께서 행하실 수 있는 것을 행할 수는 없다. 그러므로 우리는 그분이 책임자가 되셔서 우리의 헌신된 삶을 통해 그분의 일을 하시도록 해야 한다.

이런 관점에서 볼 때, 오늘날의 복음주의 교회가 주목해야 할 것이 드러난다. 그것은 성령충만이다. 성령으로 충만하면 우리는 성령님 안에서 일하게 되고, 성령님은 우리를 통해서 일하시게 된다. 성령님이 그분의 도구인 성경을 사용하셔서 우리를 통해 일하시면 우리 주변의 사람들에게서 변화가 일어날 것이다.

일어나라, 내 영혼아, 일어나라
두려움은 죄니, 두려움을 떨쳐버려라
피 흘리신 희생제물께서
너를 위해 나타나신다
보좌 앞에 네 보증인이 서 계신다
보좌 앞에 네 보증인이 서 계신다
네 이름이 그분의 손에 기록되어 있다

그분이 저 위에서 영원히 살아 계셔
그분의 속량의 사랑을
그분의 보혈을 증거로 내세우며
너를 위해 중보기도를 하신다
그분의 피가 온 인류의 속죄를 이루셨다
그분의 피가 온 인류의 속죄를 이루셨다
그 피가 지금 은혜의 보좌에 뿌려진다

그분에게는
갈보리에서 생긴
피 흐르는 다섯 상처가 있다
그 상처들에서 기도의 응답이 흘러나오고
그 상처들이 너를 변호하도다.
"이 사람을 용서해주소서. 오, 용서하소서!"
그 상처들이 소리친다
"이 사람을 용서해주소서. 오, 용서하소서!
속량 받은 죄인이 죽게 하지 마소서!"

아버지께서 그분의 기도를 들으신다
사랑하시는 기름부음 받은 자의 기도를 들으신다
면전에 계신 그분의 아들을
외면하실 수 없다
그분의 영이 보혈에 응답하신다
그분의 영이 보혈에 응답하신다
네가 하나님에게서 난 자라고
그분의 영이 네게 말씀해주신다

네 하나님께서 화목을 이루셨고
용서의 음성이 네 귀에 들린다

그분이 너를 자녀로 인정하시니
네게 더 이상 두려움은 없으리라
이제 너는 담대히 그분께 나아갈 수 있다
이제 너는 담대히 그분께 나아갈 수 있다
그리고
그분을 "아버지, 아바 아버지!"라고 부를 수 있다

_ 찰스 웨슬리(Charles Wesley, 1707~1788)
　일어나라 내 영혼아 일어나라

CHAPTER **18** God's power for your life

그분의 약속 안에 거하라

제가 주님을 사랑합니다. 주님은 언제나 약속을 지키시는 분이심을 믿기 때문입니다. 이런저런 이유로 약속을 깨뜨리는 자들이 제 주변에 가득합니다. 모든 사람이 언젠가는 저를 실망시켰지만, 주님은 결코 저를 실망시키지 않으셨습니다. 주님은 말씀대로 행하셨고, 주의 말씀은 제게 선하십니다. 제 마음에 흘러들어온 주의 약속에 오늘 저와 제 마음과 제 생각과 제 삶을 맡깁니다.

나는 하나님께서 우리에게 주시는 희소식을 전해주고 싶다. 이 소식은 우리의 영혼을 치유해줄 것이다. 이것은 먼 나라에서 오는 소식보다 더 좋은 것이며, 지금 세상에서 들려오는 어떤 소식보다 더 좋다. 성령님을 통해 전해진 이 소식은 바로 우리를 위한 것이다.

성령께서는 그리스도인의 믿음을 더욱 굳세게 해주신다. 그분은 우리에게 "그리스도를 믿는 이 믿음은 모든 것을 다 바쳐 붙잡을 만큼 가치 있는 것이다. 네 충성심과 헌신의 온전한 대상이 되기에 조금도 손색이 없다"라고 말씀하신다. 성령님의 말씀에 따르면, 그리스도를 믿는 신앙은 하나님의 속성에 그 기초를 둔다. 나는 우리 그리스도인의 소망이 삼위일체 하나님의 속성에 뿌리를 둔다고 강조하고 싶다. 우리는 새 언약을 통해 구원 받는다.

우리가 언약의 사람들이란 것을 우리 그리스도인들이 명심하면 얼마나 좋을까! 우리는 새 언약을 통해 구원받은 '언약의 사람들'이다(아주 오래전 스코틀랜드의 신앙인들은 스스로를 '언약의 사람들'이라고 불렀다). 하나님께서는 그분의 자유의지에 따라 언약을 맺으셨다. 그리스도인이 그리스도인인 이유는, 또 앞으로도 그리스도인으로 남게 되는 이유는 '성삼위(聖三位) 하나님과 신자 사이의 언약'에 의해 묶여 있기 때문이다. 하나님은 그분의 은혜가 결코 끝나지 않으리라는 확신을 주신다.

시편 89편은 하나님께서 사람들과 맺은 언약에 대해 말한다. 이 언약은 다윗과 맺은 언약이지만, 단지 다윗에게만 국한되는 것은 아니다. 시편 89편에서 하나님은 다윗보다 더 위대한 다윗의 자손이자 상속자이신 주 예수 그리스도에 대해 말쓸하신다.

이 시에서 하나님은 다윗에 대해, 다윗의 자손에 대해, 그리고 다윗의 백성에 대해 말씀하신다. 하나님께서는 우리에게 무조건적인 약속을 하시지 않지만, 이 시의 약속은 거의 무조건적이다.

"그를 위하여 나의 인자함을 영원히 지키고 그와 맺은 나의 언약을 굳게 세우며 … 내 언약을 깨뜨리지 아니하고 내 입술에서 낸 것은 변하지 아니하리로다"(시 89:28, 34).

이 약속들이 의미가 있으려면, 이 약속을 주신 분이 믿을 만한 분이시란 사실이 전제되어야 한다. 사실, 약속 자체는 무의미하다. 무릇 약속의 가치는 그 약속을 주신 분의 속성에 좌우된다.

만일 우리가 지킬 수 없는 약속이나 혹은 애당초 지킬 의도조차 없던 약속을 한다면, 그것은 가치도, 소용도 없는 약속이 된다. 정말로 약속을 지키겠다는 의도를 가진 사람이 자신이 지킬 수 있는 약속을 할 때, 그것이 비로소 선한 약속이 되는 것이다. 그 약속이 그의 선한 성품에서 출발했기 때문이다. 다시 말하지만, 하나님의 모든 약속은 그분의 속성에 기초한다.

따라서 내가 계속 강조하고 주장하고 싶은 것은, 우리 하나님께서 어떤 분이신지를 알아야 한다는 것이다. 우리는 약속 뒤에 계신 하나님을 알아야 한다. 우리가 대하는 하나님께서 어떤 분이신지를 알기 위해 성경을 부지런히 공부해야 한다. 그렇게 할 때 우리의 믿음이 정상적이고도 자연스럽게 자랄 것이다. 하나님을 안다면 그분의 약속의 말씀을 들을 때 그 약속이 절대적으로 믿을 만하다고 생각할 수밖에 없다. 약속을 주신 분이 믿을 만한 분이시기 때문이다.

인간의 약속은 실망을 안겨준다

약속이 깨지거나 실패하는 데는 여러 가지 이유가 있는데, 그중 몇 가지를 소개하겠다.

먼저, 약속을 한 사람이 애당초 그 약속을 지킬 마음도 없이 약속을 한 경우이다. 이런 경우, 약속이 깨지는 이유는 약속을 한 사람의 이중성 때문이다. 애초에 약속을 지킬 의도가 없었는데 어떻게 약속을 지키겠는가? 그저 자기의 어떤 목적 때문에 약속을 했을 뿐이다. 그는 자기의 목적을 달성하면 약속을 헌신짝처럼 버린다. 그러나 하나님에게는 이런 일이 결코 일어나지 않는다. 이에 대해 길게 얘기할 필요가 있을까?

약속이 깨지는 또 다른 이유는 약속을 맺은 사람이 약속을 지키는 것이 불가능해졌기 때문이다. 약속을 했지만 그 후 사회적, 지적(知的), 또는 재정적 여건이 나빠져서 약속 이행이 불가능해진 것이다. 이 사람은 무지(無知) 때문에 약속을 깬다. 그는 자기의 상황을 몰랐다. 자기의 능력을 과대평가했기 때문에 약속을 못 지키게 되었다. 그의 의도는 좋았다. 다시 말해서, 그에게는 약속을 지키겠다는 마음이 있었다. 하지만 자기의 약속대로 끝까지 밀고 나가지 못했다.

약속이 실패하는 또 다른 이유는 약속을 한 사람이 마음을 바꾸어 약속을 취소하기 때문이다. 다시 말해서, 약속을 한 사람에게 일관성이 없기 때문이다. 아마 그는 다시 생각해본 후에 마음을 바꾸었을 것이다. 이것은 '구매자의 후회'(물건을 사고 난 뒤 잘못 산 것 같아 후회하는 것) 같은 것이다.

때로는 상황이 조금 변해서 사람들이 자기가 한 약속을 못 지키게 된다. 이런 경우는 그들의 한계 때문에 약속이 깨지는 것이다. 즉, 통제할 수 없는 환경 때문에 깨지는 것이다.

약속을 한 사람이 죽었기 때문에 약속 이행이 불가능해지기도 하는데, 이는 죽음을 피할 수 없는 인간의 운명 때문에 약속이 실패한 경우이다. 약속이 실현되기 전에 죽음이 그를 찾아와 문을 두드린 것이다.

지금 언급한 이런 이유들 때문에 약속이 깨어진다. 다시 말하자면, 사람과 사람 사이의 약속이나 국가와 국가 사이의 약속이 멀리 던져져 땅에 떨어진 거울처럼 산산조각 나게 되는 것이다. 그러나 인간의 약속과 달리 하나님의 언약은 우리를 실망시키지 않는데, 그 이유가 무엇인지에 대한 설명은 이미 우리에게 주어졌다.

하나님의 약속은 부도나지 않는다

맹세 혹은 선서를 할 때, 사람들은 '더 높은 권위'에 호소한다. 예를 들어보자. 법정에 증인으로 나온 사람은 "나는 온전한 진실만을 말하겠습니다"라고 선서한 후 "하나님, 제가 그렇게 하도록 도우소서"라고 덧붙인다. 이것이 선서이다. 이렇게 선서한 후에 만일 거짓말을 하면 위증죄를 범하게 된다. 왜냐하면 자기 말의 진실성에 대한 증인이 되어달라고 하나님, 즉 자기보다 더 큰 분께 호소했기 때문이다.

사람은 자기가 한 선서를 지키지 못할 수도 있다. 특히 법정에서 선서를 지키는 것은 매우 힘들다. 거짓말의 유혹을 이기기가 쉽지 않기 때문이다. 그리스도인이 되어 악을 버리기 전까지는 거짓말이 세상살이의 아주 편리한 수단으로 이용되기도 한다.

사람의 이런 성향을 잘 알기에 법정은 증인이 선서 없이 그냥 일어나 "내가 본 것은 이렇습니다"라고 말하게 하지 않는다. 법정은 선서를 통해 증인을 속박하기 위해 그에게 "한 손을 올리고 다른 손을 성경에 얹으십시오. 그리고 판사와 법정 앞에서 진실을 말하겠다고 약속하십시오. 그런 다음 당신이 거짓말하지 않는 것을 지켜봐달라고 하나님께 부탁하십시오"라고 말한다.

그런데 이런 법정 선서는 사실 좀 웃기는 일이다. 어떤 사람이 법정에 서서 "나는 거짓말을 하지 않을 것을 하나님 앞에서 약속합니다"라고 말할 때마다 지옥에서는 낄낄거리며 웃을 것이다.

"당신은 왜 처음부터 진실을 말하려 하지 않는가?"

이것이 내가 던지고 싶은 질문이다. 사람들이 자기 증언의 진실성을 인정받기 위해 자기보다 더 높은 존재에게 호소해야 한다는 것을 생각할 때마다 나는 마음이 착잡하다.

하나님께서는 스스로 낮아지셔서 우리의 일처리 방식을 받아들이기 원하셨기 때문에 아브람과 언약을 맺으셨다(창 15장 참조). 그런데 약속의 진실성을 인정받기 위해 하나님은 누구에게 호소하셔야 했을까? 천사장에게 호소하실 수는 없었다. 자기보다 큰 무엇, 자기보다 큰 어떤 존재에게 호소하셔야 했기 때문에 주변을 둘러보셨지만, 물론 찾으실 수 없었다. 그리하여 그분은 자신을 가리켜 맹세하셨다(히 6:13-20 참조).

하나님께서 그렇게 하신 것은 약속의 상속자들을 위해서였다. 우리는 그분께 이렇게 말씀드린다.

"오, 하나님! 우리를 위해 죽으신 그리스도의 죽음이 효력이 있다는 것을 어떻게 보증해주실 것입니까? 예수님의 보혈이 우리의 구원을 이룬다는 것을 어떻게 믿을 수 있습니까? 우리가 언제까지라도 주님의 사랑을 받으리라고 어떻게 확신할 수 있나요? 우리가 주님의 약속들을 절대적으로 붙들 수 있도록 어떤 확증을 주실 것인가요?"

우리의 질문에 그분은 다음과 같이 대답하실 것이다.

"내가 호소할 수 있는 더 큰 존재는 없다. 나보다 더 큰 신(神)을 향해 내 손을 들고 호소하는 것은 불가능하다. 그러므로 나는 내 약속대로 행하겠다는 것을 나 자신을 가리켜 맹세하는 바이다."

이것이 우리에게 확증을 주시는 그분의 맹세이다.

다른 약속들과 마찬가지로 맹세의 가치는 그 맹세를 한 자의 성품에 전적으로 의존한다. 맹세는 했지만 그 후에 눈 하나 깜짝하지 않고 거짓말을 해대는 자들이 많은데, 그 이유는 그들의 성품이 본래 그 수준이기 때문이다. 그들은 코너에 몰리면 거짓말을 하고, 좀 여유가 있다 싶으면 맹세한 다음에라도 거짓말을 해버린다. 이 모든 것이 애당초 '믿을 만한 성품'이 없기 때문이다.

그러나 하나님은 하나님이시기 때문에 우리가 절대적으로 신뢰할 수 있다. 우리가 구원, 죄 사함, 죽을 때의 평안 그리고 내세의 기쁨에 대해 소망을 가질 수 있는 것은 지금 당장 느끼는 감정 때문이 아니다. 만일 이런 것들 중 하나라도 우리의 현재의 감정에 의존한다면 우리는 지금 당장 짐을 꾸려 지옥행 열차를 타는 게 차라리 더 좋을 것이다. 왜냐하면 험악한 날씨나 과로 같은 것에 시달리느라 우리의 기분이 좋지 못하기 때문이다.

다시 말하지만, 우리의 언약과 소망은 감정에 좌우되지 않는다. 그보다 다른 것, 즉 훨씬 더 큰 것에 의존한다. 우리의 언약과 우리의 소망은 하나님이 신실하시냐 아니냐에 의해 좌우된다. 그분이 약속을 지키실 것이라고 믿을 수 있느냐 하는 것에 따라 좌우된다. 약속을 이행하고 언약을 지킬 능력이 그분께 있느냐 하는 것에 따라 좌우된다. 이것이 결정적인 문제이다.

우리가 하나님에 대해 아는 것

우리가 하나님에 대해 무엇을 아는지를 생각해보자. 거룩함은 그분의 속성 중 하나이다. 그분은 거룩하시기 때문에 거짓말을 하실 수 없다. 우리는 그분의 언약이 불변함을 믿을 수 있다. 그분에게는 거짓말이 불가능하기 때문이다. 하나님께서는 전능하시지만 못하시는 것들도 있다. 예를 들어, 그분은 거룩하시기에 거짓말을 하실 수 없다. 만일 거짓말을 하신다면 그분의 거룩함을 스스로 깨시는 것이다. 하지만 그분의 거룩함을 스스로 훼손하실 수 없기 때문에 거짓말을 하실 수 없는 것이다.

혹시 누군가 이런 질문을 해온다고 하자.

"하나님이 거짓말하실 수 없다는 것이 그분이 전능하시지 않다는 것을 의미하는가?"

그렇다면 나는 이렇게 대답할 것이다.

"전능이라는 것은 무엇이든지 다 할 수 있다는 뜻이 아니다."

하나님의 전능은 그분이 원하시는 것을 무엇이나 하실 수 있다는 것이다. 그분은 거짓말하기를 원치 않으신다. 속이거나 사기 치는 것을 원치 않으신다. 자기 백성을 배반하기를 원치 않으신다. 그분은 자신의 자녀들에게 성실하기를 원하시는데, 그분이 거룩하시기 때문에 그들은 안전하다.

하나님의 지혜는 완전하다. 우리는 이해력이 제한되어 있기에 이렇게 말할 수도 있을 것이다.

"하나님께서 어떤 사람들을 구원할 계획을 세우셨다. 우리의 전도의 노력을 통해 그들 중 일부가 그분의 말씀을 믿고 그분께 나아가 그분의 아들을 믿었다. 그런데 예상치 못한 상황이 벌어졌다. 하나님께서 무엇인가를 잘못 판단하셨기 때문에 그분의 약속을 지키실 수 없게 된 것이다."

이런 일이 일어날 수 있을까? 물론, 절대 없다!

그분이 모르시는 것은 없다. 한번 약속하시면 반드시 지키실 수 있다. 왜냐하면 하나님이시기 때문이다. 그분의 지혜는 완전하다. 아무리 세부적인 것일지라도 그분은 다 아신다. 끝이 어떻게 될 것인지를 처음부터 아신다.

만일 그분이 전능하지 않으시다면, 그분은 우리와 맺은 언약을 지키실 수 있는 능력에 대해 자신 있게 말씀하지 못하실 것이다. 그분이 전능하지 않으시다면, 우리는 우리의 구원에 대해 확신할 수 없을 것이다. 우리가 구원을 확신하지만 그분의 능력에 한계가 있다고 가정해보자. 그럴 경우, 만일 그분보다 강한 존재가 나타난다면 우리의 구원이 무효가 될 수도 있을 것이다.

그러나 "주 우리 하나님 곧 전능하신 이가 통치하시도다"(계 19:6)라는 말씀을 잘 아는 사람, 그리고 '전능'이라는 것이 그분의 뜻대로 무엇이든 행할 수 있는 능력이라는 것을 아는 사람은 자기의 구원에 대해 추호도 의심할 수 없다. 왜냐하면 자기가 우리를 구원하겠다고 맹세하신 전능하신 하나님의 품 안에 있다는 걸 알기 때문이다.

하나님께서 그분의 생각을 자꾸 바꾸는 습관이 있다고 가정해보자. 내가 만나본 사람들 중에는 무엇인가 새 일을 시작하겠다고 마음먹고는 그 다음에 생각을 바꾸는 사람들이 있었다. 어느 날 그들을 보니 얼굴이 완전히 상기되어 흥분을 감추지 못했다. 그들의 새로운 계획에 대해 이야기하느라 밥이 입으로 들어가는지 코로 들어가는지 모를 정도였다. 헤어질 때 나는 악수를 하며 "새 계획이 잘 되기를 바랍니다"라고 말하곤 했다. 하지만 그로부터 2년쯤 지나 그들을 다시 만나 그들의 거창한 사업에 대해 물어보면 그들은 "아, 그거요? 하다가 그만 두었습니다"라고 대답하곤 했다.

하나님은 이런 사람들처럼 자꾸 바뀌는 분이 아니시다. 무언가를 약속하시면 반드시 지키신다. 그분은 우리가 영원히 복을 받게 될 것이라고, 그분의 자비가 영원히 우리에게 머물 것이라고, 우리가 멸망하지 않도록 지켜주시겠다고 우리에게 확신을 주셨다. 변치 않는 그분은 이런 구원의 문제에서 그 마음을 바꾸지 않으신다. 아니, 그 밖의 다른 것들에서도 생각을 바꾸지 않으신다.

우리는 언약에 의해 구원 받는다

인간의 언약은 그 약속을 한 사람의 죽음으로 인해 결국 성취되지 못할 수도 있다. 하늘이 두 쪽이 나도 약속을 지키겠다는 정직한 마음으로 약속을 한 사람도 어느 날 심근경색으로 가슴을 움켜쥐고 쓰러질 수 있다. 사람들이 그를 병원으로 즉시 데리고 가지만 며칠 후 그가 세상을 떠났다 하자. 그는 진심으로 약속했다. 자기의 약속을 반드시 지켜야 한다는 걸 알 정도로 지혜로운 사람이었다. 약속을 지키기 원할 정도로 착한 사람이었다. 하지만 죽음이 먼저 찾아오면 어쩔 수가 없다. 그러나 영원히 살아 계신 하나님의 약속은 죽음을 면할 수 없는 인간의 약속과 다르다. 그분이 세우시고 유지해주시는 언약이 우리를 지켜준다.

중단이나 단절로 인해 하나님께서 약속을 지키지 못하시는 일은 일어나지 않는다. 그분이 영원히 사시기 때문에 우리도 영원히 산다. 그분이 살아 계시는 한 우리도 살아 있다. 형제들이여, 이것은 정말 대단한 일 아닌가! 이토록 놀랍고 멋지고 아름다운 일이 또 있을까?

하나님께서 살아 계시는 한 우리도 계속 살아 있을 것이다. 그분은 영원 전부터 계셨지만 우리는 그렇지 않았다. 그분에게는 시작이 없었지만 우리에게는 시작이 있었다. 그런데 미래는 다르다. 하나님께서 존재하시는 한, 그분이 "나는 하나님이고 앞으로도 영원히 하나님일 것이다"라고 말씀하시는 한, 당신과 나는 그분의 은혜 안에서 앞으로도 계속 존재할 것이다. 왜냐하면 맹세를 통해 세운 언약에 의해 구원받았기 때문이다.

"하나님은 약속을 기업으로 받는 자들에게 그 뜻이 변하지 아니함을 충분히 나타내시려고 그 일을 맹세로 보증하셨나니 이는 하나님이 거짓말을 하실 수 없는 이 두 가지 변하지 못할 사실로 말미암아 앞에 있는 소망을 얻으려고 피난처를 찾은 우리에게 큰 안위를 받게 하려 하심이라"(히 6:17, 18).

구약을 잘 아는 사람들은 이 구절에서 '피난처를 찾은'이라는 말이 무엇을 의미하는지 잘 알 것이다. 구약시대에 이스라엘 민족은 여섯 개의 성(城)을 선택하여 이른바 '도피성'으로 삼았다. 어떤 사람이 부지중에 실수로 다른 사람을 죽인 경우,

이스라엘의 법은 '피의 보복자'(죽은 사람의 가장 가까운 형제나 아버지 또는 가장 가까운 친척)가 그에게 복수할 수 있다고 규정했다.

'손에 도끼를 든 사람'(신 19:5 참조), 즉 실수로 다른 사람을 죽인 사람은 온 힘을 다해 가장 가까운 도피성까지 도망해야 했다. 때때로 그런 사람은 간신히 도피성 안으로 들어갈 수 있었다. 그럴 경우 그는 혀를 축 늘어뜨리고 기진맥진한 개처럼 숨을 헐떡였을 것이고, 그를 잡으려고 쫓아온 자는 간발의 차이로 그를 놓쳤을 것이다.

사람을 죽이고 도망 온 사람이 도피성 안으로 뛰어 들어오면 그의 책임을 가리기 위해 재판이 열렸다. 그가 사람을 죽인 것에 고의성이 없는 것으로 밝혀지면 죽은 자의 가족이나 친척은 그에게 복수할 수 없었다. 만일 고의성이 없는데도 죽은 자의 가족이나 친척이 그에게 복수한다면 그것 또한 법을 어겨 살인자가 되는 것이었다. 살인과 복수의 문제를 해결하기 위해 만들어놓은 것이 도피성이었다. 히브리서를 쓴 하나님의 사람은 유대인이었기 때문에 도피성에 대해 아주 잘 알았다.

사람을 죽인 사람이 유죄이든 무죄이든 간에 그에게는 도피성으로 피신할 권리가 있었다. 만일 그가 무죄라면 재판을 통해 밝혀질 것이었다. 그런데 그가 유죄라 할지라도 그에게는 도피성으로 피신할 권리가 있었다. 그를 쫓아오는 사람에게

잡히지 않고 도피성에 도달하면 그는 안전했다.

히브리서 기자는 '피난처를 찾은 우리'(히 6:18)라는 표현을 사용한다. 마귀가 내 등 뒤에 바짝 쫓아오는 가운데 나는 예수님의 십자가를 향해, 갈보리의 거룩한 언덕을 향해 달려간다. 내가 숨을 헐떡이며 그리스도의 도피성 안으로 들어서자마자 성문이 닫히고 마귀는 성문에 머리를 부딪쳐 뒤로 넘어진다. 그는 나를 잡을 수 없다. 왜냐하면 내가 도피성 안으로 안전하게 피신했기 때문이다.

우리 영혼의 닻

히브리서 기자는 계속하여 우리에게 확신을 주기 위해 또 하나의 비유를 제시한다. 그는 "우리가 이 소망을 가지고 있는 것은 영혼의 닻 같아서"(히 6:19)라고 말한다. 이것은 그가 갑자기 비유를 바꾼 것이다. 즉, 우리가 그리스도의 소망을 붙잡기 위해 도피성으로 달려간다는 비유에서 영혼의 닻이라는 비유로 갑자기 바꾼 것이다. 하지만 이렇게 비유가 바뀌었다고 무슨 문제가 생기는 것은 아니니 걱정하지 말라. 그렇다면 우리에게 주어진 하나님의 약속의 안전성에 대한 이 새로운 비유를 이제부터 좀 살펴보자.

이런 그림을 마음속에 그려보자. 하나님의 성도들이 타고 있는 배를 향해 폭풍우가 몰려오고 있다. 이런 상황에서 어떤 이는 "저쪽에서 몰려오는 것이 무엇이냐? 보아 하니 태풍인데 이제 우리 모두는 죽었다. 태풍에 밀려 암초에 부딪혀 우리 모두가 가라앉을 것이다"라고 말할지도 모른다.

그러나 어떤 이가 "저 아래를 내려다보아라"라고 소리치고, 당신은 닻을 보려고 아래쪽을 내려다본다. 당신의 눈에는 보이지 않지만 닻이 물속 깊이 내려져 바위에 단단히 걸려 있기 때문에 배는 폭풍우를 이겨낸다. 그렇다! 닻은 물속에 잠겨 보이지 않지만 그것은 분명히 물속에 있다.

이 닻의 비유는 성령께서 하나님의 사람을 감동하시어 기록하게 하신 비유이다. 파도가 우리를 삼킬 듯이 달려들어도 닻이 우리의 영혼을 안전하게 붙들어준다. 우리 영혼의 닻이신 하나님께서 우리 육신의 눈에는 보이지 않지만 그분은 분명히 우리를 붙들고 계신다.

히브리서 기자는 여섯 번째 장(章)을 이런 말씀으로 끝낸다.

"우리가 이 소망을 가지고 있는 것은 영혼의 닻 같아서 튼튼하고 견고하여 휘장 안에 들어가나니 그리로 앞서 가신 예수께서 멜기세덱의 반차를 따라 영원히 대제사장이 되어 우리를 위하여 들어가셨느니라"(히 6:19, 20).

여기서 "앞서 가신 예수께서 … 우리를 위하여 들어가셨느니라"(20절)라는 말은 무슨 뜻인가? 이것은 예수님이 지금 계신 곳으로 우리가 가게 될 것이라는 뜻이다. 그분은 '먼저 들어가신 분'이시다. 그분이 우리를 위해 먼저 가셨다. 우리는 그분의 뒤를 따를 것이고, 그분이 계신 곳에 있게 될 것이다.

예수님에 대한 복된 소식의 마지막 부분은 그분, 즉 '피난처'요 '닻'이요 '앞서 가신 분'이신 그분이 영원한 대제사장이 되셨다는 것이다. 구약시대의 대제사장들은 모두 죽었지만, 이 대제사장이신 예수님은 멜기세덱의 반차를 따라 영원한 생명을 가지신다.

그러므로 성령께서는 우리에게 "계속 가라. 믿음을 포기하지 말라. 그리스도에게서 피난처를 찾는 것은 잘못된 것이 아니다"라고 말씀해주신다. 우리의 소망은 확실하고, 우리의 위로는 넘치며, 우리보다 '앞서 가신 분'이 이미 들어가셨다. 닻은 바위에 단단히 걸려 있다. 우리 아버지의 집에서는 모든 것이 완벽하다. 그러므로 분발하라. 거룩함을 좇으라. "게으르지 아니하고 믿음과 오래 참음으로 말미암아 약속들을 기업으로 받는 자"(히 6:12)가 되라. 끝까지 열심을 내고 소망의 확신으로 충만하라.

성령께서는 권면의 말씀을 주시기 전에 반드시 가르침을 주신다. 초대의 말씀을 하시기 전에 반드시 진리를 말씀해주신다. 그분은 영광스런 영원한 언약을 우리에게 제시하신다. 그 언약은 보혈로 인(印) 친 것이요, 하나님께서 맹세하신 것이요, 거짓말을 하실 수 없는 하나님께서 약속하신 것이다. 그러므로 성령께서는 이렇게 말씀하신다.

"이 모든 것이 사실이므로 열심을 내라. 하나님께서 준비하신 것이 완벽하므로 만일 네가 믿고 의지하고 너를 그분의 손에 맡기기만 한다면 너의 모든 것이 완벽해질 것이다. 네가 가게 될 그곳에 그분이 계시기 때문이다. 그분이 그곳에 계시므로 너도 그곳에 가게 될 것이다."

우리는 전능하신 하나님의 맹세에 의해 구원받는다. 아브라함에게 맹세하실 때 그분은 그분보다 더 높은 곳에 호소할 수 없었으므로 자신을 가리켜 "내가 반드시 너에게 복 주고 복 주며 너를 번성하게 하고 번성하게 하리라"(히 6:14)라고 말씀하셨다. 이 말씀을 우리의 구원에 적용하여 다시 표현하자면 "내가 너를 구원하고 구원하며 너를 보호하고 보호하리라"라는 말씀이 된다.

그리스도인들은 이 세상에서 가장 기쁘고 행복한 사람들이 되어야 한다. 그렇지 못하다면 참으로 이상한 것이다. 그런데 나는 왜 우리가 그렇지 못한지를 안다. 바로 마귀가 우리를 노리기 때문이다. 육신이 우리의 발목을 잡기 때문이다. 세상이 우리를 유혹하기 때문이다.

이 세 가지 원수와 싸우느라고 때때로 우리는 행복할 시간이 없다. 우리가 예수님의 품에서 안전하다는 것을 생각할 시간이 없다. 우리가 믿기만 한다면, 전진하기만 한다면, 세상의 배설물 같은 것들을 다시 추구하는 부끄러운 짓에 빠지지만 않는다면 우리는 예수님의 품에서 안전하다. 내 형제여, 나는 당신이 세상의 추한 것들을 다시 추구할 거라고 믿지 않는다. 당신이 '더 좋은 것들', 즉 '구원의 열매들'을 맺을 거라고 확신하기 때문이다.

우리에게는 우리가 믿고 의지할 수 있는 약속이 있다. 우리에게 약속하신 그분은 실패한 적도 없고 실패할 수도 없으신 분이기 때문이다!

먹구름이 흉포한 날개를 펼 때
당신의 닻은 삶의 폭풍을 견뎌낼 수 있는가?
거센 파도가 일어나 닻줄을 위협할 때
당신의 닻은 떠내려가지 않고 붙어 있을 것인가?

구주께서 닻줄을 잡고 계시면
우리의 닻이 단단히 고정되어
폭풍우를 견뎌낼 것이라네
그분의 마음에서 내 마음으로 전해진 닻줄은
거룩한 능력에 의해
저 강풍을 비웃을 것이라네

부서지는 파도가 암초의 근접을 말해주지만
주님이 붙드신 닻은 두려움의 해협에서도
능히 버텨낼 것이라네
폭풍우가 날뛰고 광풍이 날뛸지라도
성난 파도가 우리의 배를 덮치지 못할 것이라네

주님의 손에 잡힌 닻은
사망의 창수(漲水)도 이겨낼 것이라네
많은 물이 우리의 호흡을 차갑게 할지라도
파도가 산처럼 솟아오를지라도
닻은 흔들리지 않으리니
우리의 소망은 주님의 장중(掌中)에 거한다네

깊어가는 밤의 어둠을 통해
우리의 눈이 황금성을, 밝은 포구를 보게 될 때
우리는 하늘의 해변에 단단히 닻을 내릴 것이니
태풍은 영원히 지나갈 것이라네

파도가 넘실대도
우리의 영혼을 안전히 평안히 지켜줄 닻이
우리에게 있네

요지부동의 바위에, 구주의 사랑에
깊이 단단히 걸려 있는 닻이라네

_ 프리스킬라 J. 오웬즈(Priscilla J. Owens, 1829~1907)
우리에게 닻이 있도다

CHAPTER **19** God's power for your life

공개적 초대

오, 하나님! 저는 최악의 사람이었습니다. 그러므로 주님의 은혜가 이 죄인 괴수를 이기게 하사 하나님께 쓰임 받는 사람이 되게 하옵소서.

이 책에서 나는 하나님의 능력이 어떻게 나타나는지에 대해 최대한 간결하게 밑그림을 그려주려고 노력했다. 그분의 능력이 무엇을 위한 것인지에 대해 오해하는 사람이 많은데, 성경에도 그런 자들이 나온다. 베드로는 바울의 서신들에 대해 어떤 사람들이 보인 반응을 지적하면서 다음과 같이 말했다.

"또 그 모든 편지에도 이런 일에 관하여 말하였으되 그중에 알기 어려운 것이 더러 있으니 무식한 자들과 굳세지 못한 자들이 다른 성경과 같이 그것도 억지로 풀다가 스스로 멸망에 이르느니라"(벧후 3:16).

하나님의 능력의 기초는 성경, 즉 하나님의 말씀이다. 다시 한 번 분명히 밝히지만, 성경의 목적은 하나님을 대신하는 것이 아니라 우리를 그분의 분명한 임재 앞으로 데려가는 것이다. 만일 우리가 성경을 읽었지만 '살아 계신 말씀'을 만나지 못했다면 성경을 헛 읽은 것이다.

성경은 문학서적처럼 읽혀서는 안 된다. 성경은 언제나 베스트셀러지만 세상의 책들 중 가장 많이 잘못 이해되고 과소평가되는 책이다. 하나님의 말씀이 하는 일은 우리를 찾아내고, 우리의 정체를 밝히고, 우리의 시대를 꿰뚫어보고, 우리의 잘잘못을 드러내는 것이다.

성경의 사명은 우리를 찾는 것이다. 우리가 잃어버린 자라고 성경이 말하면 그 말은 절대적으로 정확한 말이다. 그렇다! 우리는 잃어버린 자들이다. 세상도 잃어버린 세상이다. 우리는 우리가 어디에 있는지 모른다.

나의 공개적 초대

글을 마치는 즈음에서, 나는 공개적으로 초대를 하고 싶다. 이 초대는 성경과 관련이 있다. 그리고 우리와 성경 사이의 관계와도 관련이 있다. 주일학교 공과공부 시간에 아이들이 부르는 짧은 합창곡이 있다. 비록 짧은 곡이지만 이 곡에 담긴 의미는 결코 짧지 않다.

"B-I-B-L-E!(Bible, 성경). 나를 위한 책일세. 나는 오직 하나님의 말씀 위에 서 있네. B-I-B-L-E!"

다시 말하지만, 이 짧은 주일학교 노래에 담긴 의미는 결코 짧지 않다. 이 노래에는 힘찬 그리스도인의 삶에 반드시 필요한 매우 중요한 진리가 담겨 있다. "나는 오직 하나님의 말씀 위에 서 있네"라는 한 줄의 가사에 우리가 알아야 할 가장 중요한 진리가 담겨 있다.

성경은 우리를 위한 기준이다. 우리의 모든 생각과 언행은 하나님의 말씀과 완벽히 조화를 이루어야 한다. 마크 트웨인(Mark Twain, 1835~1910. 미국의 소설가)은 "모든 이들의 서재에는 고전작품이 꽂혀 있지만 그것을 읽는 사람은 아무도 없다"라고 말했다. 이 말이 성경에도 해당되는 말이 아닐까 하는 불안감이 생긴다.

하지만 성경은 단지 존경의 대상으로 삼아야 하는 유물이 아니다. 성경은 읽고 실천해야 할 책이다. 그런데 성경대로 사는 삶은 오직 성령의 능력을 통해서만 가능하다.

대부분의 그리스도인들이 가지고 있는 성경을 손에 들고 한 번 쭉 넘겨보라. 그리고 밑줄이 그어진 구절들에 주목해보라. 그 구절들만 읽는 사람들은 하나님이 친절하시고 유약하시며 동정심은 많지만 정의감이나 심판은 전혀 없는 무형의 산타클로스라는 인상을 받을 것이다. 왜냐하면 우리는 마음을 두렵게 하는 구절들을 피하고 우리를 기쁘게 해주는 구절들만 골라서 밑줄을 긋는 경향이 있기 때문이다.

이단은 자기가 믿기 원하는 구절들만 고른다. 만일 당신이 성경을 읽을 때 마음에 드는 구절들만 고르고 그렇지 않은 구절들은 외면한다면 이단과 똑같은 부류에 속하는 자가 될 수도 있다. 거짓 교리를 믿기 때문이 아니라 하나님의 말씀을 부분적으로만 받아들이기 때문이다. 이것은 항상 케이크만 먹고 사는 것과 같다. 케이크가 반드시 나쁜 것은 아니지만, 만일 케이크만 먹는다면 영양의 불균형을 초래할 것이다. 성경 말씀도 편식하면 안 된다.

물론 부정적인 면만 보아서는 안 된다. 어떤 이들은 입만 열었다 하면 부정적인 얘기를 한다. 하지만 성경은 항상 부정적인 것만 말하지 않는다. 성경은 우리의 잘못된 것과 올바른 것을 모두 정직하게 지적한다.

그리스도인들이 개선을 향한 열정 때문에 때로는 올바른 것까지도 간과하는 잘못을 범하는 것이 아닌가 하는 걱정이 든다. 이것은 좋지 않다. 우리는 언제나 올바른 점도 인정할 줄 알아야 한다. 하나님은 성실하시기 때문에 우리의 올바른 것에 대해서도 말씀해주신다. 다시 말해서, 우리가 그분과 동행할 때 어떤 점을 계속 붙들고 지켜나가야 할 것인지를 말씀해 주신다.

나는 "오늘날 우리가 알고 있는 대중적 종교에는 장점이 전혀 없다"라고 말하고 싶지 않다. 하지만 죄인에게는 올바른 것이 전혀 없다. 우리가 반드시 따라야 할 중요한 구절들이 성경에 나오지 않는다는 듯이 행동하는 사람에게는 올바른 것이 전혀 없다.

성경은 우리 시대의 모습을 아주 정확히, 정직하게 지적한다. 그렇게 하는 것은 우리의 잘잘못에 대한 하나님의 생각을 우리에게 전해주기 위함이다. 성경은 성경 특유의 적절한 표현과 탁월한 능력을 발휘해서 우리 시대의 본질과 특징을 드러내 준다.

시대가 변한다는 착각에 빠지는 사람들이 많다. 그들은 새 차가 나오고 새 옷이 팔리고 새로운 모양의 주택이 건축되고 새 기술이 나타나니까 시대가 변한다고 말한다. 우리 주변의 많은 것이 변하니까 '새 시대'에 살고 있다고 생각한다. 그러나 성경은 이런 생각에 동의하지 않는다. 인간은 타락했고, 그런 타락한 존재로서 계속 살아갈 뿐이다. 세대가 바뀌어도 마찬가지이다. 죄도 바뀌지 않는다. 앞에서 한 말을 이 자리에서 다시 반복하고 싶다.

"진리는 새로운 것이 아니며, 새로운 것은 진리가 아니다!"

성경은 우리의 시대를 향해 외친다. 이 시대가 죄의 본질에 의해 크게 영향을 받기 때문이다. 내가 잘하고 있는 것을 지적할 뿐만 아니라 잘못하고 있는 것도 지적하는 것이 하나님 말씀의 사명이다. 하나님의 심판이 내 삶의 잘못된 부분들에 임하지 않으면 내게 영적 성장은 일어나지 않는다.

하나님의 말씀이 우리 삶 속에서 일하게 하라

끊임없이 우리의 내면을 살펴보는 일은 내가 권하는 것이 아니다. 오히려 나는 하나님의 말씀을 최대한 가까이하라고 권하고 싶다. 성경이 하는 일은 우리를 영적으로 진찰하는 것이다. 즉, 우리 영혼의 맥을 짚어보고 우리의 영적 건강상태를 판단해서 알려주는 것이다. 진찰 결과에 따라 성경은 우리를 비판하거나 격려하거나 우리에게 명령하거나 또는 경고한다. 그러므로 나는 하나님의 말씀과 함께 많은 시간을 보내라고 권하고 싶다.

아침에 짬을 내서 기도시간을 갖는 것은 어떤가? 평소보다 조금 더 시간을 낸다면 더욱 좋을 것이다. 기도할 때보다 시간을 더 내어 성경을 읽고 성경구절을 찾아보라. 그런 다음 무릎을 꿇고 성령의 음성에 귀를 기울여라. 이렇게 할 때에는 다른 모든 것에 대해 신경을 끊어라. 예를 들면, 당신의 성경에 나오는 난외주(欄外註) 같은 것 말이다.

주변을 둘러보면 성경의 역본들이 너무 많은 것 아닌가 하는 생각도 들 것이다. 하지만 역본들이 많다고 해서 질리거나 위축되지 말라. 읽기에 쉬운 역본을 구해서 하나님의 말씀을 읽어라. 그리고 그 말씀을 통해 성령께서 우리의 마음에 말씀하시게 하라.

성경을 읽을 때에 해야 할 것들이 있는데, 이것들을 잘 하면 하나님과의 관계가 깊어질 것이다. 그중 가장 중요한 것은 자기 자신을 살피는 것이다. 다시 말해서, 스스로에게 "하나님을 거역하는 것이 내 마음속에 있는가?"라고 물어야 한다.

구약의 말씀에 따르면, 그분에게 거역하는 것은 마술만큼이나 큰 죄이다. 그러므로 그것을 가볍게 여기지 말라. 자신의 마음을 진지하게 살펴라. 하나님께 거역하는 것이 마음속에 조금이라도 있는가? 만일 그렇다면 아주 단호하게 그것을 처리하라.

우리는 하나님의 뜻 안에서 행해야 한다. 그분의 뜻은 우주의 건강, 천국의 조화, 낙원의 평화, 그리고 구원 자체이다. 그분의 뜻은 빛이다. 그분의 뜻은 도덕적 존재가 원할 수 있는 모든 것이다. 그러므로 그분의 뜻에 저항하는 것은 아무리 사소한 것이라도 결국 끔찍한 결과를 불러들이고 만다. 그분의 뜻은 우리의 안전이라는 것을 늘 기억하라.

하나님의 뜻을 알고 그 뜻 안에서 행하는 것이 전능하신 하나님을 거역하는 이 세상에서 안전하고 능력 있게 살아가는 길이다. 그 길을 가지 않는다면 우리의 모든 기도와 성실한 교회 출석과 선행도 아무 의미가 없게 된다. 그 길을 가지 않는다면 이런 모든 것은 공동묘지 옆을 스쳐가는 바람처럼 스산한 것이며, 우리의 부끄러운 두려움을 숨기기 위한 허풍이다.

구약시대에 이스라엘 민족은 하나님께 거역하는 백성이었다. 그들의 신뢰를 잘못된 곳에 두었기 때문이다. 다시 말해서, 하나님과 그분의 뜻이 아닌 다른 것을 믿고 의지했기 때문이다. 우리는 그들의 역사를 잘 안다.

내가 볼 때, 오늘날의 복음주의 교회는 그들이 범했던 잘못을 그대로 범하고 있다. 뿐만 아니라 신약성경에 나타나는 바리새인들과 사두개인들의 잘못도 그대로 따라하고 있다. 신약시대의 종교지도자들은 자기들이 진리를 안다는 사실을 마음의 위안으로 삼았다. 하지만 그 진리대로 살지 않았다는 것이 그들의 슬픈 역사이다. 우리가 아는 것이 삶을 바꾸어놓지 못한다면 그 앎은 무의미하다.

나는 어떤 그리스도인들이 왜 교회에 나오는지, 왜 기도회에 참석하는지 이해가 되지 않을 때가 있다. 그들은 다른 이들에게 기도 부탁을 하고, 성경을 가지고 다니며 읽고, 정통교리를 사모하고, 진리를 옹호한다. 하지만 이 세상에서 가장 불평이 많고 저급하고 심술궂고 까다롭다. 그들은 진리를 알고 성경구절을 정확히 암송하지만 그들의 앎이 그들의 삶을 바꾸지 못한다.

또 어떤 이들의 눈은 영적 사시(斜視)이다. 그들의 초점은 동시에 두 방향을 향한다. 이쪽을 보면서 다른 쪽으로 간다. 너무 많은 그리스도인들이 영적 사시이다. 그들에게는 진실성도 없고 믿음도 없다. 그러면서도 이 세상에서 가장 경건한 사람들처럼 행세한다. 그들은 자기들이 늘 설교나 강론을 듣는다고 주장하지만, 그들에게서 겸손을 찾아볼 수는 없다.

겸손은 언제 어디에서나 아름다운 것이지만, 교만은 언제 어디에서나 가증스런 것이다. 이 사람들은 늘 말씀을 듣기 원하지만 하나님의 진짜 음성은 듣지 못한다. 내가 볼 때 이것은 모순이다.

이 시대를 분별하라

우리는 이 시대를 어떻게 평가해야 할까? 이 시대가 부흥의 시대라고 말할 수 있다면 얼마나 좋을까! 현재 영적인 상황들이 점점 나아지고 있다고 확신 있게 말할 수 있다면 얼마나 좋을까! 하지만 성경의 명백한 가르침의 빛을 이 시대에 비추어 보면 그렇게 말할 수 없다는 것이 분명해진다.

오늘날의 기독교는 성경에서 발견되는 경고들을 거의 다 무시해버린다. 출판되는 기독교 서적들도 듣기에 좋은 기독교의 긍정적인 면만을 말하고 있으니 사람들이 자기의 잘못을 깨닫지 못한다. 만일 내가 어떤 의사를 찾아갔는데 그가 단지 내 어깨를 두드리며 "당신은 아무 문제없습니다. 좀 더 긍정적인 생각을 갖고 생활하시면 됩니다"라고 말한다면 나는 다시는 그를 찾아가지 않을 것이다. 그가 내 건강의 좋은 면만 보고 문제점은 보지 못한다면 그가 제대로 된 의사일까?

물론, 우리는 우리의 좋은 점을 알아야 한다. 하지만 성경이 지적하는 우리의 잘못된 점도 깨달아 고쳐야 한다. 우리 자신을 정직하게 평가하려면 양쪽 면을 다 봐야 한다. 하지만 현재의 기독교는 한쪽 면만 보고 있다. 우리는 잘못된 것을 고쳐야 하고, 그렇게 하려면 먼저 무엇이 잘못되었는지부터 깨달아야 한다. 우리의 어떤 점이 잘못되었는지를 알 수 있는 유일한 방법은 자신을 하나님의 말씀에 비추어보는 것이다. 그렇기 때문에 "나는 오직 하나님의 말씀 위에 서 있네"라는 말이 나오는 것이다.

나는 오늘날의 복음주의 교회를 위해 "하나님의 말씀 전체를 듣기 원하는 마음을 우리에게 주소서"라고 간절히 기도한다. 하나님의 말씀을 듣는 일에 최선을 다하면 우리의 삶에서 어떤 부분을 고쳐야 할지가 눈에 보이기 시작할 것이다. 성경이 분명히 밝히는 것은 심판이 하나님의 집에서부터 시작된다는 것이다.

"하나님의 집에서 심판을 시작할 때가 되었나니 만일 우리에게 먼저 하면 하나님의 복음을 순종하지 아니하는 자들의 그 마지막은 어떠하며"(벧전 4:17).

지난 한 세대 동안 미국의 복음주의 교회는 너무 많은 죄를 범함으로 모든 것을 망쳐놓았다. 물론 나 자신도 죄를 범한 사람들 중 하나이다. 복음주의적 그리스도인으로서 우리는 우리 가운데서 발견되는 죄를 해결해야 한다. 개인의 죄와 집단의 죄를 모두 해결해야 한다. 그러기 위해서는 죄에 대한 성경적 개념을 가지는 것이 필요하다. 성경에 의하면, 죄는 하나님께 반역하는 것이다.

솔직히 말해서 나는 우리가 지금 너무 편한 것이 아닌가 하는 걱정이 든다. 오늘날에는 그리스도인이 되기 위해 치러야 할 대가는 별로 없다. 우리는 게으르고 유약해졌다. 우리가 만들어낸 세대는 인간적 자신감으로 충만하고 반역적이고 냉소적이다.

지난 몇 년에 걸쳐 기독교는 연예오락을 대표적 메뉴로 삼는 쇼(show)가 되어버렸다. 우리는 세상이 만들어놓은 게임에서 세상을 이기려고 애쓰지만 사실 패배하고 있다. 그러면서도, 우리가 지고 있다는 사실조차 모른다.

내가 꿈에도 바라는 것은 하나님을 우리 중에 다시 모시는 것이다. 우리의 예배에 그분을 다시 모셔야 한다. 나는 다채롭게 꾸민 종교적 연예오락 프로그램 같은 현재의 예배에 신물이 난다. 나는 우리가 지금 행하는 모든 것 한가운데 그분을 다시 모시기를 바란다. 그분을 다시 모시려면 우리 자신을 정확히 판단해야 하고, 우리의 삶에서 그분의 말씀에 어긋나는 것을 모두 제거해야 한다.

교리만으로는 충분하지 않다. 지금 우리의 교리와 신학은 역사상 그 어떤 세대보다 더 정확하다. 교회 역사의 그 어느 때보다 성경대학과 신학교가 많이 있다. 우리는 교리를 알고 교리를 인용한다. 그런데 문제는 우리의 교리가 학문적 영역에 머물고 만다는 것이다. 우리의 교리는 기독교의 부록(附錄)처럼 되어버렸다. 사람들은 교리가 그들을 하나님에게로 이끌어주지 못한다는 것을 깨닫기 시작했다. 교리가 우리를 하나님께 이끌어주지 못한다면 무슨 가치가 있는가? 우리가 붙들고 있는 교리가 우리를 그분 앞으로 이끌지 못한다면 무슨 소용이 있는가?

나는 '마음이 불타는 사람들의 모임'의 일원이 되기를 원한다. 내 삶을 깊이 살피기를 원한다. 이는 전능하신 하나님의 존전으로 나아가는 것을 방해하는 모든 것을 제거하기 위함이다. 나는 내 삶에 하나님을 깊이 모시고 싶다. 그분이 내 생활의 중심에 계시도록 내 삶을 아름답게 정리하고 싶다.

우리 각자가 선택해야 할 것들

우리는 어느 쪽에 서 있는가? 편히 사는 것만을 원하는 사람들 쪽에 서 있는가? 아니면 하나님의 손에 붙잡혀 선지자적 삶을 사는 사람들 편에 서 있는가? 후자의 경우에만 우리는 자신이 어디에 있는지 알 수 있다. 우리에게는 쓰레기 같은 연예오락 프로그램에 푹 빠져 있는 가련한 교회와 결별할 용의가 있는가?

하나님의 능력이 우리의 삶 속에서 나타나면 우리는 우리 주변의 문화와 반대되는 삶을 살 수 있다. 문화가 교회 안으로 침투하여 교회를 바꾸어놓도록 용인한 교회가 너무 많다. 만일 어떤 교회 안에서 세상이 활개를 친다면, 그 교회는 더 이상 신약의 교회가 아니다.

우리는 하나님께서 우리를 찾아와 능력과 활력의 새 물결을 일으키시도록 기도하고 기대할 수 있는가?

나는 오직 나 자신에 대해 말할 수 있을 뿐이다. 나는 하나님의 심판을 기꺼이 받아들이고 싶다. 이제까지 내가 그분께 대놓고 거역한 적은 없지만, 그렇다고 해서 내가 매사에 온전했던 것도 아니다. 나는 부주의했고 게을렀다. 나는 그분에서 기뻐하지 않는 모든 것을 내게서 제거할 수 있도록 그분의 심판이 내 삶에 임하기를 기도한다.

그리고 나는 그분이 내게 은혜를 베풀어주시고 내 음성을 들으실 것이라고 믿고 싶다. 마지막 날, 예수님이 오시기 전에 내 모든 증언과 모든 영적 능력들을 일곱 배로 늘려주실 것이라고 믿고 싶다.

내 공개적 초대는 아주 명확하다. 당신도 나처럼 되어달라는 것이다! 성경의 빛에 비추어 자신의 삶을 철저히 판단하겠는가? 하나님의 진노를 유발하는 것들을 성경의 교훈에 따라 끊겠는가? 그렇게 한다면 그분의 밝은 임재의 빛 가운데 거하게 될 것이다.

내 공개적 초대에 응하는 사람이 많지는 않을 것이다. 성경은 '남은 자들'에 대해 언급한다. 내가 볼 때, 이 마지막 때에 믿음 있는 '남은 자들'만이 이 초대에 응하여 주 예수 그리스도를 온전히 따를 것이다.

"만군의 여호와께서 말씀하시되 이는 힘으로 되지 아니하며 능력으로 되지 아니하고 오직 나의 영으로 되느니라"(슥 4:6).

내게 있는 모든 것을 아낌없이 드리네
사랑하고 의지하여 주만 따라 살리라

내게 있는 모든 것을 겸손하게 드리네
세상 욕심 멀리 하니 나를 받아주소서

내게 있는 모든 것을 주를 위해 드리네

주의 성령 충만하게 내게 내려주소서

(후렴)

주께 드리네 주께 드리네

사랑하는 구주 앞에 모두 드리네

_ 저드슨 W. 밴 디벤터(Judson W. Van DeVenter, 1855~1939)
  내게 있는 모든 것을(새찬송가 50장)

말씀이 힘이다

초판 1쇄 발행	2015년 4월 20일
초판 8쇄 발행	2022년 11월 30일
지은이	A. W. 토저
옮긴이	이용복
펴낸이	여진구
책임편집	이영주
편집	정선경 최현수 안수경 김도연 김아진 정아혜
디자인	마영애 노지현 조은혜 이하은
홍보·외서	진효지
마케팅	김상순 강성민 허병용
마케팅지원	최영배 정나영
제작	조영석 정도봉
경영지원	김혜경 김경희 이지수

303비전성경암송학교 유니게과정 박정숙
이슬비전도학교 / 303비전성경암송학교 / 303비전꿈나무장학회

펴낸곳   규장

주소 06770 서울시 서초구 매헌로 16길 20(양재2동) 규장선교센터
전화 02)578-0003   팩스 02)578-7332
이메일 kyujang0691@gmail.com   홈페이지 www.kyujang.com
페이스북 facebook.com/kyujangbook   인스타그램 instagram.com/kyujang_com
카카오스토리 story.kakao.com/kyujangbook
등록일 1978.8.14. 제1-22

ⓒ 한국어 판권은 규장에 있습니다.
이 출판물은 저작권법에 의해 보호를 받는 저작물이므로 무단 전재와 무단 복제를 할 수 없습니다.

책값 뒤표지에 있습니다.
ISBN 978-89-6097-400-5 03230

이 도서의 국립중앙도서관 출판시도서목록(CIP)은 서지정보유통지원시스템 홈페이지(http://seoji.nl.go.kr)와
국가자료종합목록구축시스템(http://www.nl.go.kr/kolisnet)에서 이용하실 수 있습니다.
(CIP제어번호 : CIP20150010866)

규 | 장 | 수 | 칙

1. 기도로 기획하고 기도로 제작한다.
2. 오직 그리스도의 성품을 사모하는 독자가 원하고 필요로 하는 책만을 출판한다.
3. 한 활자 한 문장에 온 정성을 쏟는다.
4. 성실과 정확을 생명으로 삼고 일한다.
5. 긍정적이며 적극적인 신앙과 신행일치에의 안내자의 사명을 다한다.
6. 충고와 조언을 항상 감사로 경청한다.
7. 지상목표는 문서선교에 있다.

하나님을 사랑하는 자 곧 그의 뜻대로 부르심을 입은 자들에게는 모든 것이 합력하여 선을 이루느니라(롬 8:28)

규장은 문서를 통해 복음전파와 신앙교육에 주력하는 국제적 출판사들의
협의체인 복음주의출판협회(E.C.P.A:Evangelical Christian Publishers
Association)의 출판정신에 동참하는 회원(Associate Member)입니다.